Sozialarbeit, Sozialpädagogik, Soziokulturelle Animation –
Theoretische Reflexionen und Forschungsergebnisse zur Differenzierung Sozialer Arbeit

Gregor Husi und Simone Villiger

Sozialarbeit, Sozialpädagogik, Soziokulturelle Animation –

Theoretische Reflexionen und Forschungsergebnisse zur Differenzierung Sozialer Arbeit

Gregor Husi und Simone Villiger

Interact · Luzern

Bibliografische Information der Deutschen Nationalbibliothek

Die Deutsche Nationalbibliothek verzeichnet diese Publikation in der Deutschen Nationalbibliografie;

detaillierte bibliografische Daten sind im Internet über http://dnb.d-nb.de abrufbar.

© 2012 interact Verlag Luzern

Hochschule Luzern - Soziale Arbeit

www.hslu.ch/interact

Korrekturen: Andreas Vonmoos, Textkorrektur Terminus, Luzern

Gestaltung: Cyan GmbH, Luzern

Druck: Klimaneutral gedruckt bei UD Druck Luzern

ISBN 978-3-906413-92-1

Inhaltsverzeichnis

Abbildungsverzeichnis

Vorwort

Der vorliegende Text ist im Rahmen eines Forschungsprojekts an der Hochschule Luzern im Departement Soziale Arbeit entstanden. Konkreter Anlass ist die Erweiterung des Studienangebots, die nach kritischer Sichtung der Grundlagen verlangt, auf der die Erweiterung beruhen soll. Das Forschungsprojekt «Differenzierung Sozialer Arbeit» will auskundschaften, was es mit all den Ansichten und Argumenten auf sich hat, welche die überlieferte Einteilung in Berufsprofile und Berufsfelder Sozialer Arbeit noch für stimmig oder aber überholt halten. Um das eigene Bild von Sozialer Arbeit zu überprüfen, sind denn zum einen Repräsentantinnen und Repräsentanten aus der Praxis Sozialer Arbeit und zum anderen Personen einschlägiger Ausbildungsstätten interviewt worden. Diesen Befragungen ist der mittlere Teil des Texts gewidmet (Kapitel 2 bis 5). Ihm voran gehen theoretische Suchbewegungen, die insbesondere eine methodische Reflexion haben nötig erscheinen lassen: Was heisst es überhaupt, die Differenzierung Sozialer Arbeit zu benennen, wie macht man «so etwas» eigentlich (Kapitel 1)? Ist der erste Teil demnach wissenschaftlich gehalten und fängt der mittlere Teil Bilder aus Sozialer Arbeit und Bildung ein, so fährt das Nachfolgende mit Bildung gleich weiter und schildert kurz, wie die Hochschulen für Soziale Arbeit in der deutschen Schweiz mit ihren Ausbildungen auf die Situation in der Sozialen Arbeit reagieren und wie sie diese Situation zu prägen suchen (Kapitel 6). Der Text wird schliesslich durch Interpretationen und Reflexionen abgerundet (Kapitel 7). Die Frage nach der Differenzierung Sozialer Arbeit und ihren Berufsfeldern beschäftigt Interessierte schon seit längerem, ebenso jene nach der angemessenen Ausbildung für entsprechende berufliche Tätigkeiten und letztlich jene, wie eine Wissenschaft auszusehen hätte, die sozialberuflicher Praxis und darauf vorbereitenden Ausbildungen wirksam zuarbeiten könnte. Uns dünkt, diese Fragen werden, obschon gar nicht mehr so neuartig, Profession, Lehre und Disziplin Sozialer Arbeit noch eine ganze Weile beschäftigen. Uns scheint, in solchen Debatten wird oft aneinander vorbei geredet, weil jeweils zu wenig klar ist, worüber aus welcher Perspektive debattiert wird. Wir hoffen denn, der vorliegende Text vermag zu diesen Debatten einige Klärungen beizusteuern.

Gedanken aus ganz vielen Quellen sind in den vorliegenden Text eingeflossen. Unser besonderer Dank geht an die Befragten, die uns mit ihrer Auskunftsbereitschaft vertiefte und zuweilen unerwartete Einblicke in die Soziale Arbeit gewährten, darunter an Marcel Meier Kressig für anregende Bemerkungen zu einem Textentwurf ganz speziell. Wir danken darüber hinaus unseren Kolleginnen und Kollegen von der Hochschule Luzern sehr für die wertvollen Kommentare, die wir im Rahmen zahlreicher Diskussionen, allen voran zweier moderierter Gruppendiskussionen, erhalten haben.

«Nach dem Spiel ist vor dem Spiel» lautet ein bekanntes Bonmot Sepp Herbergers, des einstigen Bundestrainers der deutschen Fussballnationalmannschaft. Es gilt auch hier.

1 Theoretische Hintergründe

Die Frage nach der Differenzierung Sozialer Arbeit treibt Interessierte aus der beruflichen Praxis selber sowie aus Wissenschaft und Bildung bereits seit mehreren Jahrzehnten um. Im Folgenden werden einige wichtige Fragmente aus der Theorie Sozialer Arbeit zusammengestellt, welche die empirischen Erkenntnisse der nachfolgenden Kapitel ergänzen und zu deren Interpretation beitragen sollen (zu den «Kristallisationspunkten» einer Theorie Sozialer Arbeit s. Füssenhäuser & Thiersch 2005, 1882f.; May 2010, 31; zur «Gegenstandsbestimmung» Staub-Bernasconi 2007, 155).

Begonnen wird mit einer kleinen Suchbewegung. Diese Sondage zeigt mit Blick auf Sozialarbeit, Sozialpädagogik, Soziokulturelle Animation sowie – alle drei zusammengenommen – Soziale Arbeit semantische Verschiebungen an, ohne aber zu einem klaren Ergebnis zu führen (1.1). Dies legt die darauf folgende methodische Reflexion nahe, die der Logik der Differenzierung nachgeht (1.2). Auf deren Grundlage wird ersichtlich, dass sich die Differenzierung Sozialer Arbeit in Form von Berufsfeldern, aber auch in kleinerem Massstab in Form von Arbeitsfeldern zeigt, die ihrerseits in einer zu klärenden Beziehung zu den Berufsprofilen stehen (1.3). Abschliessend werden einige Theorieangebote dargestellt, welche die überlieferte Dreiteilung Sozialer Arbeit nachzuvollziehen versuchen (1.4).

1.1 Semantische Sondierungen

Semantische Verschiebungen, die Veränderungen professioneller Verständnisse anzeigen, lassen sich besonders gut an Grundlagenwerken nachvollziehen. Die Ausführungen von May, der ein vielbeachtetes Buch über «Aktuelle Theoriediskurse Sozialer Arbeit» vorwiegend aus Deutschland geschrieben hat, zeugen von einer verwirrenden Lage dieses Diskurses. «Zwar hat sich mittlerweile ‹Soziale Arbeit› als Oberbegriff für Sozialpädagogik und Sozialarbeit sowohl in der Theorie als auch in der Praxis weitgehend eingebürgert», hält May (2010, 24) zunächst fest und fährt aber fort, dass «einige AutorInnen bis heute zwischen einer primär auf Erziehung bzw. Bildung gerichteten Sozialpädagogik und einer primär an Hilfe und Unterstützung ausgelegten Sozialarbeit» (2010, 24) unterscheiden. Thole wendet hingegen ein: «Obwohl an einigen Ausbildungsinstitutionen an einer scharfen Trennung auch weiterhin festgehalten wird, codieren die Begriffe Sozialpädagogik und Sozialarbeit zu Beginn des 21. Jahrhunderts keine verschiedenartigen wissenschaftlichen Fächer, keine deutlich voneinander differenzierten Praxisfelder, keine unterschiedlichen Berufsgruppen und auch keine differenten Ausbildungswege und -inhalte mehr» (2002a, 14). Diese Äusserung findet sich bezeichnenderweise in einem Buch, das mit «Grundriss Soziale Arbeit» betitelt ist. Einen anderen Akzent im Titel setzt ein weiteres aktuelles Grundlagenwerk, herausgegeben von Buchkremer (2009): «Handbuch Sozialpädagogik – Ein Leitfaden in der sozialen Arbeit», das den Titel der vorgängigen Auflage von 1995 beibehält.

Mit seinen 1817 Seiten wohl das Referenzwerk (deutschsprachiger) Sozialer Arbeit schlechthin ist das Handbuch, das Hans-Uwe Otto und Hans Thiersch im Jahre 2011 bereits in der vierten, völlig neu bearbeiteten Auflage erscheinen lassen. Die erste Auflage von 1984, noch mit Hanns Eyferth herausgegeben, war mit «Handbuch zur Sozialarbeit/Sozialpädagogik» betitelt. Auch die folgenden Auflagen von 2001 und 2005 führten Sozialarbeit und Sozialpädagogik noch parallel im Titel auf. Die aktuelle Auflage nun heisst «Handbuch Soziale Arbeit» und will, so verspricht der Untertitel, «Grundlagen der Sozialarbeit und Sozialpädagogik» liefern. Seit der ersten Auflage gleich geblieben ist laut den beiden Herausgebern das zugrunde liegende Verständnis: «Wir verstehen Soziale Arbeit als integriertes Konzept von Sozialpädagogik und Sozialarbeit in der Stabilisierung und Fortschreibung ihrer Traditionen, Erfahrungen und Erkenntnisse, als sozialwissenschaftlich orientiert, gesellschafts- und sozialpolitisch engagiert und interdisziplinär offen» (2011, V). Die Publikation verfolgt folgenden Zweck: «Das Handbuch versucht die theoretische Komplexität zu repräsentieren und durchsichtig zu machen und die sozialarbeiterisch-sozialpädagogische Professionalität zu stärken, damit sie sich durch Wissen und Reflexion in die Lage versetzt sieht, den Anforderungen in Praxis und Theorie gerecht zu werden» (2011, Vf.). Die geringe sprachliche Verschiebung im Haupttitel, so gering sie auch sein mag, zeigt indes einen Wandel an, den die Herausgeber selber nicht kommentieren. Offen bleibt bis dahin, ob dies eine Tendenz beruflicher Praxis und/oder wissenschaftlicher Reflexion ist, ob es sich um einen professionellen und/oder disziplinären Wandel handelt. Der Bildungsbereich seinerseits vermittelt zwischen Sozialer

Arbeit und Wissenschaft, reagiert auf den beschriebenen Wandel und agiert mit seinen Bildungsangeboten selber als Definitionsmacht.

«Der Sozialpädagogikbegriff war lange Zeit an die pädagogische Wissensbasis und Argumentationskultur geknüpft und lässt sich (…) als Erbe von Reformpädagogik und bürgerlicher Jugendbewegung lesbar machen. Die Sozialarbeit respektive Soziale Arbeit hingegen gründet eher in der armenfürsorgerischen Tradition und darf als Erbe der bürgerlichen Frauenbewegung angesehen werden» (Niemeyer 2002, 133). Während die deutsche Debatte seit längerem historisch aufgeklärt Sinn und Unsinn einer Zusammenführung von Sozialarbeit und Sozialpädagogik unter dem Dach der Sozialen Arbeit erörtert, gesellt sich in der Schweiz noch ein dritte Diskussionspartnerin unter eben diesem Dach hinzu (Fehlmann u.a. 1987, 456): die Soziokulturelle Animation. «Die Geschichte der Soziokulturellen Animation ist einerseits eng verknüpft mit der gesamten Entwicklung der Sozialen Arbeit – insbesondere der Gemeinwesenarbeit – einerseits, aber andererseits auch mit Entwicklungen, die unter anderen Titeln liefen, wie insbesondere jenem der ‹éducation populaire›, der ‹educaciòn popular› und ähnlichen andererseits» (Wettstein 2010, 16). Hier führen die Spuren zuerst nach Frankreich, aber auch nach Lateinamerika, auf die Iberische Halbinsel, in die Niederlande sowie in die Schweiz und nach Deutschland (Wettstein 2010, 17-26). Neuere Diskussionen führen in die Nähe des angelsächsisch geprägten Community Development (Wettstein 2010, 54f.).

Sozialarbeit und Sozialpädagogik kommen sich allerdings nicht erst seit wenigen Jahren näher. «Eine erste Annäherung zwischen diesen beiden Zugängen hatte sich bereits in den 1920er Jahren ergeben, indem sich Soziale Arbeit [sic] in ihrer Orientierung an sozialen Problemen auf Erziehungsfragen ebenso verwiesen sah wie Sozialpädagogik in ihrem Bezug auf Erziehungsprobleme auf deren allgemeine gesellschaftliche Bedingtheit. Bis heute aber halten einige Autor(inn)en an einem Unterschied sowohl der Arbeitsfelder (als primär auf Erziehung bzw. Bildung oder als primär auf Hilfe und Unterstützung hin ausgelegte Felder) als auch an einer Verankerung der Sozialen Arbeit in einer entweder primär erziehungs- oder einer primär fürsorgewissenschaftlichen Tradition fest. (…) Das heisst, der unterschiedliche Begriffsgebrauch wird mit einer unterschiedlichen disziplinären Verankerung untermauert. Andere Autor(inn)en betonen die historische Annäherung der beiden Theorietraditionen und bezeichnen diese mit dem Begriff Soziale Arbeit» (Füssenhäuser & Thiersch 2011, 1638). So verbinden sich nach Füssenhäuser und Thiersch «Aufgaben der Unterstützung und Förderung in belasteten Konstellationen mit den Lern- und Bewältigungsaufgaben im Lebenslauf» (2011, 1638). Die beiden historisch überlieferten Seiten derselben Medaille bleiben noch in anderen Formulierungen erkennbar: «Soziale Arbeit muss als Hilfe in besonders belasteten Lebenslagen und als Hilfe in den Schwierigkeiten heutiger schwieriger Normalität gesehen werden» (2011, 1640) – hier bezieht sich der Hilfebegriff auf beide Seiten –, sie orientiert sich an «Hilfs- und Erziehungsbedürftigkeit» (2011, 1641).

Soziokulturelle Animation findet als solche in der deutschen Debatte keinen Halt. Zum einen wird Animation gemeinhin von der Freizeitpädagogik bzw. Freizeitwissenschaft absorbiert, zum anderen wird diese nicht mit der «soziokulturellen Arbeit» in den «soziokulturellen Zentren» verbunden, die sich seit den 1970er-Jahren am Leitsatz «Kultur für alle und Kultur von allen» orientiert (Wettstein 2010, 25f., 51ff.). Bemerkenswert ist die Rede von «soziokultureller Gemeinwesenarbeit» (Oelschlägel 1992).

Welche weiteren Bestimmungen lassen sich besagtem Referenzwerk von Otto und Thiersch entnehmen? Was zeigt der Blick in andere Länder? Der Artikel «Soziale Arbeit in der Schweiz» enthält nur beiläufig einen einzigen und erst noch falschen Hinweis auf die in der Schweiz nach wie vor bestehende Dreiteilung der Profession, nämlich «dass in der Schweiz bis in die 1990er Jahre im Berufsbildungsbereich drei verschiedene Ausbildungsgänge existierten: Sozialarbeit, Sozialpädagogik und soziokulturelle Animation» (Gabriel & Grubenmann 2011, 1323) – man beachte die Vergangenheitsform. Ansonsten verliert sich der Artikel in Aussagen zur historischen Entwicklung der Bildung und Wissenschaft und äussert sich zur Praxis Sozialer Arbeit gar nicht (vgl. auch Kühne 1997; 2008).

Was zeigt sich in den Nachbarländern? Der Beitrag «Soziale Arbeit in Österreich» (Scheipl 2011) beschreibt, wie sich mit der Bologna-Reform an den Universitäten Masterstudiengänge in Sozialpädagogik etablierten, die sich aus dem Rahmen des erziehungswissenschaftlichen Studiums heraus entwickelten. Die Fachhochschulen stellten mit der Reform von Sozialarbeit auf Soziale Arbeit um. Als «aktuelle Handlungsfelder» thematisiert der Beitrag vor allem zwei, nämlich die Jugendwohlfahrt, die sich von der traditionellen Heimerziehung zu Kleinheimen, Wohngemeinschaften und mobil betreutem Wohnen entwickelt hat, sowie die Jugendarbeit, die in verbandliche Jugendarbeit, offene Jugendarbeit und Jugendinformation unterteilt wird. Jugendbezogener Sozialer Arbeit kommt offenbar grosse Bedeutung zu, ohne dass von Soziokultureller Animation die Rede wäre, die in der Schweiz der Jugendarbeit entstammt. Die anderen Handlungsfelder werden demgegenüber nur noch summarisch behandelt. Hier wird dann unter anderem auf soziokulturelle Projekte verwiesen (vgl. dazu Wrentschur 2009). Deutlich erkennbar wird im Übrigen die reichhaltige theoretische Tradition, die allerdings in den 1930er-Jahren durch den Nationalsozialismus zum Ersticken gebracht wurde.

Damit wenig vergleichbar sind die Entwicklungen in den ehemals kommunistischen Ländern Mittel- und Osteuropas (Chytil, Gojová & Nedělniková 2011). Zu Zeiten des Kommunismus konnte sich mit Ausnahme von Jugoslawien keine Soziale Arbeit entwickeln. Nach dem Zusammenbruch der kommunistischen Regierungen gehen vor allem Anregungen aus Schweden und Finnland, den Vereinigten Staaten sowie Deutschland in die je nach Land unterschiedlichen Entwicklungen ein. Disziplinäre Nähen der, wie es fast durchgehend heisst, Sozialarbeit bestehen insbesondere zur deutschen Sozialpädagogik, zur Pädagogik überhaupt, zur Psychologie, Sozialpolitik und sogar, wie in Rumänien, zur Theologie. Mangels finanzieller Ressourcen sind der Entwicklung der Sozialarbeit immer noch enge Grenzen gesetzt, die einstige Desinstitutionalisierung sei mancherorts, so zum Beispiel in Tschechien, Rumänien, Litauen oder der Slowakei, noch nicht überwunden. Die Differenzierung Sozialer Arbeit ist hier also vergleichsweise wenig fortgeschritten.

Ein weiterer Beitrag thematisiert schliesslich «Soziale Arbeit in Europa», und hier zeigt sich ein ganz anderes Bild: «Das hervorstechendste Merkmal der Sozialen Arbeit in Europa ist die unsystematische Vielfalt der Titel, der Methoden und der Organisationsformen, mit denen sie sich präsentiert. So treten z.B. nicht nur erhebliche Schwierigkeiten in der genauen Übersetzung des jeweiligen Berufstitels in andere Sprachen auf, es gibt zudem innerhalb eines jeden europäischen Landes eine Vielzahl von Berufstiteln, deren präzise Abgrenzung voneinander und von verwandten Professionen in den Bereichen Erziehung, Therapie und Beratung oft problematisch ist. Dies lässt keine verbindliche ‹äussere Grenze› des Territoriums der Sozialen Arbeit erkennen» (Lorenz 2011, 1327). Soziale Arbeit, Travail Social, Servizio Sociale, Social Care – all dies meint keineswegs genau dasselbe. «Alle Bemühungen um eine Konvergenz auf ein Standardmodell hin oder zumindest auf eine Systematisierung dieses Bereichs, die schon in den 1920er Jahren gehegt wurden, (...) können als gescheitert gelten» (Lorenz 2011, 1327). In den Niederlanden waren zeitweilig elf Titel gebräuchlich (Freitas 2007). Versuche, zu vereinheitlichen, scheiterten an Bedenken, dass damit ein angelsächsisches Modell landesübliche Traditionen kolonialisieren würde. National unterschiedliche Auffassungen von Sozialer Arbeit und ihren Berufsfeldern sind auch vor dem Hintergrund jeweils anderer wohlfahrtsstaatlicher Gestaltung (Esping-Andersen 1990) zu verstehen, die je nachdem eher an Rechtsansprüche oder an Stigmatisierungswirkungen denken lässt. Der Beitrag erinnert auch an Zweige, die sich eher am Rand der Profession befinden, beispielsweise an die kritische Tradition von Radical Social Work, Feminist Social Work, Community Action, an die schottische Community Education, die niederländische Agogik oder die ursprünglich in den franko-lateinischen Ländern beheimatete Animation.

Der Blick auf Europa (zu Ausbildungen s. Sander 2002) gibt zusammengefasst keinen Hinweis auf eine gemeinsame Differenzierung Sozialer Arbeit. Die historisch-soziologische Reflexion macht vielmehr aufmerksam auf nationale Besonderheiten im Zusammenspiel politisch-rechtlich-administrativer Steuerung, beruflicher Aus- und Weiterbildung, wissenschaftlicher Erforschung, helfend-kontrollierender sozialberuflicher Praxis sowie individueller und gesellschaftlicher Problemlagen, die in verschiedenen Lebensbereichen gründen.

Das Handbuch von Otto und Thiersch enthält indessen ein «systematisches Verzeichnis» (2011, XIII–XV), das die knapp 180 Artikel siebzehn thematischen Feldern zuordnet. Auch wenn die Herausgeber – trotz Titelgebung – ausdrücklich keinen «Anspruch einer Systematik» erheben, sind die Überschriften doch von erheblichem Interesse. Sie lassen sich ihrerseits nochmals nach Wissensarten (Husi 2010, 135ff.) gliedern, und auf diese Weise entsteht ein keineswegs beliebiger Überblick über die für die Soziale Arbeit relevanten Wissensgebiete.

Beschreibungswissen

Zielgruppen:
· Lebenslagen und Soziale Probleme
· Entwicklung und Sozialisation
· Lebensphasen

Lebensbereich Soziale Arbeit:
· Organisationen
· Arbeits- und Handlungsfelder
· Kooperation und Vernetzung

Lebensbereich Bildung:
· Professionalität, Studium und Weiterbildung
· Soziale Arbeit international

Erklärungswissen
· Geschichte und Theorie
· Theorieansätze
· Gesellschaftstheorie und Gesellschaftspolitik

Bewertungswissen
· Recht und Rechte
· Ethik, Werte, Normen

Handlungswissen
· Methodologische Grundlagen
· Handlungskompetenzen, Methoden
· Grundfragen sozialpädagogischen und sozialarbeiterischen Handelns
· Planung und Management

Wird die Wissenslandschaft Sozialer Arbeit so gegliedert, fallen die drei Punkte besonders auf, die sich auf die Adressatinnen und Adressaten Sozialer Arbeit beziehen. Hier verbirgt sich, worauf sich das Interesse Sozialer Arbeit richtet, für wen bzw. was sie zuständig zu sein scheint, welchen «Gegenstand» sie tendenziell exklusiv bearbeitet: Lebenslagen und soziale Probleme, Entwicklung und Sozialisation, Lebensphasen. Das dritte Thema steht logisch «quer» zu den ersten beiden, es bildet offensichtlich die Zeitdimension ab. Auf den ersten Blick erkennbar ist indes desgleichen der Zeitbezug des Entwicklungsbegriffs, doch auch die Abfolge von Lebenslagen ist, wenngleich weniger erwartbar, phasenhaft gegliedert. Es geht also um Phasen innerer und äusserer Veränderungen im menschlichen Lebens(ver)lauf, und darauf sucht Soziale Arbeit Einfluss auszuüben (zur Geschichte des Lebenslagenbegriffs vgl. Husi & Meier Kressig 1998, 257-280; zur Entwicklung des Entwicklungsbegriffs vgl. Oerter & Montada 2002, 15-22). Was die beiden einander entsprechenden Themen betrifft, ist unschwer zu erkennen, dass das Thema «Lebenslagen und Soziale Probleme» historisch gesehen mit Sozialarbeit verknüpft ist, «Entwicklung und Sozialisation» aber mit Sozialpädagogik. Hier finden sich also die Reliquien der althergebrachten professionellen Zweiteilung, die in Deutschland üblich (gewesen) ist und im Untertitel des Handbuchs wie gesagt noch tradiert wird. Unter sämtlichen Artikeln fehlt ein eigenes Stichwort «Gemeinwesenarbeit» oder «Quartier- bzw. Gemeindeentwicklung», das eine Brücke schlagen liesse zu einem Verständnis Soziokultureller Animation, das dem Community Development nahekommt. Einigen Aspekten widmen sich aber zum Beispiel die Artikel über kommunale Sozialarbeit, Sozialraum oder sozialraumbezogene Methoden. Gesellschaftlicher Zusammenhalt – zentral für die Soziokulturelle Animation – wird jedoch nicht thematisiert.

Im deutschen Diskurs über Soziale Arbeit lässt sich also alles in allem eine paradoxe, entdifferenzierende wie differenzierende Entwicklung ausmachen, die im Schweizer Diskurs ihren Widerhall findet. Das zum jetzigen Zeitpunkt letzte in der Schweiz erschienene Werk, das einen gewissen Überblick verspricht, hat tatsächlich «Soziale Arbeit in der Schweiz» zum Titel, und der Untertitel lautet «Einblicke in Disziplin, Profession und Hochschule», verweist also auf die Lebensbereiche Wissenschaft, Soziale Arbeit und Bildung. Laut den Herausgeberinnen und Herausgebern, so deren Fazit nach der Lektüre der Beiträge zum Buch, «besteht auch in der Schweiz eine Tendenz, die Sozialpädagogik unter der Sozialarbeitswissenschaft zu subsumieren (...) Diese Feststellung liesse sich auch auf die Soziokultur übertragen, die mit gemeint sein dürfte, wenn sozialräumliche Aspekte zur Sprache kommen» (Benz Bartoletta u.a. 2010, 274). Sprachlich nicht differenziert wird in dieser Beobachtung nach verschiedenen Systemreferenzen. Als Aufgabe Sozialer Arbeit werden die Bearbeitung sozialer Probleme, die Hilfe bei der Erlangung autonomer Lebensführungskompetenz sowie die Kompensation als ungerecht wahrgenommener gesellschaftlicher Verhältnisse genannt, ohne nach Berufsfeldern oder -profilen zu differenzieren und danach zu fragen, ob diese Leitvorstellungen noch entsprechend spezifiziert werden könnten. Die vier Herausgeberinnen und Herausgeber formulieren ganz wichtige – verallgemeinerbare – Kritikpunkte zu den Beiträgen des von ihnen edierten Buchs: So würden «die Vorstellungen vom Sozialen oftmals merkwürdig blass bleiben» (Benz Bartoletta u.a. 2010, 275), desgleichen «die Explikation der handlungstheoretischen Fundamente und deren Einflüsse auf die Akteure und Akteurinnen» (Benz Bartoletta u.a. 2010, 276), und es «bleibt (…) offen, welches Wissenschafts- bzw. Professionsverständnis (…) zugrunde liegt» (Benz Bartoletta u.a. 2010, 276). Moniert wird auch «die konsequente theorie- und/oder empiriegestützte Verbindung der Ebenen Konzept, Methode, Verfahren und Technik» (Benz Bartoletta u.a. 2010, 279). Die Herausgeberschaft zieht den Schluss: «Professionelles Handeln impliziert demnach eine konsequente Verbindung von Theorien, Axiologien und Praxeologien sowie Empirie und Wissenschaftstheorien (…), um als Fachperson der Sozialen Arbeit den notwendigen Spagat zwischen Theorieverstehen einerseits und Fallverstehen andererseits … vollführen zu können» (Benz Bartoletta 2010, 278). Es bleibt am Ende die Frage im Raum stehen, ob dies nur für Soziale Arbeit insgesamt zu leisten sei oder aber auch für ihre Teilbereiche.

Wenn in den obigen Ausführungen scheinbar ganz selbstverständlich von «Profession» gesprochen wird, so kann an dieser Stelle doch nicht verschwiegen werden, dass die Rede von der «Profession Soziale Arbeit» umstritten ist (vgl. z.B. Wehner 2010, 29-46; Dewe & Otto 2011). Der vorliegende Text unterstellt den – in Entwicklung begriffenen – (Semi-)Professionsstatus im Bewusstsein der damit verbundenen Schwierigkeiten. Einigen dazugehörigen Grundbegriffen sei kurz nachgegangen:

Mit dem Begriff *«Profession»* gemeint ist «ein Beruf (…), der innerhalb eines arbeitsteilig organisierten Funktionssystems (wie z.B. Gesundheit, Recht, Pädagogik oder Religion) die alleinige, durch eine spezialisierte wissenschaftliche Ausbildung erworbene und durch Diplom beglaubigte Fachkompetenz zur praktischen Problemlösung in individuell gelagerten ‹Fällen› von Klienten hat. Dieser Beruf zeichnet sich durch einen staatlich sanktionierten Status aus, der es ihm erlaubt, nicht nur eigene Ausbildung, Arbeitsgebiete und Arbeitsstandards in Verhandlungen mit dem Staat mitzubestimmen, sondern Einfluss auf die Ausbildungs- und Arbeitsinhalte anderer Berufe innerhalb desselben Funktionssystems zu nehmen. Dabei kennzeichnet die Tätigkeit dieses Berufstyps, dass der einzelne Berufsangehörige unabhängig vom jeweiligen Arbeitskontext nach eigenem Ermessen handelt, das auf seiner spezialisierten Ausbildung beruht (…) Der Beruf wird darüber legitimiert, dass er einen Dienst am Allgemeinwohl leistet und somit im Interesse der Allgemeinheit und nicht im eigenen Interesse handelt

(...) Dabei beruft er sich auf einen übergeordneten Wert, an dem sich sein Wissenssystem und seine Anwendung ausrichten» (di Luzio 2005, 69f.). Profession bezeichnet nach diesem Verständnis also einen Beruf mit exklusiver Problemlösungskompetenz in einem bestimmten Lebensbereich. Ähnlich listet Heiner fünf Merkmale auf: «Professionen bearbeiten 1. Probleme, die für den Einzelnen und für die Gesellschaft bedeutsam sind und deren Bearbeitung 2. die Fähigkeit zur eigenständigen Nutzung wissenschaftlichen Wissens und Denkens erfordert. Dies setzt eine akademische Ausbildung voraus. Zur Lösung dieser individuell und gesellschaftlich bedeutsamen Probleme wird den Professionen 3. eine grössere Autonomie zugestanden als anderen Berufen. Nur so können sie interaktionssensibel jeweils individuell passende Lösungsansätze entwickeln. Diese Autonomie der Professionen bezieht sich 4. auf einen eigenen, gegenüber anderen Berufen abgrenzbaren Gegenstandsbereich, in dem sie nach ihren fachlichen Standards tätig werden. Professionen verfügen aufgrund der genannten Merkmale 5. über ein höheres Ansehen und werden besser bezahlt als andere Berufe» (2007, 160f.; vgl. auch Nadai u.a. 2005, 17). Im Blick auf «Professionen als sich selber verwaltende, in Berufsausbildung und Berufsausübung relativ autonome, durch kollegiale Binnenkontrolle geprägte, korporative Gebilde» (Pfadenhauer & Sander 2010, 364) kommt der doppelte Bezug auf Ausbildung und Erwerbstätigkeit gut zum Ausdruck. Die recht vage Rede von einem «korporativen Gebilde» legt den Gedanken an eine einflussreiche Community spezialisierter Fachkräfte nahe, die für die Erwerbstätigkeit in einem bestimmten Berufsfeld die vorausgesetzte formale Qualifikation erworben haben und jener Tätigkeit nachgehen. Profession wird so verstanden gleichsam zu einem Makrosubjekt, und tatsächlich finden sich häufig Formulierungen in der Fachliteratur, die der Profession den Status eines handelnden Subjekts zuschreiben, so etwa, wenn es im obigen Zitat von di Luzio heisst, der Beruf handle nicht im eigenen Interesse. Man sieht sich erinnert an die einflussreiche konstruktivistische Vorstellung einer «imagined community», die der amerikanische Politikwissenschaftler Benedict Anderson in anderem Zusammenhang, nämlich in seinem Buch «Die Erfindung der Nation» (1988), geprägt hat.

Nach Staub-Bernasconi ist eine Profession «eine komplexe bis hoch komplexe, erwerbsbezogene Tätigkeit, die sich für ihre Entscheidungen und ihre Handlungskompetenz auf wissenschaftliche Begründungen und einen Ethikkodex bezieht und im Fall der Sozialen Arbeit die Aufgabe hat, dem Auftrag zur Lösung, Milderung oder Prävention von praktischen sozialen Problemen seitens ihrer AdressatInnen/Klientel wie seitens der Gesellschaft aufgrund eines ‹professionellen Urteils› gerecht zu werden» (Staub-Bernasconi 2009, 133). Wenngleich in dieser Definition «Beruf» nicht vorkommt, fährt Staub-Bernasconi mit dessen Definition fort. Beruf sei «eine einfache bis komplexe, erwerbsbezogene Tätigkeit, die aufgrund eigener oder/und fremdverordneter Zielsetzungen ein bewährtes, lehr- und erlernbares Verfahren oder ganzes Methodenrepertoire bereithält, das aufgrund bisheriger Erfahrungen mehrheitlich zielführend ist (...) Berufe können sowohl Eigen- wie Fremdinteressen verfolgen; etliche sind an eine Berufsethik gebunden, andere nicht» (Staub-Bernasconi 2009, 133).

Auffallend ist eben gerade, dass der Diskurs über Soziale Arbeit dem Thema der Profession viel Aufmerksamkeit schenkt und Profession als besondere Art von Beruf – «Professionen sind Expertenberufe» (Nadai u.a. 2005, 17) – kennzeichnet, meistens ohne dann aber Beruf selber zu definieren. *Beruf* lässt sich von «unspezifischerer» Arbeit abgrenzen und wird mit marxistischen Anklängen als «die Form, in der inhaltlich besondere Fähigkeiten als Ware angeboten werden» (Beck/Daheim/Brater 1980, 37), umschrieben. Bei Beruf, so schreiben dieselben drei Autoren etwas ausführlicher, handelt es sich um «relativ tätigkeitsunabhängige, gleichwohl tätigkeitsbezogene Zusammensetzungen und Abgrenzungen von spezialisierten, standardisierten und institutionell fixierten Mustern von Arbeitskraft, die u.a. als Ware am Arbeitsmarkt gehandelt und gegen Bezahlung in fremdbestimmten, kooperativ-betrieblich organisierten Arbeits- und Produktionszusammenhängen eingesetzt werden» (Beck/Daheim/Brater 1980, 20; i. Orig. z.T. herv.). Als eine bestimmte Zusammensetzung von Arbeitskraftmustern wird Beruf hier also aufgefasst. Der Doppelbezug auf Ausbildung und Ausübung erscheint wieder, wenn zum Beispiel Galuske (2011, 931) – ohne weitere Klärung – von Beruf im Sinne «eines Bündels an Fähigkeiten, Fertigkeiten und Einstellungen» besonderer Art spricht und ihn wenige Zeilen später als spezifisches «Tätigkeitsbündel» begreift – Beruf also als Tätigkeitsvoraussetzung zum einen und Tätigkeit zum anderen charakterisiert. Entsprechend werden in der amtlichen Statistik *erlernter Beruf* als «Bündel von Fähigkeiten (...), die Menschen im Rahmen von Ausbildungsprozessen vermittelt werden», und *ausgeübter Beruf* als «Bündel von Tätigkeiten, die man in bestimmten Arbeitsplätzen ausübt» (Bolte 1983, 18), aufgefasst. Bolte spricht denn von der «Zusammensetzung und Abgrenzung der Arbeitsfähigkeiten und -tätigkeiten zu einem ‹Beruf›» (1983, 24). Brater will demgegenüber gerade am Unterschied von «Arbeitspotenzial» und «Arbeitsverrichtung» festhalten, da ohne dies «die problematische Spannung zwischen Beruf und Anforderungen des Arbeitseinsatzes» (1983, 45) nicht zu erkennen sei. Brater gelangt aufgrund dieses Einwands zur Auffassung, dass «es sich bei Berufen um gesellschaftlich normierte und institutionalisierte Zusammensetzungen und Abgrenzungen der zu Erwerbszwecken einsetzbaren Arbeitsfähigkeiten von Personen handelt; als institutionalisierte Strukturbestände erscheinen diese Berufe als den einzelnen Personen vorgegebene Schablonen, nach denen ihr Arbeitsvermögen ‹gebündelt›, spezialisiert, definiert und von Generation zu Generation weitergegeben wird; der Berufsbegriff hebt damit auf die Tatsache ab, dass die produktiven Fähigkeiten und Tätigkeiten der Menschen in unserer Gesellschaft fixiert, spezialisiert und auf Kategorien von Arbeitenden verteilt sind» (1983, 59). Dies wäre also zu bedenken, wenn man Beruf als Definitionselement von Profession einbezieht.

Einen weiteren Akzent setzen Birgmeier und Mührel: Im Unterschied zu «Disziplin» beschreibe «eine *Profession* das gesamte fachlich ausbuchstabierte Handlungssystem, also die berufliche Wirklichkeit eines Faches» (2011, 56). So auch Merten: «Professionen sind (...) keine ‹Wissenssysteme›, sondern Handlungssysteme» (1996, 85). Damit ist der Lebensbereich Soziale Arbeit angesprochen. Professionen sind nicht nur von Disziplinen unterschieden, sondern können in sich differenziert sein. So spricht etwa Winkler im Kontext der Pädagogik von einem «Auseinandertreten von Subdisziplinen und Teilprofessionen» (2006, 38). Im Falle Sozialer Arbeit scheint es beim jetzigen Stand der Diskussion indessen angezeigt, statt von «Teilprofessionen» vorsichtiger von Berufsprofilen oder Berufsfeldern zu reden. Mit *Berufsprofilen* sind abgrenzbare Mengen von Kompetenzen gemeint, die in einem Berufsfeld der Sozialen Arbeit nachgefragt werden. Und *Berufsfelder* sind abgrenzbare Handlungszusammenhänge innerhalb des Lebensbereichs Soziale Arbeit, in denen Erwerbstätige für die Erfüllung besonderer gesellschaftlicher Aufgaben zuständig sind. Berufsfelder umfassen ihrerseits zumindest eine Vielzahl unterschiedlicher *Arbeitsfelder*. Manche Autorinnen und Autoren unterscheiden als nächstkleinere Einheiten noch *Tätigkeitsfelder* und platzieren über allem grundlegende *Aufgabenfelder* (z.B. Heiner 2007, 52).

«Als *Professionalisierung* wird einmal der historische Prozess der Entstehung und Anerkennung eines Berufes als Profession bezeichnet, zum anderen ist damit auch der Vorgang der individuellen Ausbildung und Sozialisierung für diesen Beruf gemeint» (Wehner 2010, 31). Die zweite Bedeutung bezieht sich auf Individuen, die *«professionelle Kompetenz»* erwerben. Diese ist «dadurch gekennzeichnet, dass sich Befähigung (nachgewiesen durch eine meist wissenschaftliche Ausbildung), Bereitschaft (angezeigt durch ‹Leistungs-Angebote›) und Befugnis (beglaubigt durch ‹Zertifikate›) in *formaler* Deckung befinden. Das Prinzip der Zertifizierung ‹regelt› im Rekurs auf besondere und exklusive Wissensbestände die Frage der Zuständigkeit (...) für Probleme und ihre Lösungen» (Pfadenhauer 2005, 14). *Methodische Kompetenz* ist dabei von herausragender Bedeutung: «Die Etablierung der sozialen Einzel(fall)hilfe, der sozialen Gruppenarbeit und der Gemeinwesenarbeit war insofern nicht weniger als der Geburtshelfer der Verberuflichung und Professionalisierung der Sozialen Arbeit» (Galuske 2011, 931). Dewe und Otto finden, es solle in der Sozialen Arbeit «als zentrales Strukturprinzip professionalisierten Handelns der Umgang mit Personen und Symbolen gelten, also: ein personenbezogenes, kommunikativem Handeln verpflichtetes stellvertretendes Agieren auf der Basis und unter Anwendung eines relativ abstrakten, Laien nicht zugänglichen Sonderwissensbestandes sowie einer praktisch erworbenen hermeneutischen Fähigkeit der Rekonstruktion von Problemen defizitären Handlungssinns» (2011, 1137). Der *professionelle Habitus* der in der Sozialen Arbeit Berufstätigen lässt sich im Anschluss an Bourdieu und Oevermann folgendermassen umschreiben: «Der Habitusbegriff soll hier als Gesamtheit einer verinnerlichten psychischen Struktur gelten, die auf der Ebene des Unbewussten zentrale Persönlichkeitsmerkmale enthält und, als generative Grammatik, Wahrnehmen, Denken und Handeln bestimmt. Der professionelle Habitus wird als ein Teil des ‹Gesamthabitus› einer Person betrachtet. Die Ausbildung eines professionellen Habitus vollzieht sich immer auf der Grundlage eines bestehenden Habitus. Der professionelle Habitus wird zu einem Bestandteil des Gesamthabitus. (…) Als grundlegend für einen professionellen Habitus in der Sozialen Arbeit sind die folgenden Komponenten vonnöten: a) ein spezifisches Berufsethos, b) die Fähigkeit zur Gestaltung eines Arbeitsbündnisses und c) die Fähigkeit des Fallverstehens unter Einbeziehung wissenschaftlicher Erkenntnisse» (Becker-Lenz & Müller 2009, 22). *Reflexivität* bedingt einen solchen professionellen Habitus: «Der in der wissenschaftlichen Ausbildung erworbene Habitus des systematischen Zweifelns am eigenen Kenntnisstand, an den eigenen Prämissen, Bewertungen und Schlussfolgerungen, bildet die Voraussetzung für die reflexive Grundhaltung. Diese Reflexivität ermöglicht überhaupt erst eine praxisgerechte und kreative Nutzung wissenschaftlichen Wissens» (Heiner 2007, 216). Heiner sieht berufliche Kompetenz aus persönlichen Einstellungen und Fähigkeiten, beruflicher Sozialisation, Identitätsentwicklung und Habitusbildung hervorgehen (s. Visualisierung 2007, 217). Professionelles Handeln oszilliert demnach zwischen habitualisiertem und reflektiertem Handeln, zwischen, um es mit Giddens (1988, 36) zu sagen, praktischem und diskursivem Bewusstsein. Die Meinungen darüber, wie weit fortgeschritten die Professionalisierung Sozialer Arbeit ist, sind geteilt: «Der Sozialen Arbeit wird nun wahlweise eine Professionalisierbarkeit abgesprochen, eine Professionalisierungsbedürftigkeit bescheinigt oder aber es wird die mangelhafte Anerkennung der Professionalisierung beklagt. (…) Als Indikatoren für eine nicht ausreichende Professionalisierung gelten das unklare Verhältnis zu einer wissenschaftlichen Bezugsdisziplin, die fehlende oder nicht ausreichende berufliche Identität, die geringe Autonomie der Berufsausübung sowie der niedrige gesellschaftliche Status» (Wehner 2010, 31f.). Der Anspruch auf einen Besonderheitsstatus gründet darin, eine spezifische Zuständigkeit begründen und durchsetzen zu können: «Eine professionelle Autonomie setzt demnach eine Etablierung von spezifischen Zuständigkeitsansprüchen voraus. Gelingt dies nicht, bestimmen andere mit über die Definition eigener Problemstellungen, über Lösungsansätze sowie über die Ressourcenverteilung» (Wehner 2010, 34). Mit Blick auf diese besondere Zuständigkeit greifen

Nadai u.a. den Begriff «exclusionary shelter» des Professionssoziologen Eliot Freidson auf und umschreiben ihn als *professionelles Monopol*. Es erweist sich an «einer exklusiven Zuständigkeit für die Bearbeitung bestimmter gesellschaftlicher Aufgaben» (2005, 12). Daraus ergibt sich eine zentrale theoretische Notwendigkeit, nämlich, genau diese gesellschaftliche Aufgabe zu bestimmen, und zwar für die Soziale Arbeit insgesamt sowie für ihre «Teile».

Pfadenhauer hinterfragt jedoch das Selbstverständnis Professionsangehöriger, indem sie die Vorrangigkeit von Problemen gegenüber Lösungen problematisiert, und charakterisiert jene herausfordernd als Lösungsverwalterinnen und -verwalter: «Professionelle lassen sich demnach als Akteure verstehen, die Probleme, mit denen sie sich auseinandersetzen, so zu definieren vermögen, dass diese eben möglichst weitgehend den Lösungen entsprechen, über die sie je (professionell) verfügen. Während gemeinhin davon ausgegangen wird, dass das Genuine professionellen Handelns darin besteht, Probleme ‹in der Logik des Fallverstehens› (...) stellvertretend zu deuten und zu bewältigen, erscheint es mithin als wenigstens ebenso plausibel, davon auszugehen, dass Professionelle den konkreten Einzelfall typischerweise nicht nur subsumieren unter eine professionelle Regellösung, sondern dass der Einzelfall derart zugeschnitten, zugespitzt, umgedeutet, definiert wird, dass er lösungsadäquat ist» (2005, 14). Diese Autorin schliesst an Zygmunt Bauman an, der Expertenwissen in seinem Buch «Moderne und Ambivalenz» ebenso elegant wie provokativ als «ein System von Lösungen auf der Suche nach Problemen» (1995, zit. n. Pfadenhauer 2005, 16) umschreibt, und spinnt diesen Faden weiter zur Formel «Die Definition des Problems aus der Verwaltung der Lösung» (2005, 16).

Die Soziale Arbeit wird denn angesichts all dessen zuweilen als «would-be-profession», «Semi-Profession», «bescheidene Profession» usw. bezeichnet (vgl. Pfadenhauer & Sander 2010, 361 Fn. 2). Um ihr Selbstverständnis machtvoll durchzusetzen, benötigt sie *«Kompetenzdarstellungskompetenz»* (Pfadenhauer 2003).

1.2 Methodische Reflexion

Was macht man eigentlich, wenn man nach Unterschieden und Gemeinsamkeiten zwischen «Teilen» Sozialer Arbeit sucht? Je mehr man Fachliteratur sichtet und über diese Frage nachdenkt, desto weniger klar scheint eine Antwort. Selten genug wird denn Rechenschaft über das Vorgehen abgelegt. Das macht eine methodische Selbstreflexion sinnvoll. Dafür sind zunächst die Elemente beruflicher Existenz zu bestimmen, an welchen sich Differenzierungen überhaupt festmachen können. Sie können mit einer *Definition Sozialer Arbeit* aufgelistet werden.

Die international geltende Definition der Berufsverbände lautet: «Die Profession
Soziale Arbeit fördert
· denjenigen sozialen Wandel,
· diejenigen Problemlösungen in zwischenmenschlichen Beziehungen und
· diejenige Ermächtigung und Befreiung von Menschen,

der/die das Wohlbefinden der einzelnen Menschen anzuheben vermögen.

Indem sie sich sowohl auf
· Theorien menschlichen Verhaltens als auch auf
· Theorien sozialer Systeme

stützt, vermittelt Soziale Arbeit an den Orten, wo Menschen und ihre sozialen
Umfelder aufeinander einwirken.
Für die Soziale Arbeit sind die Prinzipien der Menschenrechte und der sozialen
Gerechtigkeit fundamental» (Schmocker 2011, 56). Was Soziale Arbeit ist, wird
hier nicht gesagt, sondern lediglich, was sie *macht*.
Was aber geschieht genau, wenn die Profession Soziale Arbeit dieser Förderauf-
gabe nachkommt? Soziale Arbeit ist, so lässt sich präzisieren, eine professio-
nelle menschliche Praxis, die

· aus gegebenem Anlass,
· ausgerichtet an den Grundwerten und Grundrechten demokratischer
  Gesellschaften,
· gestützt auf fachliches Wissen unterschiedlicher Art,
· mittels ausgewählter Methoden,
· getragen durch die Selbst- und Sozialkompetenzen der Berufstätigen,
· in unmittelbaren sozialen Beziehungen,
· von angesprochenen Menschen mit variierender Freiwilligkeit beansprucht,
· oft in beruflich homogen oder heterogen zusammengestellten Arbeitsteams,
· im Kontext besonderer Organisationen,
· in einer Vielfalt ausdifferenzierter Arbeitsfelder,
· mittels öffentlich oder privat zur Verfügung gestellter materieller Ressourcen,
· mehr oder weniger rechtlich geregelt sowie politisch und administrativ
  gesteuert,
· in vielfältigen räumlichen Umgebungen,
· in zeitlicher Hinsicht mannigfaltig gestaltet,

einzelne Menschen und Gruppen in unterschiedlichen Lebenssituationen bei ihrer Alltagsbewältigung, Entwicklung und ihrem Einbezug in wichtige Lebensbe-

reiche kurz- und längerfristig unterstützt, zwischen gesellschaftlichen Gruppierungen für Ausgleich sorgt und zum gesellschaftlichen Zusammenhalt beiträgt sowie möglichen diesbezüglichen Problemen zuvorkommt. All dies soll letztlich allen Menschen die Chance auf ein gelingendes (Zusammen-)Leben eröffnen. So lassen sich zuletzt die Aktivitäten Sozialer Arbeit sowie ihre gesellschaftliche Aufgabe umschreiben.

«Sozialarbeit, Sozialpädagogik und Soziokulturelle Animation werden in der Schweiz als Studienrichtungen und Berufsbezeichnungen meist deutlich voneinander unterschieden, was sich in unterschiedlichen Studiengängen und Diplomen, Stellenprofilen und Anstellungsbedingungen, Berufsidentitäten und Traditionen der Fürsorge bzw. der Heimerziehung und auch in der Theorie (…) ausdrückt. *Soziale Arbeit* als Oberbegriff gewinnt aber an Bedeutung» (Kühne 2008, 795). Die Differenzierung Sozialer Arbeit in Berufsfelder, in der Schweiz bislang also Sozialarbeit, Sozialpädagogik und Soziokulturelle Animation – zu der manchmal noch Arbeitsagogik und Kindererziehung hinzugezählt werden (Schmocker 2011, 55) –, müsste sich anhand obiger Unterscheidungskriterien zeigen lassen. Es fragt sich denn, welche Gemeinsamkeiten und Unterschiede Sozialarbeit, Sozialpädagogik und Soziokulturelle Animation hinsichtlich Anlass, Werten und Rechtsbezug, Wissen, Methoden, Selbst- und Sozialkompetenzen, Freiwilligkeit, Beziehungen, Arbeitsteams, Organisationen, Arbeitsfeldern, verfügbaren Ressourcen, externer Steuerung, räumlicher Umgebung, zeitlicher Gestaltung, Aufgabe sowie Inter- bzw. Prävention aufweisen. Die unterschiedlichen Bezugsmassstäbe werden in der Theorie Sozialer Arbeit (z.B. Mühlum 2001, 123) oder auch in der Präventionstheorie (z.B. Hafen 2005a, 469-508) oft als Bezüge auf «Verhalten» einerseits und «Verhältnisse» andererseits gekennzeichnet.

Auf der Grundlage dieses Verständnisses Sozialer Arbeit können nun ihre *Differenzierungen* erkennbar werden. Berufsleute der Sozialarbeit, Sozialpädagogik und Soziokulturellen Animation kümmern sich demnach um einzelne Menschen und Gruppen

- aus gleichem/unterschiedlichem Anlass,
- mit gleicher/unterschiedlicher Haltung und Zielsetzung,
- aus gleicher/unterschiedlicher Perspektive (Wissen),
- auf gleiche/unterschiedliche Art und Weise,
- mit gleicher/unterschiedlicher Beziehungsquantität/-qualität,
- in gleichem/unterschiedlichem Gruppen- und Organisationsrahmen,
- in gleichen/unterschiedlichen Arbeitsfeldern,
- mit gleicher/unterschiedlicher materieller Ausstattung,
- in gleichem/unterschiedlichem rechtlichem und politisch-administrativem Rahmen,

· räumlich und zeitlich gleich/unterschiedlich gestaltet,
· in gleichen/unterschiedlichen Situationen.

Nicht alle dieser Vergleichskriterien haben wohl dasselbe Gewicht, und bei gewissen Kriterien mögen sich Unterschiede, bei anderen Gemeinsamkeiten zeigen. Beides zusammen führt zu komplexen Differenzierungs-, d.h. Abgrenzungs- und Überlappungsverhältnissen in der Sozialen Arbeit.

Eine Gewichtung ergibt sich, wenn man bedenkt, dass sich Soziale Arbeit in einer *Zweck-Mittel-Relation* vollzieht und geeigneter Bedingungen bedarf. Entsprechend lassen sich die Merkmale Sozialer Arbeit ordnen. Es verhält sich sinnvollerweise so, dass Mittel der Zweckerfüllung dienen und nicht umgekehrt Zwecke sich aus Mitteln ergeben. Die Konturen einer Gewichtung zeichnen sich ab, wenn man sich die Frage stellt: Wozu macht Soziale Arbeit bzw. machen in ihren Berufsfeldern Tätige was unter welchen Bedingungen?

Abb. 1: Zweck-Mittel-Relation Sozialer Arbeit

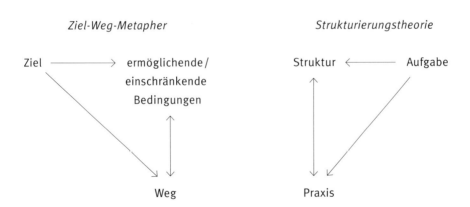

Soziale Arbeit erhält durch ihre Mandatierung (Staub-Bernasconi 2007, 198-202) eine gesellschaftliche *Aufgabe*. Die Ziele, die in den unzähligen einzelnen *Inter- und Präventionen* verfolgt werden, müssen in generalisierter Form grösstenteils dieser Aufgabe entsprechen, damit Soziale Arbeit als Praxis überhaupt eine eigenständige Identität – in Differenz zu anderen beruflichen Identitäten – aufweisen kann. Mikro-, meso- und makrogesellschaftliche *Strukturen* ermöglichen und beschränken die Wege, die Soziale Arbeit zusammen mit ihrer Adressatenschaft beschreitet, und beeinflussen damit ihre Wirksamkeit und infolgedessen das Ausmass, in dem Soziale Arbeit ihre Aufgabe, das ihr Aufgegebene zu erfüllen vermag.

Das Verhältnis von Struktur und Praxis wird durch die *Modale Strukturierungstheorie* (Husi 2010; 2012) erhellt, die vor allem an den kritischen Gesellschaftstheorien von Pierre Bourdieu und Anthony Giddens sowie Jürgen Habermas anschliesst. Durch diese Brille betrachtet, agieren Berufsleute stets innerhalb von Strukturen, die deren professionelle Praxis strukturieren, das heisst vor Macht-, Interessen- und Regelhorizonten. Diese Theorie übernimmt, worauf ihr Name hindeutet, von Giddens' (1988) *Strukturierungstheorie* den Grundgedanken, dass zwischen praxisermöglichenden sowie praxiseinschränkenden gesellschaftlichen Strukturen und individueller sowie kollektiver struktur(re)produzierender Praxis ein Verhältnis wechselseitiger Strukturierung besteht: Struktur prägt Praxis in unterschiedlichen, wie Giddens sagt, «Strukturierungsmodalitäten», dient ihr als Medium, und Praxis zeitigt Folgen in der Struktur. Strukturen verstetigen Praxen, Praxen verstetigen Strukturen. Zur *Modalen* Strukturierungstheorie gelangt man, wenn man diesen Grundgedanken mit Sprachanalyse grundiert und dabei feststellt, dass die sechs Modalverben (können, müssen, mögen, wollen, dürfen, sollen) die vorhandenen Modalitäten der Strukturierung der Praxis durch Struktur unter ihrem ermöglichenden wie einschränkenden Aspekt sprachlich genau wiedergeben. Als Strukturierungsmodalitäten ergeben sich aus der paarweisen Anordnung der Modalverben die instrumentale, motivationale und regulative Modalität. Berufspraxis selbst ist Handeln sowie Erleben und ist eben durch Können und Müssen instrumental, Mögen und Wollen motivational, Dürfen und Sollen regulativ bedingt. Akte des Handelns verketten sich wechselseitig zu Handlungszusammenhängen, (mikro-, meso-, makro-)gesellschaftlichen Systemen, Akte des Erlebens verketten sich zu Erlebenszusammenhängen, zu, wenn man so will, psychisch-physischen Systemen mit mehr oder weniger Bewusstsein.

Abb. 2: Berufspraxis und ihre Bedingungen im Rahmen der Modalen Strukturierungstheorie

hierarchische Struktur: instrumentale Modalität	**können** (Mittel)	· Fachkompetenz
		  - Beschreibungswissen
		  - Erklärungswissen
		  - Bewertungswissen
		  - kognitive Fähigkeiten
		
		· Methodenkompetenz
		  - Handlungswissen
		  - motorische Fähigkeiten
		
		· Selbst- und Sozialkompetenz
		  - emotionale Fähigkeiten
		  - volitive Fähigkeiten
		  - perzeptive Fähigkeiten
		
		· organisationale Mittel

	müssen (Zwänge)	· Sachzwänge
kulturelle Struktur: motivationale Modalität	**mögen** (Wünsche)	· Wertvorstellungen
	wollen (Ziele)	· Ziele
institutionelle Struktur: regulative Modalität	**dürfen** (Rechte)	· gesetzliche Rechte · berufsrollenbezogene/berufsethische Rechte · Rechte in der Organisation · Rechte im Arbeitsteam
	sollen (Pflichten)	· Mandat (Aufgabe, Zuständigkeit) · politische Pflichten · administrative Pflichten (Leistungsauftrag) · gesetzliche Pflichten · berufsrollenbezogene/berufsethische Pflichten · Pflichten in der Organisation · Pflichten im Arbeitsteam
Praxis	**handeln**	· (bewusst nicht) intervenieren · (bewusst nicht) prävenieren
	erleben	· wahrnehmen · denken (beschreiben, erklären) (bewerten) · fühlen

29

Die Rede von Berufsfeldern Sozialer Arbeit ist dann gerechtfertigt, wenn

· sich die in ihrer Praxis verfolgten Ziele zu zentralen Teilaufgaben verallgemeinern und bündeln lassen

· und professionelle Handlungen beständig auf ähnliche Weise wiederholt und untereinander kurzgeschlossen werden, da sie sich tendenziell exklusiv um solche Teilaufgaben kümmern, sodass sich spezialisierte Handlungszusammenhänge herausbilden (Subsystembildung).

Als Begleiterscheinung davon entstehen besondere Strukturen, die durch ihre Ermöglichungen und Einschränkungen die institutionelle Differenzierung solcher Handlungszusammenhänge unterstützen, gleichsam tragen.

Abb. 3: Berufliche Praxis und Struktur Sozialer Arbeit und ihr Bezug auf Individuum und Gesellschaft

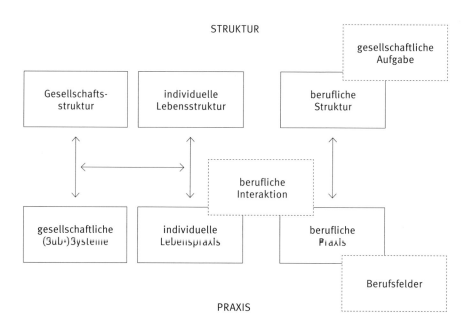

Die Differenzierungen *Sozialer Arbeit* sind tatsächlich solche beruflicher Handlungszusammenhänge. Aussagen darüber beziehen sich also auf den Lebensbereich – das Funktionssystem, wie es in Niklas Luhmanns theoretischer Konzeption heisst – Soziale Arbeit. Verwirrung stiftet, dass ähnliche Unterscheidungen aber auch relevant sind in anderen Lebensbereichen im Sinne von Handlungszusammenhängen, gesellschaftlichen Systemen, die durch je besondere Mengen aufeinander verweisender Regeln (z.B. Aufgaben), Institutionen, konstituiert werden, die bestimmte Handlungen aneinander anschliessen lassen. Zu denken ist hierbei zumindest an die Bereiche *Bildung und Wissenschaft*.

Abb. 4: Unterscheidungen in den Lebensbereichen Soziale Arbeit, Bildung, Wissenschaft

	Soziale Arbeit (Profession)	Bildung (Lehre)	Wissenschaft (Disziplin)
Differenziert	Sozialarbeit	Sozialarbeit	Sozialarbeitswissenschaft
	Sozialpädagogik	Sozialpädagogik	Sozialpädagogik
	Soziokulturelle Animation	Soziokultur	–
Indifferent	Soziale Arbeit	Soziale Arbeit	Sozialpädagogik Sozialarbeitswissenschaft Soziale Arbeit

Diese Ähnlichkeiten bei den Bezeichnungen sind natürlich kein Zufall. Sie rühren daher, dass Bildung sich, wenn sie zu Wissen, Fähigkeiten und Haltungen aus-, weiter- und fortbildet, an den Bedürfnissen und Notwendigkeiten Sozialer Arbeit orientiert; und dass Wissenschaft, wenn sie – im Sinne einer Handlungswissenschaft – anwendungsorientiert empirisch und theoretisch forscht, Fragen zu beantworten versucht, die der Praxis Sozialer Arbeit entspringen.

In der Fachliteratur finden sich allerdings viele Aussagen über Differenzierungen, deren Bezug unklar ist. Das Wort «Sozialpädagogik» verlockt in unserem Zusammenhang am meisten zu ungenauer Verwendung, denn es steht für eine Praxis bzw. Profession Sozialer Arbeit, eine Studienrichtung und eine wissenschaftliche Disziplin. Ferner verwirrt, dass der Ausdruck «Soziale Arbeit» auch als Bezeichnung für eine Wissenschaft gebraucht wird, als meinten zum Beispiel Pflege und Pflegewissenschaft dasselbe. Was Sozialarbeitswissenschaft und Sozialpädagogik betrifft, so verändern sich ihre Bedeutungen je nachdem, ob sie Identität des Gesamten oder Differenz im Gesamten andeuten, das heisst, ob sie je als Bezeichnungen für die gesamte Wissenschaft der Sozialen Arbeit dienen oder aber nebeneinander stehen im Sinne zweier «Bindestrich»-Wissenschaften der Sozialen Arbeit. So lassen beispielsweise Birgmeier und Mührel unter dem Titel Sozialarbeitswissenschaft unentschieden «die grosse Bandbreite der Theorien der Sozialarbeit/Sozialen Arbeit» (2009a, 12) abhandeln – zu beachten ist der Querstrich. Die Quelle der wissenschaftlichen Reflexion Soziokultureller Animation sprudelt offenbar zu gering oder noch nicht hinreichend lange, als dass sie im Vergleich mit den anderen beiden gleich namensgebend zu wirken vermöchte, zum Beispiel im Sinne einer «Kohäsiologie» (Husi 2010, 104). Während wie in anderen Wissenschaften die Wissenschaft Sozialer Arbeit also *allgemeine Theorien* zu enthalten hätte, so hätten die «Bindestrich»-Wissenschaften Sozialer Arbeit *spezielle Theorien* zu liefern. Das könnte wie gesagt drei solche «Bindestrich»-Wissenschaften zur Folge haben oder aber viel mehr, wenn man nicht die Berufsfelder, sondern die viel zahlreicheren Arbeitsfelder Sozialer Arbeit als Bezugspunkt wählte. Nebenbei sei erwähnt, dass der Vergleich mit der Pflegewissenschaft und Gesundheitswissenschaft noch viel zu wenig Beachtung findet (Mühlum, Bartholomeyczik & Göpel 1997) und besonders auch das Verhältnis von Sozialpädagogik und Heilpädagogik nicht aus den Augen zu verlieren wäre (z.B. Buchka 2009). Wissenschaftsgeschichtliche Spuren Sozialer Arbeit führen ohnehin an ganz unterschiedliche und zuweilen überraschende akademische Orte, nämlich an die theologische, medizinische, philosophische, juristische sowie wirtschafts- und sozialwissenschaftliche Fakultät (Gängler 1998), so beispielsweise zur «Caritaswissenschaft». Im Übrigen finden sich viele Darstellungen, welche die Wissenschaft Sozialer Arbeit im Umfeld ihrer Bezugswissenschaften zeigen (z.B. Feth 1998, 231; Klüsche 1999, 89; Obrecht 2004, 274).

Abb. 5: Austauschbeziehungen zwischen den Lebensbereichen Soziale Arbeit, Bildung, Wissenschaft

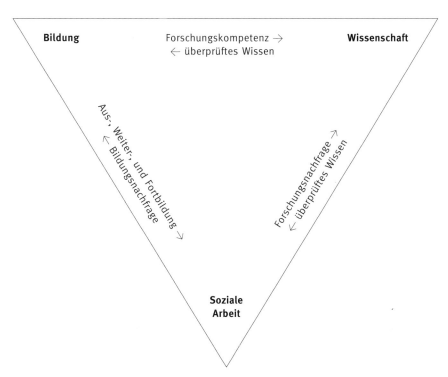

Für die Soziale Arbeit stellt sich die Frage: Welches sind wirksame und legitime Handlungen, um ihre gesellschaftliche Aufgabe zu erfüllen? Für die Bildung stellt sich die Frage: Welches sind wirksame Aus-, Weiter- und Fortbildungen, welche die Berufsleute Sozialer Arbeit befähigen, wirksame und legitime Handlungen auszuführen, um ihre Aufgabe zu erfüllen? Für die – anwendungsorientierte – Wissenschaft stellt sich die Frage: Welches theoretische und empirische Wissen braucht die Bildung, um wirksame Aus-, Weiter- und Fortbildungen anbieten zu können, um die Berufsleute Sozialer Arbeit zu befähigen, wirksame und legitime Handlungen auszuführen, um ihre Aufgabe zu erfüllen? Diese Kaskade von Fragen verweist auf eine Leerstelle, eine Lehrstelle zugleich, am Anfang, die mit der genannten Zweck-Mittel-Relation zusammenhängt: die Aufgabe, oder wie es oft auch heisst, die Zuständigkeit, die Funktion. Sogleich drängt sich eine weitere Frage auf: Wer bestimmt die gesellschaftliche Aufgabe Sozialer Arbeit? Für die Soziale Arbeit insgesamt wird diese Frage üblicherweise mit Bezug auf ihr Mandat diskutiert. In ähnlicher Weise bedürften die Berufsprofile bzw. Berufsfelder eines Mandats. Und nochmals: Wer erteilt es? Wer besitzt bzw. besässe die faktische und/oder legitime Macht, zu mandatieren? Berufsverbände, die Profession;

Akteurinnen und Akteure aus Politik, Verwaltung, Recht; «die Gesellschaft» – oder aber Bildung (Lehre) und Wissenschaft (Disziplin)? Es sei nebenbei noch angemerkt: Wollte man das obige Dreieck noch um weitere relevante Austauschbeziehungen ergänzen, anerböte sich als erster Lebensbereich die Politik, da insbesondere die Sozialpolitik eine ganz wichtige Einflussquelle darstellt.

Bourdieu (1987, 157) macht ein Wortspiel, das hilfreich ist, wenn man der Berufsidentität Sozialer Arbeit und ihrer Berufsprofile nachspürt. Er differenziert zwischen der «Logik der Praxis» und der «Praxis der Logik». Demnach decken sich die Logik sozialarbeiterischer, sozialpädagogischer, soziokulturell-animatorischer Praxis und die Praxis sozialwissenschaftlicher Logik nicht. Die Praxis Sozialer Arbeit folgt keiner deduktiven Logik, nach der eine einmal festgelegte Aufgabe für immer mehr Lebensaspekte feiner bestimmt wird, sondern umgekehrt einer induktiven Logik, die historisch immer mehr Aspekte durch Soziale Arbeit erschliessen lässt, die offenbar zum Bisherigen passen. Ihre Identität steht aufgrund dessen ständig auf dem Spiel. Wenn dies zutrifft, öffnet sich erst recht eine Schere zwischen Sein und Sollen. Die Beobachtung der professionellen Identität und der Berufsprofil-Identitäten bewegt sich zwischen Beschreibung und Bewertung. Das gilt zunächst für die Selbstbeobachtung, also die Selbstbeschreibung und Selbstbewertung innerhalb des Lebensbereichs Soziale Arbeit, wenn die Profession die unzähligen professionellen Aktivitäten mit Blick auf ihre Aufgabenerfüllung beobachtet. Und es gilt für die Fremdbeobachtung seitens Bildung und Wissenschaft und sogar noch seitens Politik, Verwaltung, Recht. Was geschieht, wenn (zu) viele Aktivitäten dem bestehenden Bild von der Praxis Sozialer Arbeit nicht entsprechen? Wird dann die Beschreibung angepasst oder erfolgt eine negative Bewertung, welche der dahinter stehenden Normierung Nachachtung verschaffen will? Mit anderen Worten: Sind Sozialarbeit, Sozialpädagogik, Soziokulturelle Animation noch, was sie zu sein scheinen, wenn sie nicht (mehr) sind, was sie gewesen zu sein scheinen? Sind sie dann noch «richtige» Sozialarbeit, Sozialpädagogik, Soziokulturelle Animation? So stellt sich die Frage nach dem Berufsbild zwischen Sein und Sollen. Die Komplexität dieser Frage entfaltet sich vor allem dann, wenn man die verschiedenen Systemreferenzen im Auge behält. Jeder involvierte Lebensbereich, allen voran Profession und Disziplin, wird viele Eindrücke von professionellen Aktivitäten Sozialer Arbeit erhalten, die seinem gängigen Bild entsprechen, aber auch viele Anomalien und Unschärfen feststellen und kann darauf mit der Selbstkorrektur des eigenen Bildes oder normgeleiteter korrigierender Einflussnahme auf Aktivitäten reagieren. Wenn bis zu dieser Stelle Lebensbereiche gleichsam als einheitliche Makrosubjekte erschienen sind, so ist dies natürlich fern jeder Wirklichkeit. Tatsächlich erheben in jedem Lebensbereich ganz unterschiedliche Akteurinnen und Akteure ihre Stimme. Aber wer *kann* dann, angesichts der Schere von Sein und Sollen, der Mehrzahl involvierter Lebensbereiche und der Vielfalt beteiligter Akteurinnen und Akteure, methodisch kontrolliert überhaupt noch benennen, was Sozialarbeit, Sozialpädagogik, Soziokulturelle Animation sind, und ihnen also eine Identität verleihen? Und wer *soll* dies bestimmen? Die Schere von Sein und Sollen öffnet sich hier erneut auf einer höheren Abstraktionsstufe.

Es kann also einen Unterschied machen, ob Soziale Arbeit und ihre Differenzierung durch die Profession, durch die Lehre oder die Disziplin beschrieben werden, das heisst zum Beispiel, ob es um die Sozialarbeit der Sozialarbeit, die Sozialarbeit der Sozialarbeitsausbildung oder die Sozialarbeit der Sozialarbeitswissenschaft geht. Und, um beim Beispiel zu bleiben und für einmal vor sprachlichen Ungetümen der angezeigten Komplexität wegen nicht zurückzuschrecken: Korrigieren Sozialarbeitsausbildungssozialarbeit und Sozialarbeitswissenschaftssozialarbeit die Sozialarbeitssozialarbeit oder aber sich selber im Falle von Differenzen, das heisst bei unterschiedlichen Auffassungen von Sozialarbeit?

Ähnliche Überlegungen stellen Neumann und Sandermann (2007) an, wenn sie der «Sozialpädagogik der sozialpädagogischen Theorie» nachgehen und sich dabei mehr auf Cassirer und Bourdieu denn auf Luhmann berufen. Sie votieren für Vielfalt statt Einheit. Aber damit ist letztlich, so ist kritisch vorauszuschicken, noch nicht allzu viel gewonnen, denn selbst im Falle von Pluralismus stellt sich die Frage nach wahr und falsch, nach «guter» und «schlechter» Vielfalt. Die beiden Autoren möchten «ein *objektivierungskritisches Verfahren* vorschlagen, das auf jede Gegenstandsfixierung nicht nur selbst verzichtet, sondern sich auch grundsätzlich gegenüber gegenstandsbezogenen Aussagen desinteressiert verhält» (2007, 14). Dazu wird der «Beobachtungsmodus» umgestellt, nämlich vom Was auf das Wie. Beobachtet wird nicht, was als Gegenstand Sozialer Arbeit jeweils bezeichnet wird, sondern, wie solche Gegenstandsaussagen entstehen. Es wird also eine methodische Wende vollzogen. Dabei handelt es sich um aus der Systemtheorie bekannte «Beobachtung der Beobachtung». Mit dieser «objektivierungskritischen ‹Objektivierung der Objektivierung›», «mit einer Verlagerung der Aufmerksamkeit von der ‹Beobachtung des *Gegenstandes*› auf die ‹*Beobachtung* des Gegenstandes›» (2007, 16) soll eine «Rekontingenzierung» – welch ein Wort! – erreicht werden. Neumann und Sandermann werden einer «abgründigen Zirkularität» (2007, 19) insbesondere im Verhältnis disziplinärer Reflexion und professioneller Praxis gewahr und kritisieren deren Grundbestimmungen: «Sie beschreiben eine Realität, die ist, was sie soll, und soll, was sie ist» (2007, 19). Das Geheimnis um den doppelten Genitiv der Sozialpädagogik (als Praxis) der Sozialpädagogik (als Wissenschaft) lüften die Autoren zum Schluss folgendermassen: «Als Genitivus objectivus bezeichnet er die Sozialpädagogik als einen Gegenstand der Theorie der Sozialpädagogik, der so nur von der Theorie der Sozialpädagogik beobachtet wird, als Genitivus subjectivus weist er darauf hin, dass die Theorie der Sozialpädagogik selbst ‹sozialpädagogisch› verfährt. Das ‹Sozialpädagogische› an dieser Beobachtungsform lässt sich in den angewandten Strategien der Vereigentlichung beobachten, mit denen das Beschriebene zu dem objektiviert wird, was es als ‹Seinsollendes› ist» (2007, 22).

Die eben skizzierte Hinwendung zur Methode in der Perspektive einer Beobachtung zweiter Ordnung führt auf eine wichtige Fährte – auch der vorliegende Text reflektiert gerade die Methode, wie man überhaupt zu wahrheitsfähigen Aussagen über die Differenzierung Sozialer Arbeit gelangen kann. Unbefriedigend ist an jener Argumentation, dass sie in der Methode stecken bleibt. Die methodische Reflexion sollte indessen dem eigentlichen Ziel zudienen, nämlich, wahrheitsfähige Aussagen angesichts grosser Komplexität zu machen, zum Beispiel über die gesellschaftliche Aufgabe Sozialer Arbeit bzw. ihrer Berufsfelder.

Eine veritable *historisch-soziologische Reflexion* bleibt denn nicht bei der (Beschreibung der) Beschreibung stehen, die sich auch im Sinne von Giddens' «doppelter Hermeneutik» (1988, 47) auffassen lässt, sondern nimmt sie zum Ausgangspunkt. Sie zielt mehr noch darauf ab, die unübersichtliche Situation zu *erklären*. Nicht nur die Genese des Beschriebenen, sondern auch die Genese der Beschreibenden interessiert hier. Sowohl die Diskursanalyse nach Foucault (z.B. 1991) wie auch die Feldanalyse nach Bourdieu (Bourdieu/Wacquant 1996) bieten dafür geeignete theoretische Mittel an, da sie die Machtverhältnisse offenzulegen ermöglichen, die den geführten Diskursen über Soziale Arbeit, ob in ihr selber, in der Bildung oder in der Wissenschaft, zugrunde liegen. Hier wird der Frage nachgegangen, welche inhaltlichen Interessen welchen Machtinteressen und Machtmitteln entspringen. Diskurse und Felder werden dabei in ihren relationalen Eigenschaften erfasst: Das eine ist nicht denkbar ohne das andere, das eine reagiert auf das andere in einer ständigen Wechselwirkung und Fortentwicklung. Hegemonialen Diskursen wird in der Folge nicht einfach zugeschrieben, dass sie sich im Wettbewerb der Ideen aufgrund grösseren Wahrheitsgehalts durchgesetzt haben, sondern ihre Durchsetzungsfähigkeit wird – zumindest auch – auf Konkurrenzbedingungen und Machtverhältnisse zurückgeführt.

In inhaltlicher Hinsicht vermögen aber Beschreibungen und Erklärungen solcherart nicht vollends zu genügen. Sie erhellen zwar die diskursiven Produktionsbedingungen, die Umstände also, unter denen Bilder Sozialer Arbeit entworfen werden, und dies ist für eine reflexive Soziale Arbeit wichtig. Aber sie geben keinen eindeutigen Hinweis darauf, ob eine differenzierende Konzeption Sozialer Arbeit gegenüber einer nichtdifferenzierenden vorzuziehen ist. Diese Lücke vermöchte eine weitere Diskurstheorie zu schliessen. Mit Habermas' Auffassung eines *herrschaftsfreien Diskurses*, die er in seiner Theorie des kommunikativen Handelns (1981) sowie in seinen diskursethischen Schriften (1983; 1991) erörtert, lässt sich vorstellen, wie Akteurinnen und Akteure – zumindest – aus Sozialer

Arbeit, Bildung Sozialer Arbeit und Wissenschaft Sozialer Arbeit zusammenkommen müssten, um gemeinsam ein konsensfähiges Berufsbild zu entwerfen. Entscheidend wäre hierbei, dass gerade die in den einzelnen Lebensbereichen je konkurrierenden Meinungen aufeinanderträfen und sich also nicht nur partielle Konsense über die drei involvierten Lebensbereiche hinweg aus dem einfachen Grund ergäben, dass die Beteiligten je in ihrem Lebensbereich dieselbe besondere Meinung im Unterschied zu anderen besonderen Meinungen vertreten, die sich parallel dazu auch selber kurzschliessen könnten. Habermas' Vorstellung ist prozessorientiert und nimmt Ergebnisse des Diskurses nicht vorweg. Hypothesen über Aspekte Sozialer Arbeit, zum Beispiel über allfällige Berufsfelder, würden kompetent und herrschaftsfrei, abwägend und geduldig geprüft. Als wahr gälte jene Einschätzung der Differenzierung Sozialer Arbeit, auf die sich die am Diskurs Teilnehmenden einigten. Die Beteiligten hätten informiert anhand von Beschreibungen und selbstreflexiv anhand von Erklärungen zu sein. Nicht nur wird hier die Wissenschaft als ideale Kommunikationsgemeinschaft imaginiert, vielmehr repräsentierte eine solche Gemeinschaft Profession, Lehre und Disziplin gleichermassen. Erst ein derartiger Diskurs besässe das Potenzial, Einsichten hervorzubringen, denen wirklich legitime normative Kraft innewohnte. In dem Masse jedoch, wie die Praxis Sozialer Arbeit fragmentiert wird sowie in Bildung und Wissenschaft der Mechanismus der Konkurrenz den Geist der Kooperation verdrängt, werden solche Diskurse immer unwahrscheinlicher. Wenn ein Diskurs im Habermasschen Sinne unmöglich scheint, dann ist immerhin ein *grösstmögliches Mass an Diskursivität* anzustreben.

An dieser Stelle wird es nun möglich, die mit dieser Publikation vorliegenden Forschungsergebnisse und theoretischen Reflexionen selber zu verorten und damit die hiesige methodische Reflexion ihrem Ende näherzubringen. Mit der Forschung werden Beobachtungen Sozialer Arbeit (Genitivus objectivus) der Sozialen Arbeit selbst (Genitivus subjectivus) sowie der Bildung erschlossen. Da die Befragten der Bildung auch wissenschaftlich tätig sind, repräsentieren deren Ansichten auch die Wissenschaft. Diese wissenschaftliche Forschung wird im Kontext einer Ausbildungsstätte durchgeführt, die Ausbildungen für alle drei Berufsfelder programmiert und für die drei Studienrichtungen Sozialarbeit, Sozialpädagogik und Soziokultur einen grundierenden generalistischen Teil mit einem je spezifischen folgenden Teil kombiniert. Die Entstehungsgeschichte Sozialer Arbeit, ihrer Berufsfelder und Berufsprofile, ist reichhaltig dokumentiert und analysiert. Allerdings sind hier nationale Sonderwege zu berücksichtigen, worauf nachfolgend gleich zurückzukommen ist. Angesichts augenblicklicher professioneller, bildungsmässiger und disziplinärer Zerstückelung ist ein verbindender und verbindlicher Diskurs über Soziale Arbeit sowie ihre «Teile» nicht in Sicht.

Ein Begriff schöpft seine Bedeutung, so kann man aus der Tradition des Strukturalismus lernen, nicht aus sich selbst. Zweierlei ist zu beachten: Er verweist auf einen Sachverhalt in der subjektiven, objektiven oder sozialen Welt; und er steht in einem Verhältnis zu anderen, naheliegenden Begriffen, deren Bedeutungen sich von der seinigen unterscheiden. Ein Begriff identifiziert, gibt einem Sachverhalt eine Identität; eine Identität in Differenz zu anderen Identitäten, eine Identität in Differenz zu anderen Identitäten in Differenz zu – usf. Die Bedeutung von «Sozialpädagogik» im Sinne einer Profession zum Beispiel verändert sich je nachdem, ob sie bloss im Kontext von Sozialarbeit – wie in Deutschland und Österreich – oder auch im Kontext Soziokultureller Animation diskutiert wird wie, zumindest teilweise, in der Schweiz.

Welche Schlüsse sind aus dieser *Relationalität der Grundbegriffe* zu ziehen? Aller Internationalisierung zum Trotz bestehen nationale Arbeitskulturen nach wie vor. Es bestehen angesichts dessen zwei Optionen: sich dem Diskurs in anderen Ländern anpassen oder beobachten, was unter denselben oder ähnlichen Etikettierungen diskutiert wird, sich davon anregen lassen, um im eigenen Kontext plausible Bestimmungen hervorzubringen. Unter der Annahme grundbegrifflicher Relationalität liegt die zweite Option näher. Anders gesagt: Ob es um Soziale Arbeit, Bildung für diesen Bereich oder Wissenschaft zu diesem Bereich geht, die symbolischen und praktischen Grenzlinien der Binnendifferenzierungen verlaufen von Land zu Land zu unterschiedlich, als dass einzelne Elemente einfach jenseits einer Landesgrenze unbesehen übernommen werden könnten. Für die Schweizer Diskussion ist die überlieferte Trias massgeblich. Insofern sie sich sachlich begründen lässt, birgt sie umgekehrt ein Anregungspotenzial für Diskussion in anderen Ländern, insbesondere in Deutschland und Österreich.

Um die Trias von Sozialarbeit, Sozialpädagogik und Soziokultureller Animation bestimmen und ihre Abgrenzungs- und Überlappungsverhältnisse genauer erfassen zu können, ist eine Einteilung von Mühlum (2001, 13) hilfreich (s. auch May 2010, 25). Er unterscheidet mit Bezug auf Sozialarbeit (SoA) und Sozialpädagogik (SoP) anhand einiger *Theoreme* folgende Möglichkeiten:

1. Divergenztheorem (SoA & SoP sind eindeutig getrennt)
2. Konvergenztheorem (SoA & SoP nähern sich einander an)
3. Subordinationstheorem (SoA und SoP stehen in einem Verhältnis der Über- bzw. Unterordnung)
4. Substitutionstheorem (SoA und SoP sind wechselseitig austauschbar)
5. Identitätstheorem (SoA und SoP stimmen vollständig überein)
6. Subsumtionstheorem (SoA und SoP sind Teil des umfassenden Handlungssystems Soziale Arbeit)

Abb. 6: Sechs Theoreme zum Verhältnis der Berufsfelder

Divergenztheorem   Konvergenztheorem

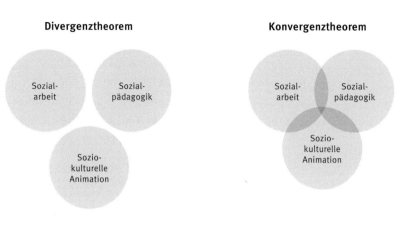

Subordinationstheorem

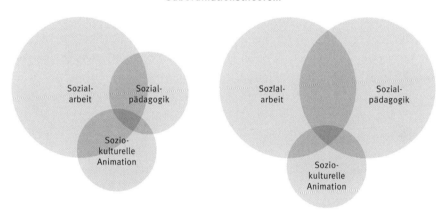

Substitutionstheorem   Subsumtionstheorem
Identitätstheorem

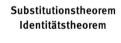

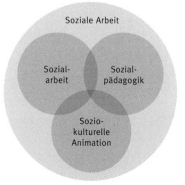

39

Birgmeier und Mührel (2011, 42f.) führen sogar noch ein siebtes Theorem, das Alternativtheorem, auf, wonach das Verhältnis durch neue begriffliche Alternativen zu bestimmen wäre. Man kann diese auf zwei Berufsfelder bezogene Auflistung mit der Soziokulturellen Animation ergänzen und die einzelnen Theoreme mit Kreisdarstellungen visualisieren. Jeder Kreis enthält ein Zentrum und eine Peripherie, einen definierenden Kern und eine verwandte Randzone, die sich mit anderen Bereichen überlappt oder auch nicht. Mit Blick auf die Soziale Arbeit lassen sich in diesen Kreisen die vielfältigen Arbeitsfelder verorten. Dadurch wird sichtbar, welche Arbeitsgebiete die Tendenz zur Vermischung (und gar Aufhebung) der Berufsfelder befördern und welche es noch ratsam scheinen lassen, an der Dreiteilung festzuhalten.

Die Kreisdarstellungen lassen sich sachlich zunächst auf Soziale Arbeit beziehen oder auch auf Bildung oder Wissenschaft. Sodann können sie anhand unterschiedlicher Kriterien erstellt werden. An die Seite dieser sachlichen Logik tritt eine zeitliche: Welchen Eindruck gibt die Darstellung wieder, jenen eines «nicht mehr», «nicht mehr nur», «noch nicht»?
Aus den vorangegangenen Überlegungen lassen sich nun Schlüsse für das methodische Vorgehen ziehen. Zugleich ergibt sich eine Antwort auf die eingangs gestellte Frage, was man – implizit oder explizit – überhaupt macht, wenn man Differenzierungen nachgeht. Folgende Schritte sind erforderlich:

1. Vergleichskontext (Systemreferenz) wählen: Soziale Arbeit, Bildung, Wissenschaft
2. Vergleichselemente (Relationalität) herbeiziehen
3. Vergleichskriterien nutzen

Zu Gemeinsamkeiten und Unterschieden findet man auf dieser Grundlage sodann durch:

4. Vergleiche
5. Vergleichsvergleich: Parallelen und Divergenzen zwischen Sozialer Arbeit, Bildung, Wissenschaft

Je nachdem, welche Systemreferenz und welches Vergleichskriterium gewählt werden, fällt die Darstellung der Kreise vermutlich anders aus. Eine einfache Antwort auf die Frage nach der Differenzierung Sozialer Arbeit und ihrer Widerspiegelung in Bildung und Wissenschaft ist so nicht zu erwarten, denn sie ist, führt man sich die Beantwortung methodisch auf die geschilderte Weise vor Augen, sehr unwahrscheinlich. Die objektiv bestehende Komplexität der Verhältnisse in den drei Lebensbereichen und der Eindruck, man befinde sich, jene beobachtend, in einem

Spiegelkabinett, in dem diese Verhältnisse einander unendlich spiegelten, erschweren eine klare Erkenntnis. Der Diskurs darüber ist geprägt von unklaren Systemreferenzen und intransparenten Vergleichskriterien.

Diesem methodischen Fazit zur Beobachtung ist mit Blick auf die Beobachtenden beizufügen, dass ihre Systemzugehörigkeit eine grosse Bedeutung für ihre Beobachtungen hat. Das gilt besonders für jene aus Bildung und Wissenschaft. Eine historisch-soziologische Reflexion beleuchtet diesen Aspekt und lenkt das empirisch orientierte Interesse überhaupt auf die anderen Lebensbereiche, die Sozialer Arbeit eher nahe- oder fernstehen und sie demnach mehr oder weniger beeinflussen. Lebensbereiche, auch jener der Sozialen Arbeit, erhalten ihre Konturen insbesondere über typische Organisationen, die meist in kennzeichnenden Gebäuden untergebracht sind, sowie typische Leistungs- und Empfangsrollen (Husi 2010, 117f.).

Abb. 7: Soziale Arbeit im Umfeld der anderen Lebensbereiche der Gesellschaft

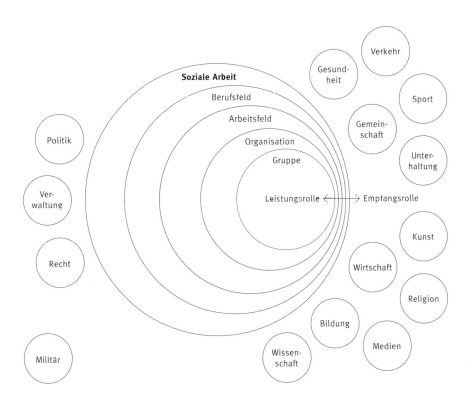

Bei einer solchen Ausgangslage anerbieten sich zwei grundsätzliche Optionen: Man kann vor der komplexen Differenzierung Sozialer Arbeit gleichsam «kapitulieren» und aufhören, ihre Binnendifferenzierungen – zumindest mit Bezug auf die überlieferte Dreiteilung – zu thematisieren, und daraus das Postulat einer generalistischen Grundausbildung für Soziale Arbeit ableiten sowie einer einheitlichen zuständigen praxisorientierten Wissenschaft. Man kann aber umgekehrt auch an der Dreiteilung festhalten, historisch-soziologisch reflektiert ihren Wandel verfolgen und entsprechend differenzierte wie wandlungsfähige Bildungsangebote und Wissenschaftsverständnisse entwickeln. Alles deutet in unserer Zeit darauf hin, dass Soziale Arbeit sowie Bildung und Wissenschaft, insofern sie auf jene Trias bezogen sind, von einem Sowohl-als-auch, von Konvergenz und Divergenz zutiefst durchdrungen sind, und dies lässt beide genannten Optionen als grundsätzlich plausibel erscheinen. Es fragt sich also, mit welchen guten Gründen man die eine oder andere Sichtweise bevorzugt und entsprechende Wege beschreitet.

1.3 Arbeitsfelder der Sozialen Arbeit

Zuweilen wird den Fachkräften der drei Berufsprofile Sozialer Arbeit eine mehr oder weniger exklusive Zuständigkeit für ein Berufsfeld attribuiert. Berufsfelder werden noch von Arbeitsfeldern unterschieden. Arbeitsfelder sind dann Bereiche von Berufsfeldern. Arbeitsfelder (Tätigkeitsfelder, Praxisfelder, Handlungsfelder) sind, wenn man so will, breite Wege, die zu Zielen führen, die sich aus der Mandatierung Sozialer Arbeit ergeben; durch Aktivitäten in den Arbeitsfeldern erfüllt Soziale Arbeit das ihr Aufgegebene.

Dabei stellt sich die Frage, ob die gemäss den drei Berufsprofilen Ausgebildeten und Berufstätigen solche Bereiche tendenziell exklusiv – zumindest unter einem bestimmten Aspekt – bearbeiten. Genau dies würde die Vorstellung (noch) unterscheidbarer Berufsfelder und Berufsprofile untermauern. Neben dem Identitätstheorem die am weitesten verbreitete Auffassung Sozialer Arbeit ist in unserer Zeit wohl das Konvergenztheorem bzw. Subsumtionstheorem. Es fragt sich vor diesem Hintergrund, welche Abgrenzungs- und Überlappungsverhältnisse sich abzeichnen, wenn man die diversen Arbeitsfelder Sozialer Arbeit in den drei professionellen Feldern Sozialer Arbeit verortet.

Ein in diesem Zusammenhang interessanter Diskurs, der hier als Exempel dienen soll, wird in der Soziokulturellen Animation geführt, interessant, weil er zwei Diskussionen miteinander verknüpft: Zum einen nämlich jene, die vor allem in der soziologischen Systemtheorie (z.B. Eugster 2000) stattfindet und die Frage debattiert, ob Soziale Arbeit überhaupt ein eigenes gesellschaftliches Subsystem darstellt; die theoretische Alternative lautet hier, sich die Berufsleute als tätig in Organisationen ganz unterschiedlicher Teilsysteme vorzustellen. Zum anderen die Diskussion über die Arbeitsfelder innerhalb eines (allfälligen) Lebensbereichs Soziale Arbeit. In der Soziokulturellen Animation nämlich werden die Arbeitsfelder bezogen auf unterschiedliche Lebensbereiche dargestellt. Man könnte aus diesen Bezügen den Schluss ziehen, dass deshalb nur Sozialarbeit und Sozialpädagogik, so sie noch nicht als identisch angesehen werden, die Soziale Arbeit bilden, aber das wäre ein Fehlschluss. Die – vor allem deutsche – systemtheoretische Diskussion, die die Soziokulturelle Animation gar nicht als eigenständiges Berufsfeld oder Berufsprofil berücksichtigt, hinterfragt die «Existenz» eines eigenständigen, «autopoietischen» Kommunikationszusammenhangs Soziale Arbeit (oder «Hilfesystems») nämlich gerade vornehmlich mit Blick auf die Praxis von Sozialarbeit und Sozialpädagogik.

Für die Soziokulturelle Animation, das am wenigsten bekannte der drei Berufsprofile, wird schon seit längerem diskutiert, mit welchen «Fokussierungsgebieten» (Spierts 1998, 72ff.) sie es zu tun hat. Der Niederländer Spierts (1998, 76) erkennt in seiner «Blumenkonfiguration der soziokulturellen Arbeit» vier Wirkungskreise: Kunst und Kultur, Erziehung und Bildung, Gemeinwesenaufbau sowie Erholung/Freizeit. Müller (1999, 96) ordnet diese Fokussierungsgebiete in der nämlichen Reihenfolge vier «gesellschaftlichen Systemen» zu, nämlich Kultur, Bildung, Politik, «Freizeitbereich», und er fügt noch das System «Soziales» bei, dies ohne dazugehöriges weiteres Fokussierungsgebiet.

Willener (2010, 369) platziert sich mit seinem «Modell der Sozialraumorientierung» nahe bei Spierts und Müller, indem er Kunst und Kultur sowie Erziehung/Bildung, Erholung/Freizeit wortwörtlich übernimmt und den vierten Bereich als «Soziales Feld/Prävention» bezeichnet.

Hangartner (2010, 287) ihrerseits führt die überlieferten Modelle zusammen und ergänzt sie aufgrund neuer Berufsentwicklungen um Sport und Wohnen.

Abb. 8: Tätigkeitsfelder und Funktionen Soziokultureller Animation nach Hangartner

Teilbereiche	Tätigkeitsfelder Fokussierung	Funktionen				mögliche Förderung und Output	
Politik	Stadt-, Stadtteil- oder Gemeinwesenentwicklung	↑ Vernetzungs -und Kooperationsfunktion ↓	↑ partizipative Funktion ↓	↑ präventive Funktion ↓	↑ integrative Funktion ↓	fördert Innovation und Selbstbestimmung und Interessenvertretung von Menschen ohne politische Partizipationsmöglichkeit	↑ implizite und explizite Lernfelder ↓
Soziales	Aufbau von sozialen Netzen / Gemeinschaften / Nachbarschaft					fördert Solidarität und vermittelt zwischen sozialen Gruppen und fungiert als Frühwarnsystem für soziale Ungleichheiten und entstehende Probleme	
Bildung	niederschwellige nach- oder ausserschulische Angebote					fördert lebenslanges Lernen und bietet informelle und evtl. auch formelle Bildung	
Kultur / Kunst	niederschwellige Angebote für kulturelle Beteiligung					fördert Kreativität und ermöglicht aktiven Zugang zu Kultur	
Sport	niederschwellige Angebote durch Animation auf spielerische Weise					fördert Gesundheit und Gesundheitsbewusstsein und vermittelt zwischen sozialen Gruppen	
Tourismus / Freizeit	alternative, kulturell und ökologisch nachhaltige Angebote					fördert das Bewusstsein für die Umwelt, andere örtlich nahe Kulturen und die Mobilität	
Wohnen / Wohnumfeld	Wohnbaugenossenschaften, grosse Siedlungen					fördert Nachbarschaftshilfe und Solidarität und fungiert als Frühwarnsystem für entstehende Probleme im Zusammenleben	

(Quelle: Hangartner 2010, 287)

Baudenbacher und Stoll ergänzen in ihrer umfassenden Visualisierung (2011, 47) Hangartners Darstellung noch um Leit- und Arbeitsprinzipien sowie Kernaufgaben, ohne allerdings die Differenzierung der Lebensbereiche zu präzisieren. Erwogen werden jedoch noch zwei zusätzliche «Berufsfeldbereiche», nämlich Entwicklungszusammenarbeit sowie im Anschluss an Willener Ökologie (2011, 100). Offenkundig werden in ihrer Forschung die Schwierigkeiten (2010, 73; 95), wenn sich befragte Soziokulturelle Animatorinnen und Animatoren den sieben ursprünglichen Bereichen zuordnen sollen.

Diese Probleme sind mit der zugrunde gelegten Darstellung verbunden und rühren daher, dass die «Teilbereiche» nicht – durchgängig zumindest – im Sinne gesellschaftlicher Lebensbereiche, Subsysteme verstanden werden. Politik, Bildung, Kunst (was bedeutet Kultur neben Kunst?), Sport können als solche gelten, «Soziales» und «Wohnen/Wohnumfeld» können als Teile des Lebensbereichs Gemeinschaft in einem präzisen Sinne (Husi & Meier Kressig 1995, 22) aufgefasst werden, während Tourismus auf den Lebensbereich Verkehr verweist und Freizeit ein Zeitbegriff ist, als solcher quer zum Genannten steht und Menschen eben ihre Freizeit in den genannten sowie noch anderen Bereichen verbringen.

Man muss hierbei allerdings einräumen, dass es der Soziologie bislang nicht gelungen ist, eine konsensfähige Übersicht über die gesellschaftlichen Lebensbereiche, Funktionssysteme, Felder – oder wie auch immer sie heissen mögen – zu geben. Und dies, obwohl die Frage nach der gesellschaftlichen Differenzierung schon die Klassiker Durkheim, Weber und Simmel beschäftigte und sie auch für Parsons, Luhmann und Bourdieu, um nur die wichtigsten Nachfolger in dieser Frage zu nennen, von zentraler Bedeutung ist.

Arnold, Bregger und Näpflin (2011, Anhang A) haben zusammengestellt, mit welchen Arbeitsfeldern die fünf Fachhochschulen für Soziale Arbeit der deutschen Schweiz in ihren Ausbildungen rechnen. Wenn auf dieser Grundlage die Sichtweisen der fünf Hochschulen verglichen werden, zeigen sich gleich die Schwierigkeiten, die sich ergeben, wenn man eine Übersicht über die Arbeitsfelder Sozialer Arbeit zu geben versucht. Weitgehend einig ist man sich, dass mit «Arbeitsfeldern» kleinere Einheiten gemeint sind als mit «Berufsfeldern», die, wenn überhaupt als Begriff verwendet, für Sozialarbeit, Sozialpädagogik und Soziokulturelle Animation stehen. Zum Vergleich: Im Handbuch von Otto und Thiersch (2011, XV) wird im systematischen Verzeichnis unter dem Untertitel «Arbeits- und Handlungsfelder» auf 29 Buchbeiträge verwiesen. Bezeichnend ist, dass in diesem Grundlagenwerk aber just ein Artikel zum Thema «Arbeitsfelder» fehlt.

Eine Liste von Arbeitsfeldern kann angesichts von nationalen und sogar regionalen Unterschieden sowie historischem Wandel gewiss nicht abschliessend erstellt werden (für Deutschland und Österreich vgl. z.B. Heimgartner 2009, 13f.). Wählt man die Einteilung in drei Berufsfelder als Grundlage (vgl. auch Kühne 2008), die sich freilich durch das Substitutions- bzw. Identitätstheorem selber auch in Frage gestellt sieht, dann gilt es im Weiteren folgende Erfordernisse zu beachten: Erstens müssen die Bezeichnungen ähnlich differenziert gewählt werden; zweitens dürfen Arbeitsorte, Methoden, Arbeitsfelder nicht durcheinander aufgeführt werden; drittens sind stimmige Benennungen, die in der beruflichen Praxis verbreitet sind, zu bestimmen; viertens sollen möglichst alle Arbeitsfelder Sozialer Arbeit aufgenommen werden; und fünftens müssen die Arbeitsfelder den Berufsfeldern und ihren Überlappungszonen möglichst korrekt zugeordnet werden. Differenzierungsgrad, Bezeichnungskonsistenz, Bezeichnungsstimmigkeit, Vollzähligkeit und Verortungsrichtigkeit zumindest stellen also die Kriterien dar, mit denen eine Darstellung der Arbeitsfelder Sozialer Arbeit im Rahmen der Berufsfelder zu beurteilen ist.

Abb. 9: Arbeitsfelder und Berufsfelder Sozialer Arbeit

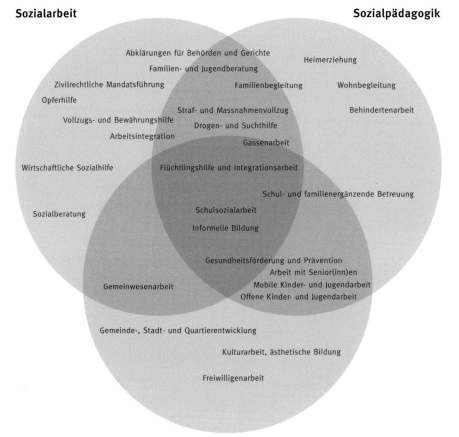

Sozialarbeit **Sozialpädagogik**

Abklärungen für Behörden und Gerichte

Heimerziehung

Familien- und Jugendberatung

Zivilrechtliche Mandatsführung Familienbegleitung Wohnbegleitung

Opferhilfe

Behindertenarbeit

Straf- und Massnahmenvollzug

Vollzugs- und Bewährungshilfe Drogen- und Suchthilfe

Arbeitsintegration

Gassenarbeit

Wirtschaftliche Sozialhilfe Flüchtlingshilfe und Integrationsarbeit

Schul- und familienergänzende Betreuung

Sozialberatung Schulsozialarbeit

Informelle Bildung

Gesundheitsförderung und Prävention

Arbeit mit Senior(inn)en

Gemeinwesenarbeit Mobile Kinder- und Jugendarbeit

Offene Kinder- und Jugendarbeit

Gemeinde-, Stadt- und Quartierentwicklung

Kulturarbeit, ästhetische Bildung

Freiwilligenarbeit

Soziokulturelle Animation

Franz Hamburger macht einen bemerkenswerten Vorschlag, wie die Fülle der Arbeitsfelder berücksichtigt und zugleich die Komplexität der Darstellung bewältigt werden kann, indem die Felder zu einigen wenigen gebündelt werden. Er betitelt seine Visualisierung mit «Der Gegenstandsbereich Sozialer Arbeit und seine Verschränkung mit gesellschaftlichen Teilbereichen» (2008, 41). So kommt nicht einfach, aus deutschem Blickwinkel, die Sozialarbeit neben die Sozialpädagogik zu stehen, sondern es entstehen acht Felder. Unschwer lassen sich deren Affinitäten zu den tradierten Berufsfeldern ausmachen. Das Feld «Sozialpädagogik im engeren Sinne» verweist auf die Mehrdeutigkeit von Sozialpädagogik. Für eine deutsche Darstellung erstaunlich ist, dass ein Feld unter den acht «Soziokulturelle Animation» heisst. Hamburger stellt im Übrigen dar, welche Nähen die einzelnen Felder zu anderen Lebensbereichen aufweisen. Dabei geraten Verwaltung, Bildung, Wirtschaft, Gemeinschaft, Kunst bzw. Unterhaltung, Recht und Gesundheit in den Blick.

Abb. 10: Der Gegenstandsbereich Sozialer Arbeit im Umfeld anderer Lebensbereiche nach Hamburger

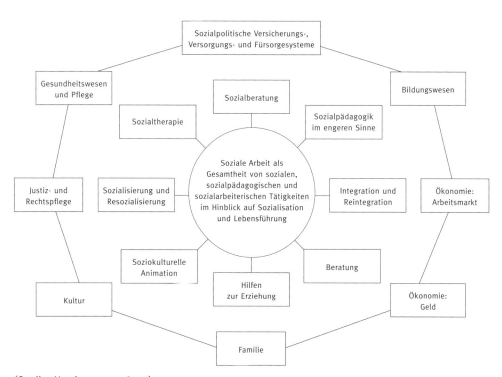

(Quelle: Hamburger 2008, 41)

Aus der Sicht der verschiedenen Berufsprofile fragt sich, inwieweit die acht Felder tatsächlich schon weitgehend von Fachkräften aller Profile bearbeitet werden oder ob sie primär noch – wenn auch durchlässig gewordene – Domänen einzelner Berufsprofile darstellen. Denkbar ist auch, dass sich die Felder in einem unterschiedlichen Stadium der Durchmischung befinden. Dies bedeutete, dass im einen Feld noch eine recht deutliche berufsprofilbezogene Handschrift spürbar ist, während im anderen Feld solche Bezüge keine Rolle mehr spielen.

Ein weiterer Gliederungsvorschlag sei hier noch erwähnt. Er entfernt sich weit mehr als jener Hamburgers von der tradierten Dreiteilung Sozialer Arbeit und stammt von Maja Heiner. Mit Blick auf die vorliegenden Theorieangebote prüft sie drei Kriterien, die einer Gliederung zugrunde liegen könnten, nämlich Etappen des Lebenslaufs, Aufgaben bzw. Probleme sowie methodische Vorgehensweisen. Heiner favorisiert letztlich «die Kombination einer ziel- und altersbezogenen Gliederung» (2007, 90).

ALTERSGRUPPE / LEBENSPHASE → ZIELE UND AUFGABENFELDER ↓	Kindheit	Jugend	Mittlere Lebensphase — Familien, Eltern	Mittlere Lebensphase — Erwachsene ohne minderjährige Kinder	Alter
Personalisation Vermittlung sozialer und kultureller Normen, Persönlichkeitsentwicklung, (Nach-)Sozialisation	· Krabbelstunde · Kindergarten · Hort · Kinderheim	· Jugendbildung · Jugendkulturarbeit · Jugendarbeit · Betreutes Jugendwohnen		· Betreute Wohngruppe für psychisch Kranke	· Bildungsangebote · Tagesstätten
	Sozialpädagogische Familienhilfe				
	· Tagesgruppe · Intensive sozialpädagogische Einzelfallbetreuung · Kinder- und Jugendpsychiatrie · Erziehungsheim				
Qualifikation Vermittlung von Kompetenzen zum Eintritt, Verbleib und Erfolg im Erwerbsleben		· Jugendberufshilfen · Berufsausbildung im Heim/Internat	· Berufliche Integration · Arbeitslosenberatung		
	Schulsozialarbeit				
Reproduktion Unterstützung und Förderung von/der · Ehe, Partnerschaft, Familie · Kindererziehung · Einkommens- und Wohnungssicherung			· Psychologische Beratung · Ehe-, Familien- und Lebensberatung		
			· Schwangerschaftskonfliktberatung · Familienbildung		· Wohnungs-, Anpassungsberatung
	Erziehungsberatung				
			· Schuldnerberatung · Wohnungshilfe		
Rehabilitation (Partielle) Wiederherstellung der körperlichen und geistigen Gesundheit und Leistungsfähigkeit, Betreuung und Pflege	· Frühförderung behinderter Kinder	Sozialdienst im Krankenhaus			· Sozialdienst im Altenheim
		Behindertenhilfe / Sozialpsychiatrie			
	Sonderschulbezogene Förderungsangebote				
		Suchtberatung			
Resozialisation Wiedereingliederung bei/nach Verhaltensauffälligkeit, Straffälligkeit	· Erziehungsheime	· Jugendgerichtshilfe · Bewährungshilfe für Heranwachsende	· Bewährungshilfe für Erwachsene		
		Wohnungslosenhilfe			
Basisdienste	Allgemeiner Sozialdienst, Sozialpsychiatrischer Dienst				

(Quelle: Heiner 2007, 91)

Heiner hält vor dem Hintergrund von Elias' Figurationssoziologie verschiedene Arten von «Feldern», d.h. von «Konkretionsebenen der Berufsfelderanalysen», auseinander. «Ein Berufsfeld umfasst immer mehrere Arbeitsfelder und ein Arbeitsfeld mehrere Tätigkeitsfelder» (2007, 95). Für die Kombination mit der altersbezogenen Gliederung wählt sie die analytische Ebene der «Aufgabenfelder».

Abb. 12: Aufgaben und Tätigkeiten Sozialer Arbeit nach Heiner

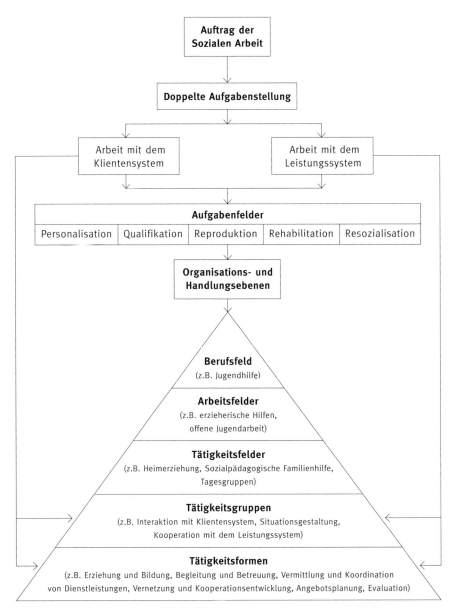

(Quelle: Heiner 2007, 52)

49

Von theoretischem Interesse ist nun besonders, wie Heiner die fünf Aufgabenfelder inhaltlich bestimmt und ihre Auswahl begründet:

«a) *Personalisation* umfasst alle Bemühungen um die Persönlichkeitsentwicklung – insbesondere von Kindern und Jugendlichen, aber auch von Erwachsenen – durch die Vermittlung sozialer und kultureller Normen oder/und durch (Nach-)Sozialisation, Bildung und soziale Integration.

b) *Qualifikation* zielt auf den Erwerb von beruflich relevanten Fähigkeiten (in Schule, Ausbildung, Weiterbildung), um den Eintritt in die Erwerbstätigkeit und den erfolgreichen Verbleib dort zu ermöglichen.

c) *Reproduktion* umfasst den Bereich der Unterstützung und Förderung von Ehe, Familie und Partnerschaft, die familiale Erziehung und die eigenständige Haushaltsführung. Hierzu gehören auch die ökonomische Absicherung und die Wohnungssicherung bzw. die Verhinderung von Wohnungslosigkeit.

d) *Rehabilitation und Pflege* dienen der maximal möglichen Wiederherstellung bzw. dem Erhalt der körperlichen und geistigen Gesundheit und Leistungsfähigkeit, der Betreuung und Pflege und dem Schutz von kranken, alten und behinderten Menschen.

e) *Resozialisation* bezeichnet alle Aktivitäten zur Verhinderung oder zum Abbau massiver Verhaltensauffälligkeiten und zur Wiedereingliederung in die Gesellschaft, z.B. nach der Übertretung von Gesetzen, die gerichtliche Auflagen oder eine Verurteilung zur Folge hatten oder nach längerer Wohnungslosigkeit und dem Leben auf der Strasse» (Heiner 2007, 92).

Heiner räumt ein, dass sich die fünf Aufgabenfelder nicht trennscharf voneinander abgrenzen lassen und dass sich die Arbeitsfelder einer Organisation oder sogar einzelner Berufsleute über mehrere Aufgabenfelder erstrecken können. Wie sie zu genau diesen fünf Aufgabenfeldern kommt, bleibt leider völlig im Dunkeln. Als theoretisches Desiderat ergibt sich aus diesen Betrachtungen eine gut begründete, empirisch fundierte Darstellung, die gesellschaftliche Lebensbereiche, Berufs- bzw. Arbeitsfelder und Berufsprofile aufeinander bezieht, ihre jeweiligen Aufgaben erfasst und den diesbezüglichen historischen Wandel beschreibt und erklärt.

1.4 Theoretische Begründungen der professionellen Dreiteilung

Mühlum beginnt seinen Vergleich von Sozialarbeit und Sozialpädagogik mit der rhetorischen Frage, wer denn «die leicht gequälte Frage» nach dieser Unterscheidung nicht kenne, und man kann den Vergleich natürlich gleich, wie in der Schweiz üblich, um die Soziokulturelle Animation ergänzen. «Sind es unterscheidbare Funktionsbereiche, dann mag die mangelnde Trennschärfe erstaunen; handelt es sich aber um dasselbe, muss die hartnäckige begriffliche Differenzierung verwundern. Klar ist auf den ersten Blick nur, dass es sich um ein sperriges Verhältnis handelt» (2001, 1).

Im Folgenden seien in der gegebenen Kürze einige unterschiedliche theoretische Positionen skizziert, die die Grenzziehung zwischen den Berufsfeldern Sozialer Arbeit begründen und im Umfeld der Hochschule Luzern – Soziale Arbeit entstanden sind.

In einem ersten Grundlagenbuch zur Soziokulturellen Animation endet das Kapitel von Wettstein mit einer Tabelle, die ihre Unterschiede zu den anderen beiden Berufsfeldern der Sozialen Arbeit festhält:

Abb. 13: Berufsfelder Sozialer Arbeit nach Wettstein

	Sozialarbeit	**Sozialpädagogik**	**Soziokulturelle Animation**
Beziehung zum Zielpublikum	Klient/in, Klientensystem	Zu Erziehender	Partner/in Bürger/in
Ausgangspunkt	Soziale Probleme und daraus sich ergebende Defizite	Sozialisationsprobleme und daraus sich ergebende Schwierigkeiten	Sozialer Wandel und daraus sich ergebende Bewältigungsaufgaben
Hauptziel	Defizitausgleich	Lebensfähig machen	Partizipation, Selbstorganisation

(Quelle: Wettstein 1999, 38)

Wettsteins (2010) Beitrag im Nachfolgebuch elf Jahre später, einer überarbeiteten Fassung des früheren Texts, gibt diese Tabelle allerdings nicht mehr wieder, ohne dass deutlich würde, weshalb. Wettstein diskutiert aber bedeutsame Abgrenzungen. Die erste betrifft Sozialpädagogik und Sozialarbeit bzw. Soziale Arbeit. Er greift Böhnischs Bestimmung auf, dass deren Aufgaben Lebensbewältigung und Sozialintegration seien, und macht darin noch keine Differenz zur Soziokulturellen Animation aus. Soziokulturell-animatorische Grundorientierungen wie jene nach Demokratie, Partizipation, Freiwilligkeit erkennt er allerdings in der Sozialpädagogik nur sehr bedingt. Wettstein räumt ein, «dass natürlich in der Animation erzieherische Aspekte mitschwingen, wenn Partizipation eingeübt, Selbstbestimmung gelernt, Kommunikation verbessert, Problemlösungsfähigkeit entwickelt usw. wird. Diese pädagogischen Aspekte sind aber im Verständnis der Animation nur ein Teil der erhofften Wirkung» (2010, 44). Bei Giesecke (1987, 90-99) ist Animation, nebenbei bemerkt, umgekehrt eine der fünf «Grundformen pädagogischen Handelns» (neben unterrichten, informieren, beraten, arrangieren). Wettstein greift auch die Freizeitpädagogik auf und vermutet bei aller Ähnlichkeit, sie ziele auf individuelle Entwicklungen ab, während die für die Soziokulturelle Animation kennzeichnende «gesellschaftliche Entwicklungskomponente» (2010, 47) fehlt. Mit Blick auf die Sozialarbeit bemerkt Wettstein, die sozialarbeiterische Ausrichtung auf soziale Probleme teile die Soziokulturelle Animation nicht. Allerdings bestehen einige Parallelen zur Gemeinwesenarbeit. Zwei wesentliche Unterschiede findet Wettstein aber auch hier: «Zum einen konzentriert sich die Gemeinwesenarbeit eindeutig auf die Arbeit an sozialen Brennpunkten, in unterversorgten Quartieren oder mit minderprivilegierten Gruppen (...), während sich die Animation darüber hinaus ganz generell mit individueller Lebensbewältigung und Bewältigung wie auch Beeinflussung der gesellschaftlichen Verhältnisse und des sozialen Wandels beschäftigt. Im Weiteren ist die Verbesserung der Gemeinwesensituation in der Gemeinwesenarbeit nicht obligatorisch an die Teilnahme der Betroffenen gebunden (...), während diese in der Soziokulturellen Animation notwendige Voraussetzung ist. In dieser Hinsicht trägt die Gemeinwesenarbeit Strukturmerkmale der Sozialen Arbeit in sich, in der die Beziehung zu den Betroffenen nicht horizontal und die Kooperation nicht nur freiwillig ist » (2010, 50). Wettstein fügt allerdings bei, es überwiegten die Gemeinsamkeiten, und solche erkennt er auch einige mit Bezug auf Community Development. Dieses scheint jedoch auf noch umfassendere Entwicklungsprozesse aus zu sein.

An die obige Darstellung knüpft Voisard an. Er erhellt die gesellschaftliche Funktion der Soziokulturellen Animation aus systemtheoretischer Sicht und stellt die Differenzierungen Sozialer Arbeit tabellarisch folgendermassen dar:

Abb. 14: Berufsfelder Sozialer Arbeit nach Voisard

Funktionssystem	Soziale Arbeit		
Funktion	Erhöhung von Inklusionschancen bzw. Beseitigung von Inklusionshemmnissen		
Operationsebene	Beobachten der Klientel im Hinblick auf Limitierungen für Inklusion		
Profession	Soziokulturelle Animation	Sozialpädagogik	Sozialarbeit
Teilfunktion	Prävention		Behandlung
Tätigkeit idealtypisch	Fördern	Erziehen	Beraten
Handlungsfeld idealtypisch	Freizeit-, Jugend-, Quartier-, Alters-zentrum	Heim, Wohn- und Therapiegemeinschaft	Beratungsstelle, Institution, Firma

(Quelle: Voisard 2005, 66)

Wie Voisard verortet Hafen die Teildisziplinen Sozialer Arbeit anhand des Paradigmas (Birgmeier & Mührel 2009, 209; Sahle 2004) der Luhmannschen Systemtheorie, und zwar mit Bezug auf zwei Funktionssysteme, nämlich Soziale Arbeit als «Subsystem des Systems der sozialen Hilfe» (2005, 55; s. auch die Grafik S. 33) und Erziehung. Er erkennt Ähnlichkeiten zwischen diesen beiden Funktionssystemen insofern, «als beide Systeme bestrebt sind, die Inklusionsfähigkeit von Personen in die Gesellschaft zu verbessern – die Soziale Arbeit (als professionalisierte soziale Hilfe) durch die Behandlung und die Prävention von Exklusionen, das Erziehungssystem durch die Förderung der Inklusionschancen durch Bildung und psychosoziale Erziehung» (2005, 94). Während Sozialarbeit die Inklusionsfähigkeit der Klientel zu verbessern sucht, wirkt Soziokulturelle Animation präventiv, um soziale Probleme, insbesondere Exklusionsprobleme, erst gar nicht entstehen zu lassen (Hafen 2010, 177). Auch für die Sozialpädagogik gilt wie für die Soziokulturelle Animation und im Unterschied zur Sozialarbeit, «dass sie nicht in erster Linie auf Problembehandlung ausgerichtet ist (...), sondern vornehmlich auf die Behebung der Ursachen dieser Probleme» (Hafen 2005, 56). Eine weitere Parallele sieht Hafen darin, «dass die Sozialpädagogik und die Soziokulturelle Animation als Disziplinen der Sozialen Arbeit sowohl *erziehend* als auch *beratend* operieren. Damit unterscheiden sie sich von der Sozialarbeit, die in erster Linie als Beratung und als so genannte ‹Sachhilfe› realisiert wird» (2005, 57). «Zu gross sind die Differenzen von beratender und erziehender Kommunikation im Hinblick auf die Freiwilligkeit des Handelns der Zielpersonen» (2005, 58), als dass, wie eben in Deutschland immer üblicher, Sozialarbeit und Sozialpädagogik einfach gleichgesetzt werden könnten. Zusammengefasst gerät also «Sozialarbeit als vornehmlich behandelnde und beratende Disziplin» (2005, 58) in den Blick, während Sozialpädagogik und Soziokulturelle Animation zwischen den Systemen der sozialen Hilfe und der Erziehung «einen gemeinsamen Funktionsbereich haben, in welchem es systematisch zu strukturellen Kopplungen kommt» (2005, 59).

Abb. 15: Berufsfelder Sozialer Arbeit nach Hafen

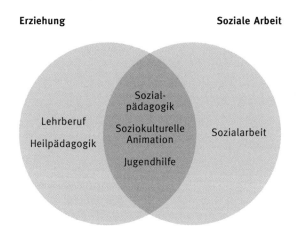

(Quelle: Hafen 2005, 59)

Den spezifischen Unterschied zwischen Sozialpädagogik und Soziokultureller Animation lässt Hafen offen.

Als eine praxistheoretisch fundierte Gesellschaftstheorie eignet sich auch die Modale Strukturierungstheorie (vgl. Kapitel 1.2 und ausführlich Husi 2010; 2012), die gesellschaftlichen Aufgaben von Fachkräften Sozialer Arbeit mit unterschiedlichen Berufsprofilen in unterschiedlichen Berufsfeldern zu bestimmen. Als Orientierungspunkte der Einheit von Sozialarbeit, Sozialpädagogik und Soziokultureller Animation anerböte sich aus dieser theoretischen Perspektive zuerst der bündige Bezug auf Lebenslagen, Lebensziele und Rollen, aber das wäre zu einfach. «Die Arbeit ist unter den Teilberufen Sozialer Arbeit grundsätzlich so aufgeteilt, dass sich Sozialarbeit und Sozialpädagogik mehr der strukturellen Positionierung und des praktischen Einbezugs hilfsbedürftiger Individuen annehmen und damit der Voraussetzungen gesellschaftlicher Integration, während Soziokulturelle Animation für Vernetzungen und damit tatsächlichen Zusammenhalt sorgt» (Husi 2010, 104). Dies bedeutet der Tendenz nach, dass *Sozialarbeit* äussere Lebenslagen und *Sozialpädagogik* innere Lebenslagen und Lebensziele bearbeitet, während *Soziokulturelle Animation* sich um Kohäsion kümmert. Die Hilfsangebote Sozialer Arbeit sind da bedeutsam, wo es «der Gesellschaft», den ersten jeweils dafür vorgesehenen gesellschaftlichen Instanzen nicht hinreichend gelingt, Menschen zu bilden und zu erziehen, sie in die Gruppen und Organisationen gewisser Lebensbereiche einzubeziehen, um sie an deren Gütern teilhaben zu lassen, sowie unter ihnen Zusammenhalt zu stiften. Die Einschätzung als «nicht hinreichend» deutet auf (Zusammen-)Lebenssituationen hin, die veränderungswert scheinen, da sie drängende Probleme oder brachliegende Potenziale enthalten. Unterschiedlich veränderungsbedürftige Situationen sind auch in unterschiedlichem Ausmass veränderungsbereit und veränderungsfähig. Die Hilfen Sozialer Arbeit sind letztlich Hilfen zur Selbsthilfe. Sie rangieren nach den «erstinstanzlichen» Sozialisations-, Inklusions- und Kohäsionsprozessen in den wichtigsten Lebensbereichen vor allem in Gemeinschaft, Bildung und Wirtschaft, aber auch in anderen Lebensbereichen: «Der nachrangige Einsatz der Hilfen der Sozialen Arbeit resultiert aus der sozialstaatlich definierten Funktion der Sozialen Arbeit als letztes soziales Auffangnetz, in das der Bürger [oder die Bürgerin; d. Verf.] fällt, wenn andere sozialstaatliche Institutionen nicht erfolgreich bei der Unterstützung, der Entwicklung und Sicherung der Produktions- und Reproduktionsfähigkeit waren» (Heiner 2007, 64). Vor diesem Hintergrund lassen sich Sozialarbeit, Sozialpädagogik und Soziokulturelle Animation folgendermassen begreifen:

· Sozialarbeit ist nachrangige Inklusionshilfe und bearbeitet individuelle äussere Lebensgrundlagen, die veränderungswert scheinen.
· Sozialpädagogik ist nachrangige Sozialisationshilfe und bearbeitet Subjektivität, die veränderungswert scheint.
· Soziokulturelle Animation ist nachrangige Kohäsionshilfe und bearbeitet Zusammenleben, das veränderungswert scheint.

Diese Hilfen sollen insgesamt wahrscheinlicher machen, dass individuelles Leben und Zusammenleben gelingen.

Abb. 16: Die Differenzierung der Berufsfelder bzw. Berufsprofile Sozialer Arbeit und ihre gesellschaftlichen Aufgaben

Berufs-feld/-profil	Gesell-schaftliche Aufgabe	Gegenstände *(Soziale Arbeit an)*	Tätigkeiten *(Soziale Arbeit als)*	Zielgruppen *(Soziale Arbeit für)*
Sozialarbeit	Inklusion	veränderungs-werte individuelle äussere Lebens-grundlagen	nachrangige Inklusionshilfe	z.B. Arme
Sozial-pädagogik	Sozialisation	veränderungswerte Subjektivität	nachrangige Sozialisationshilfe	z.B. Behinderte
Sozio-kulturelle Animation	Kohäsion	veränderungswer-tes Zusammen-leben	nachrangige Kohäsionshilfe	z.B. Quartier-bevölkerungen

In historischer Betrachtung fällt schliesslich auf, dass sich die tradierte methodische Dreiteilung in Case Work, Group Work und Community Work – oft übersetzt als Einzelhilfe bzw. Einzelfallhilfe, Gruppenarbeit, Gemeinwesenarbeit (vgl. Thole 2002, 509-548; Mühlum 2001, 110-114) – in der Aufteilung von Sozialarbeit, Sozialpädagogik und Soziokultureller Animation widerspiegelt.

2 Forschungsdesign

Forschungsfrage

Im Zentrum der Forschung steht die Frage: Welche Bedeutung hat die Differenzierung von Sozialarbeit, Sozialpädagogik und Soziokultureller Animation in Sozialer Arbeit, Bildung und Wissenschaft? Die Frage nach der Bedeutung ist zweideutig und fragt nach der Semantik zum einen und der Relevanz zum anderen.

Forschungsziele

Folgende Projektziele wurden anvisiert:

1. Die Bedeutung der Berufsfelder/Berufsprofile in der Praxis Sozialer Arbeit ist geklärt, Arbeitsteilung und verlangte Kompetenzen sind bekannt.
2. Ausbildungsziele, Curricula und deren Begründungen, welche Universitäten und Fachhochschulen mit Ausbildungen zur Sozialen Arbeit vor Augen haben, sind bekannt.
3. Theoretische Reflexionen der empirischen Ergebnisse zu den Bereichen Soziale Arbeit und Bildung bereichern die Interpretationen und liefern Schlussfolgerungen zu den vorgefundenen Differenzierungen Sozialer Arbeit.

Stichprobe und Datenerhebung

Um zu erkunden, welche Bedeutung Soziale Arbeit, Bildung und Wissenschaft der Unterscheidung von Sozialarbeit, Sozialpädagogik und Soziokultureller Animation geben, kommt eine Kombination von leitfadengestützten Experteninterviews, Analyse von Internetquellen und Gruppendiskussionen zum Zuge:

Geplant waren:

Soziale Arbeit:

12 leitfadengestützte Experteninterviews (je 4 pro Berufsfeld/Berufsprofil) mit Exponentinnen und Exponenten, die über Einstellungspraxis verfügen, aus zentralen Arbeitsfeldern der Sozialen Arbeit

· Inwiefern ist die Differenzierung von Sozialarbeit, Sozialpädagogik und Soziokultureller Animation in der beruflichen Praxis Sozialer Arbeit von Bedeutung?
· In welchen Arbeitsfeldern sind die Berufsleute der drei Berufsprofile Sozialer Arbeit (tendenziell) exklusiv tätig und in welchen kommt es zu grossen Überlappungen?
· Welche gemeinsamen und unterschiedlichen Kompetenzen werden von den Berufsleuten aus Sozialarbeit, Sozialpädagogik und Soziokultureller Animation verlangt?

Bildung:

Analyse der Websites von zwei Universitäten (Zürich, Freiburg) und fünf Fachhochschulen (Nordwestschweiz, Bern, Zürich, Wallis, St. Gallen) sowie der Höheren Fachschule für Sozialpädagogik Luzern (HSL)

· Für welche Arbeitsfelder werden Studierende der Sozialarbeit, Sozialpädagogik und Soziokulturellen Animation ausgebildet?
· Wie schlägt sich die Differenzierung Sozialer Arbeit in den universitären und fachhochschulischen Ausbildungen curricular nieder?

16 leitfadengestützte Experteninterviews (pro Schule 2) mit Exponentinnen und Exponenten, die an curricularen Entscheidungen und Begründungen massgeblich beteiligt (gewesen) sind

· In welcher Hinsicht werden Studierenden von Sozialarbeit, Sozialpädagogik und Soziokultureller Animation gemeinsame bzw. unterschiedliche Kompetenzen vermittelt?
· Wie werden diese Bestimmungen von Studiengängen, allfälligen Vertiefungsrichtungen, Curricula und Kompetenzprofilen begründet?

Wissenschaft:

Gruppendiskussionen zu Beginn zur Hypothesengewinnung sowie am Schluss zur Interpretation der Forschungsresultate mit Vertreterinnen und Vertretern der drei Berufsprofile sowie dreier ausgewählter theoretischer Richtungen (Soziologische Systemtheorie, Modale Strukturierungstheorie, Systemtheorie der Zürcher Schule)

· Wie reflektieren die Disziplinen Sozialpädagogik und Sozialarbeitswissenschaft die Differenzierung Sozialer Arbeit?
· Wie lassen sich die gewonnenen Erkenntnisse aus der Sicht ausgewählter Theorien Sozialer Arbeit interpretieren?

Zur Realisierung:

Die Analyse der Websites der Ausbildungsstätten beschränkte sich auf die fünf Fachhochschulen.
Die Interviews wurden im Frühjahr und Sommer 2011 durchgeführt. Für die Interviews in der Sozialen Arbeit konnten problemlos zwölf Interviewpersonen gefunden werden. Bei den Interviews in der Bildung ergab sich ein deutlicher Kontrast: Während sich die beiden Universitäten als wenig auskunftsbereit erwiesen, zeigten die Fachhochschulen und die eine Höhere Fachschule durchwegs grosses Interesse. Um die Verluste für die Stichprobe auszugleichen, wurden noch zwei nicht geplante Interviews an der eigenen Fachhochschule, der Hochschule Luzern, durchgeführt. Die realisierten zwei Stichproben setzen sich folgendermassen zusammen:

Abb. 17: Befragte aus Sozialer Arbeit und Bildung

SOZIALE ARBEIT

Berufsfeld	Name	Organisation	Funktion
Sozialarbeit	Regula Wyrsch	Abteilung Kind, Jugend und Familie der Stadt Luzern	Leiterin
	Felix Föhn	SAH Luzern	Geschäftsleiter
	Peter Erdösi	Sozialamt Stadt Luzern	Leiter
	Christoph Heck	Jugend- und Familienberatung, Jugendsekretariat Winterthur	Abteilungsleiter
Sozialpädagogik	Heinz Spichtig	Punkto Jugend und Kind, Zug	Geschäftsleiter
	Ueli Graf	Justizvollzugs-anstalt Pöschwies, Regensdorf	Direktor
	Marta Bühler	Traversa, Luzern	Geschäftsleiterin
	Franziska Beer	Fachstelle Kinder-betreuung, Luzern	Projektleiterin
Soziokulturelle Animation	David Hunziker	Durchgangszentrum Nusshof, Gampelen	Zentrumsleiter
	Urban Brühwiler	u.a. Hochschule Luzern – Soziale Arbeit und HSL	Selbständig erwerbender Soziokultureller Animator
	Christian Hablützel	Geschäftsstelle der Zürcher Gemein-schaftszentren	Geschäftsführer
	Vera Zihlmann	Schule Dürnten	Schulsozial-arbeiterin

BILDUNG

Organisation	Name	Funktion
Berner Fachhochschule BFH	Johannes Schleicher	Leiter des Fachbereichs Soziale Arbeit
	Yvonne Piesker	Dozentin
Zürcher Hochschule für Angewandte Wissenschaften ZHAW	Hanspeter Hongler	Dozent und Projektleiter
	Petra Gregusch	Dozentin
Fachhochschule Nordwestschweiz FHNW	Peter Sommerfeld	Dozent
	Roland Becker-Lenz	Co-Leiter Bachelor-Studium
Fachhochschule St. Gallen FHS	Annegret Wigger	Dozentin
	Marcel Meier Kressig	Studiengangsleiter
Fachhochschule Westschweiz-Wallis HES-SO	Hanspeter Utz	Studiengangsleiter
	Gabriela Weger	Dozentin und Verantwortliche für die Praxisausbildung
Hochschule Luzern HSLU	Jacqueline Wyss	Dozentin und Verantwortliche für Praxisausbildung Soziokulturelle Animation
	Daniel Schaufelberger	Dozent und Projektleiter
Höhere Fachschule für Sozialpädagogik Luzern HSL	Eusebius Spescha	Schulleiter
	Sandra Herren	Dozentin

Erhebungsinstrument

Den Befragungen in der Sozialen Arbeit und jenen in der Bildung wurde ein nahezu identischer Interviewleitfaden zugrunde gelegt. Einzig die Fragen 9 und 10 waren bloss von den Befragten der Bildung zu beantworten. Um ein möglichst breites Spektrum von Antworten zu generieren, wurde als Ausdruck für die Differenzierung Sozialer Arbeit «Teilprofessionen» (vgl. Kapitel 1.1) gewählt. Der Leitfaden enthielt folgende Fragen:

1. Zuerst einige Fragen zur *Praxis* der Sozialen Arbeit. Was denken Sie, welche *Bedeutung* hat die Unterscheidung von Sozialarbeit, Sozialpädagogik und Soziokultureller Animation im beruflichen Alltag im Sozialbereich?

2. Welche *Gemeinsamkeiten* stellen Sie zwischen den drei «Teilprofessionen» fest?

3. Und welche *Unterschiede* stellen Sie zwischen den drei «Teilprofessionen» fest, was ist für sie je spezifisch?

4. Wofür genau ist die Sozialpädagogik *zuständig*, und wofür die Sozialarbeit und die Soziokulturelle Animation?

5. In welchen *Arbeitsfeldern* stehen für Sie eher Gemeinsamkeiten zwischen den «Teilprofessionen» im Vordergrund, und in welchen überwiegen für Sie klar die Spezialitäten?

6. Kommen wir nun auf *Kompetenzen* zu sprechen, die in der Praxis relevant sind und darum auch in den Ausbildungen an Ihrer Schule/Hochschule/Universität. Beginnen wir bei der Methodenkompetenz. Welches sind für Sie typische und wichtige sozialarbeiterische, sozialpädagogische oder animatorische *Methoden*?

7. Welche *Fachkompetenzen*, das heisst welche fachlichen Kenntnisse sind für die Berufsleute der drei «Teilprofessionen» wichtig?

8. Gibt es auch besondere *Selbst- und Sozialkompetenzen*, die für Sozialarbeitende, Sozialpädagoginnen und Sozialpädagogen sowie von Soziokulturelle Animatorinnen und Animatoren wichtig sind? Welche?

9. Welches sind die wichtigsten Begründungen, die den *Studiengängen und Vertiefungsmöglichkeiten* und der konkreten Ausgestaltung des *Curriculums* und des *Modulangebots* an Ihrer Schule/Hochschule/Universität zugrunde liegen?

10. Gibt es *bestimmte theoretische Grundlagen* (Theorien, Autorinnen/Autoren, Publikationen), auf die Sie Ihre Einschätzungen im Interview zu den Gemeinsamkeiten und Unterschieden der drei «Teilprofessionen» Sozialer Arbeit stützen? Welche?

11. Nun zur letzten Frage: In welche Richtung können sich Berufstätige der drei «Teilprofessionen» *weiterentwickeln*? Und in welche Richtung werden sich die drei «Teilprofessionen» in den nächsten zehn Jahren weiterentwickeln?

12. Zum Schluss möchte ich Ihnen *fünf Hypothesen* mit Gedanken dazu vorlegen, wie sich Sozialarbeit, Sozialpädagogik und Soziokulturelle Animation voneinander abgrenzen lassen. Und ich möchte Sie bitten, zu diesen Hypothesen kurz Ihre Meinung zu äussern.

Hypothese 1

Die drei «Teilprofessionen» Sozialer Arbeit tragen unterschiedlich zur Integration bei. Dabei muss man unterscheiden zwischen Integration *der* Gesellschaft und Integration *in* die Gesellschaft: Soziokulturelle Animation unterstützt die Integration *der* Gesellschaft, das heisst den sozialen Zusammenhalt. Sozialarbeit und Sozialpädagogik dagegen unterstützen Individuen bei ihrer Integration *in* die Gesellschaft, indem sie wichtige Voraussetzungen schaffen. Die Sozialarbeit bearbeitet dabei primär mit Armut verknüpfte Probleme, während die Sozialpädagogik die Entwicklung der Persönlichkeit fördert.

Hypothese 2

Die drei «Teilprofessionen» der Sozialen Arbeit lassen sich entlang des Kontinuums von Prävention bis Behandlung unterscheiden: Soziokulturelle Animation übernimmt in diesem Kontinuum schwergewichtig die präventiven Aufgaben; Sozialarbeit am anderen Pol greift zur Hauptsache behandelnd in soziale Probleme ein. Und Sozialpädagogik nimmt eine mittlere Stellung ein, indem sie sowohl präventiv als auch behandelnd arbeitet.

Hypothese 3

Sozialarbeiter/innen müssen in *fachlicher* Hinsicht vor allem über Distribution (Armut) Bescheid wissen, Sozialpädagoginnen und -pädagogen über Sozialisation und Soziokulturelle Animatorinnen und Animatoren über Kohäsion (gesellschaftlichen Zusammenhalt).

Hypothese 4

Sozialarbeiter/innen müssen in *methodischer* Hinsicht vor allem über Beratung Bescheid wissen, Sozialpädagoginnen und -pädagogen über Bildung und Erziehung und Soziokulturelle Animatorinnen und Animatoren über Vernetzung.

Hypothese 5

Die Dreiteilung in Sozialarbeit, Sozialpädagogik und Soziokulturelle Animation widerspiegelt eine alte methodische Gliederung: Sozialarbeit entspricht «case work» (Einzelfallarbeit), Sozialpädagogik «group work» (Gruppenarbeit), Soziokulturelle Animation schliesslich «community work» (Gemeinwesenarbeit).

Im Einklang mit der übergeordneten Forschungsfrage nach der Bedeutung der Differenzierung Sozialer Arbeit legt der Leitfaden mehr Gewicht auf Fragen nach Unterschieden, ohne aber Gemeinsamkeiten zu vernachlässigen.

Datenaufbereitung

Die Gruppendiskussionen sowie die Interviews in der Sozialen Arbeit wurden paraphrasiert. Die Interviews in der Bildung wurden transkribiert.

Datenauswertung

Die in den Leitfadeninterviews erhobenen Daten wurden in Anlehnung an das von Meuser und Nagel vorgeschlagene Verfahren zur Auswertung von Experteninterviews ausgewertet (Mayer 2004; Meuser/Nagel 1991).

Nach der (0) Datenaufbereitung wurden (1) in den Texten Überschriften gesetzt. Sie orientierten sich weitgehend an den Themen des Interviewleitfadens und wurden aufgrund wichtiger zur Sprache gekommener Inhalte ergänzt. Daraufhin erfolgten (2) Vergleiche. Zum einen wurden hinsichtlich jedes einzelnen angesprochenen Themas die Antworten der Befragten der Sozialen Arbeit miteinander verglichen, und dasselbe wurde anschliessend mit den Interviews der Bildung gemacht (Vergleich). Zum anderen wurden in der Folge je Thema die Antworten aus der Sozialen Arbeit mit den Antworten aus der Bildung verglichen (Vergleichsvergleich). Schliesslich wurden die auf diese Weise erhaltenen empirischen Befunde durch Interpretationen und theoretische Reflexionen (3) rekonzeptualisiert und (4) theoretisch generalisiert.

3 Forschungsergebnisse aus der Sozialen Arbeit

Im Folgenden werden die Forschungsergebnisse aus den Interviews mit Befragten dargestellt, die selber in der Sozialen Arbeit tätig sind.

3.1 Bedeutung

Auf die Frage nach der Bedeutung der Differenzierung der Sozialen Arbeit in Sozialarbeit, Soziokulturelle Animation und Sozialpädagogik führen die interviewten Personen, die zumeist eine Leitungsfunktion innehaben, aus, welche der drei Berufsprofile (Soziale Arbeit, Sozialpädagogik oder Soziokulturelle Animation) unter den Mitarbeitenden in der Einrichtung, in der sie arbeiten, vertreten sind und weshalb sie für bestimmte Stellen Sozialarbeitende, Soziokulturelle Animatorinnen und Animatoren bzw. Sozialpädagoginnen und -pädagogen bevorzugen.

Als Grund, weshalb *Sozialarbeitende* eingestellt werden, geben die Interviewten an, dass die entsprechenden Stellen viel Beratungstätigkeit, amtsvormundschaftliche und administrative Tätigkeiten, Budgetberatungen, rechtliche und finanzielle Angelegenheiten beinhalten sowie thematisch sich um Existenzsicherung, berufliche und soziale Integration drehen; alles Tätigkeiten und Arbeitsbereiche, in welchen die Sozialarbeitenden ihre Stärken haben. Zudem betonen die Befragten, dass für ambulante Angebote primär Sozialarbeitende zuständig sind.

Die Anstellung von *Sozialpädagoginnen und -pädagogen* begründen die Interviewten häufig damit, dass es sich um Stellen in einem stationären Setting handelt und die Klientel aus Kindern und Jugendlichen zusammengesetzt ist. Zudem führen sie an, dass die Betreuung und der Bereich Wohnen der Sozialpädagogik zugeordnet werden, sodass bei der Besetzung einer Stelle im Bereich Wohnen oder einer Stelle, die vor allem Betreuungsarbeit beinhaltet, Sozialpädagoginnen und -pädagogen der Vorzug gegeben wird.

Und die Gründe, weshalb bestimmte Stellen mit einer *Soziokulturellen Animatorin oder einem Animator* besetzt werden, liegen darin, dass die Stellen im klassischen soziokulturellen Arbeitsfeld der Jugendarbeit und im Freizeitbereich angesiedelt sind.

Lediglich in zwei der zwölf Organisationen, von welchen Personen interviewt wurden, spielt die Ausbildung bei der Anstellung eine untergeordnete Rolle. In diesen Einrichtungen gibt es Berufstätige der Sozialpädagogik und der Sozialarbeit, die dieselben Tätigkeiten ausführen.

Somit kann als Fazit festgehalten werden, dass in den meisten Organisationen, in denen die interviewten Personen arbeiten, eine klare Arbeitsteilung nach Berufsprofil vorherrscht. Nur in zwei von zwölf Fällen kommt es vor, dass in den Teams die Tätigkeiten nicht nach Berufsprofil aufgeteilt sind und sich der Aufgabenbereich einer Sozialarbeiterin bzw. eines Sozialarbeiters und einer Sozialpädagogin bzw. eines Sozialpädagogen deckt.

3.2 Gemeinsamkeiten

Nach den Gemeinsamkeiten der Sozialarbeit, der Sozialpädagogik und der Soziokulturellen Animation gefragt, nennen die Befragten Folgendes:

Erstens verweisen sie auf den Menschen, der bei allen drei im Mittelpunkt steht. Sie teilen sich somit den *Gegenstand der Arbeit*, den Menschen.

Zweitens ähneln sich die Berufstätigen aller drei Berufsprofile von der *Person* her: Ihnen sind die Freude an der Arbeit mit Menschen, die Liebe zum Menschen, die Neugier auf den Menschen und dessen Entwicklungspotenzial, das Interesse, mit Menschen zu arbeiten, die sich in einer schwierigen Lebenssituation befinden, sowie der Wunsch, Menschen zu befähigen, gemein. Sie weisen zudem alle ein tiefes soziales Empfinden auf und sind sozial engagiert.

Drittens werden *Kompetenzen* genannt, über die alle Berufstätigen, unabhängig davon, welches Berufsprofil sie aufweisen, verfügen, etwa die Methodenkompetenzen. Insbesondere zwei werden mehrmals genannt: einerseits die Beratungskompetenz, die nicht nur in der Sozialarbeit, sondern auch in der Soziokulturellen Animation und der Sozialpädagogik wichtig ist, wenngleich die Beratung in diesen beiden Berufsfeldern meist nicht gleich häufig und formalisiert zur

Anwendung kommt; und andererseits die pädagogischen Methoden, da nicht nur Sozialpädagoginnen und -pädagogen, sondern auch Sozialarbeitende und Soziokulturelle Animatorinnen und Animatoren pädagogisch tätig sind, die Berufstätigen der Sozialarbeit und der Soziokulturellen Animation jedoch häufig unbewusst. Zudem wird noch auf die beiden Instrumente der Super- und Intervision verwiesen, die in allen drei Berufsfeldern eingesetzt werden. Aber auch in Bezug auf Fachkompetenzen weisen die Sozialarbeit, die Sozialpädagogik und die Soziokulturelle Animation gemäss den Interviewten Gemeinsamkeiten auf. Konkret nennen sie Theorien wie Kommunikations- und Handlungstheorien, Wissen etwa aus den Bezugsdisziplinen Soziologie und Psychologie sowie Kenntnisse in Bezug auf soziale Problemstellungen und Politik. Und ebenso sind den Berufstätigen aller drei Berufsprofile Sozial- und Selbstkompetenzen gemein. Sie sind den Umgang mit Menschen gewohnt und darin geübt, kommunizieren gut und gerne, wissen sich aber auch abzugrenzen.

Und viertens wird erwähnt, dass der Sozialarbeit, der Sozialpädagogik und der Soziokulturellen Animation, vereint als Soziale Arbeit, der *Kampf, als Disziplin anerkannt zu werden*, gemeinsam ist. Als hinderlich für die Anerkennung der Sozialen Arbeit als Disziplin wird eingeschätzt, dass die Ausbildungsstätten häufig von Personen geleitet werden, die selber keines der drei Berufsprofile aufweisen. *«Die medizinische Fakultät wird nie durch einen Soziologen geleitet, eine soziale Fakultät kann das oder wird sogar von einem Juristen geführt. Sie [die Sozialarbeit, die Sozialpädagogik und die Soziokulturelle Animation; Anm. d. Verf.] werden gemeinsam von verschiedenen Disziplinen kannibalisiert.»*

Es zeigt sich somit, dass insbesondere in Bezug auf den Gegenstand der Arbeit, auf gewisse Persönlichkeitsmerkmale sowie auf die Kompetenzen, über welche die Berufstätigen aller drei Berufsprofile verfügen, Gemeinsamkeiten wahrgenommen werden. Ebenso eint die Sozialarbeit, die Sozialpädagogik und die Soziokulturelle Animation der Kampf, sich gemeinsam als Disziplin zu etablieren. Neben den genannten Gemeinsamkeiten werden jedoch auch etliche Unterschiede genannt, die im Folgenden beleuchtet werden.

3.3 Unterschiede

Die Antworten auf die Frage, welche Unterschiede es zwischen der Sozialarbeit, der Sozialpädagogik und der Soziokulturellen Animation gibt, können in fünf Gruppen unterteilt werden. Die erste umfasst all jene Antworten, welche die *Tätigkeiten*, die in den drei Berufsfeldern idealtypisch ausgeführt werden, die damit verknüpften *Kompetenzen*, welche die Berufstätigen aufweisen müssen, um diese Tätigkeiten auszuführen, sowie die *Wirkung* dieser Tätigkeiten beschreiben.

Als idealtypische Tätigkeiten werden der *Sozialarbeit* die *mit Finanzen und Materiellem verbundenen und rechtlichen Aufgaben* wie die Amtsvormundschaft, die Existenzsicherung, die Auszahlung der Sozialhilfe, Einkommensverwaltung, die Budgetberatung sowie die *berufliche und soziale Integration* zugeordnet, was den Sozialarbeitenden insbesondere rechtliche Kenntnisse sowie administrative Fähigkeiten abverlangt. Es wird angefügt, dass die *administrativen Tätigkeiten* denn auch einen immer grösseren Teil der täglichen Arbeit von Sozialarbeitenden ausmachen. *«Den Sozialarbeiterberuf würde ich ganz klar als Bürojob bezeichnen. (...) Die anderen beiden haben direkter mit Menschen zu tun. Nicht einfach beratend, sondern lebenspraktisch.»* Die Stärke der Sozialarbeitenden liegt in der Beratung, wobei, wie im Unterkapitel über Gemeinsamkeiten bereits erwähnt, häufig betont wird, dass auch die Berufstätigen der Sozialpädagogik und der Soziokulturellen Animation beraten, wenn auch weniger häufig und weniger formalisiert. Des Weiteren kennen sich Sozialarbeitende in der *Triage* und dem *Case Management* aus, weshalb es nicht weiter erstaunt, dass den Sozialarbeitenden gute Fähigkeiten im Vernetzen gegen aussen, profundes Wissen über das Sozial- und Gesundheitswesen und über die verschiedenen Anlaufstellen und ihre Angebote sowie ein gekonnter Umgang mit Menschen auf den unterschiedlichsten Ebenen wie zum Beispiel den Behörden oder Politikern attestiert werden. Eine weitere Stärke der Sozialarbeitenden liegt zudem im Umgang mit Erwachsenen, dies im Gegensatz zu den Sozialpädagoginnen und -pädagogen, die besonders gut mit Kindern und Jugendlichen umgehen können. Grundsätzlich wird die berufliche Tätigkeit als Sozialarbeitende/r als sehr breit eingestuft. Eine Person nennt es deshalb einen *«Generalistenjob»*.

Der Fokus der Sozialpädagogik hingegen liegt auf der *Begleitung und Betreuung* von Menschen, insbesondere im *Bereich des Wohnens,* etwa in Heimen und Wohnhäusern. In diesen sozialpädagogischen Einrichtungen sind die Sozialpädagoginnen und -pädagogen für die *Alltagsbewältigung* ihrer Klientel sowie für das *Schaffen von Strukturen und einem Umfeld,* das Entwicklung ermöglicht, zuständig. Ihr Ziel ist es, die Klientel wieder gesellschafts- und funktionsfähig für den Alltag zu machen. Sie haben es oftmals mit Kindern und Jugendlichen zu tun und folglich häufig mit der Förderung von Menschen, bei denen der erzieherische Aspekt im Vordergrund steht. Somit stellen *Bildung und Erziehung* weitere Schwerpunkte der Sozialpädagogik dar.

Und der Soziokulturellen Animation wird die *Förderung* zugeordnet, insbesondere in *Freizeit- und Quartierangeboten* sowie im *Kinder- und Jugendbereich*. Die Tätigkeit der Soziokulturellen Animatorinnen und Animatoren besteht häufig aus

Projektarbeit. Für eine kürzere oder längere Zeit arbeiten sie an einem Projekt, das meist *partizipativ* und *freiwillig* ausgestaltet ist. Die Soziokulturellen Animatorinnen und Animatoren gehen ressourcenorientiert vor und werden nur selten aufgrund konkreter sozialer Problemlagen aktiv, weshalb sie als am wenigsten defizitorientiert bezeichnet werden. Ihre Stärke liegt darin, dass sie sowohl mit Kindern, Jugendlichen wie auch mit Erwachsenen einen guten Umgang finden. Ihr Ziel ist es, Betroffene zu Beteiligten zu machen. Sie fördern das Zusammenleben, begleiten *Empowermentprozesse* und üben *Demokratie*. Sie richten ihren Blick somit nicht nur auf das Individuum, sondern auch auf die vorherrschenden Strukturen und versuchen, lokal auf diese einzuwirken. Des Weiteren pflegen sie das, was besteht und funktioniert, und entwickeln es weiter. Die Soziokulturellen Animatorinnen und Animatoren werden zudem mit einem Seismographen verglichen, womit gemeint ist, dass sie früh versuchen, die gesellschaftlichen Entwicklungen zu erfassen und diese aufzugreifen. Im Gegensatz zur Sozialarbeit und zur Sozialpädagogik wirkt die Soziokulturelle Animation *nicht immer gesellschaftsberuhigend und stabilisierend,* sondern mischt auch auf. Die Arbeit der Soziokulturellen Animation ist in der Öffentlichkeit vergleichsweise am wenigsten bekannt. Dies ist mit ein Grund, weshalb sie immer wieder in Frage gestellt wird und sich nach wie vor legitimieren muss.

Die zweite Gruppe von Antworten bezieht sich auf die unterschiedlichen *Settings*, in denen die Berufstätigen der drei Berufsprofile idealtypisch arbeiten und die ihre Arbeit sowie die Fähigkeiten, die sie mitbringen müssen, prägen.

Die Sozialarbeit hat ihren Schwerpunkt in *ambulanten Angeboten*, insbesondere in Sozialdiensten ist sie präsent. In diesen Angeboten finden Kurzkontakte statt, meist mit Einzelpersonen, weshalb ihr die *Einzelfallarbeit* zugeordnet wird. Sozialarbeitende kommen mit ihren Klientinnen und Klienten nur punktuell in Kontakt. *«Sozialarbeitende arbeiten eher in Bereichen, die durch Kurzkontakte geprägt sind und wo Leute eigenständig leben. Die Sozialpädagogik ist eher dort, wo man Leute über längere Zeit prozesshaft begleitet, im Wohnen, im Leben, im Zuhausesein. Sie ist näher dran. So funktioniert es auch. Die Sozialarbeitenden haben keine Lust, in ein Wohnhaus arbeiten zu gehen, das ist nicht ihr Umfeld. Sie haben ein Büro, die Leute kommen zu ihnen, das geht eine Stunde, und dann kommen die nächsten.»* Da an einem Tag viele verschiedene solche Kurzkontakte stattfinden, haben Sozialarbeitende, insbesondere im Vergleich mit den Sozialpädagoginnen und -pädagogen, weniger intensiv mit ihrer Klientel zu tun und können zu dieser eine gewisse Distanz wahren. Die Settings der Sozialarbeitenden werden zudem häufig von den Organisationen, die sie anstellen, *vorgegeben*. Ferner ist der *Handlungsspielraum* der Sozialarbeitenden oftmals durch Gesetze eingeschränkt. Aufgrund dieser gesetzlichen Vorgaben können Sozialarbeitende, etwa im Gegensatz zu Soziokulturellen Animatorinnen und Animatoren, auch Leistungen einfordern.

Der Sozialpädagogik werden die *stationären Angebote* zugeordnet, insbesondere Heime und Wohnhäuser. Berufstätige der Sozialpädagogik kennen sich sowohl *in der Einzelfallarbeit wie auch in der Arbeit mit Gruppen* aus. Die Sozialpädagoginnen und -pädagogen begleiten ihre Klientinnen und Klienten im Gegensatz zu den Sozialarbeitenden über eine längere Zeit, *prozesshaft*, leben häufig mit ihnen und setzen sich somit intensiver mit ihnen auseinander. Sie haben eine Stärke in der unmittelbaren Begegnung, und sie sind sich gewohnt, diese Nähe auszuhalten. Da es in den stationären Einrichtungen *Hausordnungen* gibt, können sich Sozialpädagoginnen und -pädagogen in ihrer Tätigkeit auf bereits vorhandene Strukturen berufen, ähnlich wie sich die Sozialarbeitenden auf Gesetze beziehen können.

Im Gegensatz dazu ist die Arbeit der Soziokulturellen Animatorinnen und Animatoren durch *wenig vorgegebene Strukturen* gekennzeichnet, weshalb die Berufstätigen dieses Berufsprofils gut mit Unklarheiten umgehen können müssen. Sie sind *in offeneren und grösseren Systemen*, etwa in Gemeinden und Quartieren, tätig. Sie arbeiten zudem primär mit *Gruppen*, wobei diese meist grösser sind als jene, mit denen Sozialpädagoginnen und -pädagogen konfrontiert sind. Sie trauen der Gruppe tendenziell auch mehr zu als die Sozialpädagoginnen und -pädagogen, die in der Regel davon ausgehen, dass die Gruppe vor allem Unterstützung braucht und ihr geholfen werden muss. Die Arbeit der Soziokulturellen Animation zeichnet sich durch *Freiwilligkeit* aus, weshalb die Berufstätigen der Soziokulturellen Animation ihre Adressatinnen und Adressaten, meist Jugendliche, begeistern und deren Fähigkeiten herauslocken können müssen. *«Das kann ich auf dem Papier noch so gut planen. Wenn ich vor den Leuten stehe und ich nicht irgendein Feeling rüberbringen kann, du bist wichtig, rück deine Ideen raus, wenn ich das nicht übermitteln kann, dann klappt es nicht.»* Über Charisma zu verfügen, ist für Soziokulturelle Animatorinnen und Animatoren deshalb besonders von Vorteil.

Die dritte Gruppe von Antworten zielt auf die *primäre Zielgruppe* ab. Wie weiter oben bereits erwähnt, sind dies bei der Sozialarbeit erwachsene Menschen, bei der Sozialpädagogik Kinder, Jugendliche und behinderte Menschen und bei der Soziokulturellen Animation dadurch, dass sie stark in der Jugendarbeit verankert ist, Jugendliche.

Die vierte Gruppe von Antworten hat *die Beziehung zur Klientel* zum Gegenstand. Die Sozialarbeitenden haben im Vergleich mit den Sozialpädagoginnen und -pädagogen tendenziell eine weniger tiefgehende Beziehung zu ihrer Klientel. Dies deshalb, weil, wie oben bereits ausgeführt, die Kontakte mit der Klientel bei den Sozialarbeitenden meist von kurzer Dauer sind, während die Sozialpädagoginnen und -pädagogen ihre Klientel über längere Zeit intensiv begleiten.

Und die fünfte Gruppe umfasst all jene Antworten, die darauf abzielen, dass die drei Berufsprofile unterschiedliche Leute anziehen, diese durch die jeweilige Ausbildung zudem unterschiedlich geprägt werden und sie sich somit in Bezug auf die *Persönlichkeit und den Habitus* unterscheiden.

Sozialarbeitende werden als *seriöse und strukturierte Menschen* beschrieben, die gerne am Schreibtisch arbeiten und einen festgelegten Zeitrahmen und ein Sekretariat schätzen. Sie haben die Sozialarbeit gewählt, weil sie eine Tätigkeit ausüben wollen, hinter der sie ethisch stehen und bei der sie ihr soziales Engagement einbringen können. Ihnen ist es wichtig, dass sie in ihrer täglichen Arbeit eine gewisse *Distanz zur Klientel* bewahren können und ihre Tätigkeit eine *Trennung zwischen Rolle und Person* erlaubt. Sozialarbeitende sehen in ihrer Klientel tendenziell arme und unwissende Menschen, denen sie mit ihrem Wissen weiterhelfen können. Sie haben zudem die Tendenz, problemorientiert vorzugehen. *«Die Sozialarbeit hat eher so die Tendenz, problemorientiert zu arbeiten. Es gibt ein Problem, und dieses muss man lösen. Schon auch lösungsorientiert, aber das Problem steht im Fokus.»* Sozialarbeitende haben ein klares Rollenverständnis, sind sich selbständiges Arbeiten gewöhnt und haben keine Mühe, die Verantwortung für einen Fall allein zu tragen. Sie bringen im Gegensatz zu den Berufstätigen der beiden anderen Berufsprofile zudem häufiger *betriebswirtschaftliches Wissen und ein Organisationsverständnis* mit.

Die Sozialpädagogik hingegen zieht Menschen an, die eine *Grundsehnsucht nach erweiterter Familie* haben, für die das *Zusammenleben* sehr wichtig ist und die gerne *Nähe produzieren*, was ihnen dann häufig Schwierigkeiten bereitet, bei der Arbeit mit der Klientel in ihrer Rolle zu bleiben. Ferner ist für die Sozialpädagoginnen und -pädagogen das *Team* sehr wichtig. Sie geniessen das Zusammensein. *«Es ist eine andere Kultur. Das fängt schon beim Pausenkaffee an. Ich (als Sozialarbeiterin; Anm. d. Verf.) war mir den Pausenkaffee, den wir hier haben, nicht gewöhnt. (…) Oder Betriebsausflüge, die immer Teamausflüge mit irgendwelchen Aktivitäten sind, das ist ein grosser Unterschied. Immer noch ein Parcours irgendwo drin im Teamausflug. Man kann nicht einfach irgendwo fein essen gehen, wie ich mich das gewöhnt war.»* Der Fokus der Sozialpädagoginnen und -pädagogen liegt auf dem *Erziehen und Fördern*, weniger auf dem Befähigen. Sie haben zudem die Tendenz, Klientinnen und Klienten als hilfsbedürftig zu betrachten, sodass sie, ähnlich wie die Sozialarbeitenden, ein *Opferblick* kennzeichnet.

Und die Berufstätigen der Soziokulturellen Animation sind *von der Jugendarbeit angezogen* und werden als *kreative Leute* beschrieben, die sehr *aktiv*, *spontan* und *flexibel* sind. Sie sind bereit, ohne Schreibtisch zu arbeiten und mit den Menschen zusammen etwas zu bewegen. Sie arbeiten *ressourcenorientiert* und *partizipativ*. Soziokulturelle Animatorinnen und Animatoren sehen in ihrem Gegenüber jemanden, der das Wissen in sich trägt. Die in der Soziokulturellen Animation Tätigen haben einen *gleichberechtigten Zugang* und gehen *anwalt-*

schaftlich vor. Sie haben zudem das *ambivalenteste Verhältnis zu Hierarchien*. In der folgenden Abbildung sind die genannten Unterschiede zwischen der Sozialarbeit, der Sozialpädagogik und der Soziokulturellen Animation übersichtlich dargestellt.

Abb. 18: Unterschiede zwischen der Sozialarbeit, der Sozialpädagogik und der Soziokulturellen Animation gemäss den Befragten aus der Sozialen Arbeit

	Sozialarbeit	Sozialpädagogik	Soziokulturelle Animation
Idealtypische Tätigkeiten	· mit Finanzen und Materiellem verbundene Tätigkeiten · rechtliche Aufgaben · berufliche und soziale Integration · administrative Tätigkeiten · Beratung · Triage · Case Management	· Begleitung und Betreuung insbesondere im Wohnbereich · Alltagsbewältigung · Schaffen von Strukturen und Umfeld, das Entwicklung ermöglicht · Förderung von Menschen, bei denen der erzieherische Aspekt im Vordergrund steht · Bildung und Erziehung	· Förderung, insbesondere in Freizeit- und Quartierangeboten und im Kinder- und Jugendbereich · Projektarbeit · Zusammenleben fördern · Empowermentprozesse begleiten · Partizipation fördern · Strukturen verändern
Kompetenzen	· Rechtskenntnisse · administrative Fähigkeiten · Fähigkeiten im Vernetzen gegen aussen · profundes Wissen über das Sozial- und Gesundheitswesen · Kenntnisse über verschiedene Anlaufstellen · gekonnter Umgang mit Menschen auf unterschiedlichsten Ebenen · Stärke liegt im Umgang mit Erwachsenen	· Stärke liegt im guten Umgang mit Kindern und Jugendlichen	· Stärke liegt im guten Umgang mit Kindern, Jugendlichen wie auch mit Erwachsenen

	Sozialarbeit	Sozialpädagogik	Soziokulturelle Animation
Wirkung	· hat gesellschaftlich gesehen eine stabilisierende Wirkung	· hat gesellschaftlich gesehen eine stabilisierende Wirkung	· ist nicht immer gesellschaftsberuhigend, sondern mischt auch auf
Setting	· ambulant · Kurzkontakte · Einzelfallarbeit · Setting ist häufig durch Institution vorgegeben · Handlungsspielraum oftmals durch Gesetze eingeschränkt	· stationär · Einzelfall- wie auch Gruppenarbeit · prozesshaftes Arbeiten · Handlungsspielraum häufig durch Hausordnung eingeschränkt	· wenig vorgegebene Strukturen · Arbeit in offenen und grossen Systemen · Arbeit mit grossen Gruppen · Freiwilligkeit
Primäre Zielgruppe	· Erwachsene	· Kinder, Jugendliche und behinderte Menschen	· Jugendliche
Beziehung zur Klientel	· die distanzierteste Beziehung zur Klientel · durch Kurzkontakte geprägt	· die intensivste Beziehung zur Klientel · durch das Zusammenleben geprägt	· durch Freiwilligkeit geprägt
Persönlichkeit/ Habitus	· seriös und strukturiert · Distanz zur Klientel ist gewünscht · Trennung zwischen Rolle und Person ist wichtig · klares Rollenverständnis vorhanden · selbständiges Arbeiten gewohnt · zeichnen sich häufig durch betriebswirtschaftliches Wissen und Organisationsverständnis aus · zeichnen sich tendenziell durch einen Opferblick aus	· Grundsehnsucht nach erweiterter Familie · Zusammenleben hat grossen Stellenwert · produzieren gerne Nähe · bevorzugen die Arbeit im Team · legen den Fokus auf Erziehen und Fördern, weniger auf Befähigen · zeichnen sich tendenziell durch einen Opferblick aus	· von der Jugendarbeit angezogen · kreativ · aktiv · spontan · flexibel · ressourcenorientiert · bereit, mit wenig vorgegebenen Strukturen zu arbeiten · gleichberechtigten Zugang zur Klientel · Anwaltschaftlichkeit · ambivalentes Verhältnis zu Hierarchien

Als Zwischenfazit ist festzuhalten, dass alle interviewten Personen sowohl Gemeinsamkeiten als auch Unterschiede zwischen der Sozialarbeit, der Sozialpädagogik und der Soziokulturellen Animation anführen. Somit hat keine der interviewten Personen eine der beiden Extrempositionen vertreten, nämlich dass Sozialarbeit, Soziokulturelle Animation und Sozialpädagogik vollständig übereinstimmen bzw. dass die drei vollständig unabhängig voneinander sind. Das Divergenztheorem, das Substitutionstheorem und das Identitätstheorem (Kapitel 1.2) finden also keine Zustimmung.

Als Kriterien werden bei den Gemeinsamkeiten der Gegenstand der Arbeit, gewisse Persönlichkeitsmerkmale der Berufstätigen, deren Kompetenzen sowie der Kampf um ihre Anerkennung genannt. Das Kriterium der Kompetenzen wird aber nicht nur herangezogen, um die Gemeinsamkeiten aufzuzeigen, sondern auch, um die Unterschiede darzulegen. Die Kompetenzen, die es in den verschiedenen Berufsfeldern braucht, werden dabei häufig von den jeweiligen idealtypischen Tätigkeiten oder vom Setting abgeleitet, zwei weiteren Kriterien, die angeführt werden, um die Unterschiede zwischen der Sozialarbeit, der Sozialpädagogik und der Soziokulturellen Animation herauszuschälen. Zudem werden die Wirkung der Arbeit, die in den drei Berufsfeldern geleistet wird, auf die Gesellschaft, die primäre Zielgruppe, die Beziehung zur Klientel sowie die unterschiedliche Persönlichkeit der Berufstätigen der drei Berufsprofile als weitere Unterscheidungskriterien genannt.

Insgesamt zeigt sich, dass mehr Unterschiede als Gemeinsamkeiten genannt werden. Hierzu gilt es jedoch anzumerken, dass es nicht auszuschliessen ist, dass die Tatsache, dass dieses Projekt im Rahmen einer Erweiterung des Studienangebots einer differenzierenden Fachhochschule für Soziale Arbeit stattfindet, die Forschenden wie auch die Interviewten unbewusst beeinflusste, sodass der Fokus mehr auf die Unterschiede als die Gemeinsamkeiten zu liegen kam. Zudem muss darauf hingewiesen werden, dass bei der Nennung eines Unterschiedes im Vergleich zur Nennung einer Gemeinsamkeit per se mehr Datenmaterial zusammenkommt, da bei den Ausführungen zu einem Unterschied immer auf alle drei Berufsfelder bzw. Berufsprofile einzeln Bezug genommen wird, bei der Nennung einer Gemeinsamkeit hingegen die Soziale Arbeit als Profession und somit nur ein Bezugspunkt in den Fokus rückt.

Im Folgenden wird nun auf einige Unterscheidungskriterien, nach denen im Interview gefragt wurde, noch näher eingegangen.

3.4 Zuständigkeiten

Ein mögliches Unterscheidungskriterium für die Dreiteilung in Sozialarbeit, Sozialpädagogik und Soziokulturelle Animation könnten die unterschiedlichen Zuständigkeiten sein, weshalb den Interviewten eine Frage nach den Zuständigkeiten der Sozialarbeit, der Sozialpädagogik und der Soziokulturellen Animation gestellt wurde.

Die meisten der interviewten Personen leiten die Zuständigkeiten der Sozialarbeit, der Sozialpädagogik und der Soziokulturellen Animation von den Aufgaben ab, welche die Berufstätigen der drei Berufsprofile in der Organisation, in der sie arbeiten, ausüben. Aus diesem Grund decken sich die Antworten auf diese Frage mit jenen auf die Frage nach der Bedeutung der Differenzierung der Sozialen Arbeit und den Unterschieden, die in den vorangehenden Kapiteln ausgeführt wurden, zu grossen Teilen und werden an dieser Stelle nicht nochmals wiederholt.

Neu angeführt wird, dass die Soziokulturelle Animation für die Prävention zuständig ist, die Sozialarbeit sich tendenziell der klassischen Fallarbeit annimmt und die Sozialpädagogik eine Mittelposition einnimmt, da sie sowohl in der Fallführung wie auch in der Prävention tätig ist. Eine andere Person führt, Bezug nehmend auf die drei Präventionsarten, an, dass die Sozialarbeit für die primäre, sekundäre und tertiäre, die Sozialpädagogik für die tertiäre und die Soziokulturelle Animation für die primäre Prävention verantwortlich ist. Zudem weist eine Person darauf hin, dass unterschieden werden muss zwischen der Zuständigkeit, die sich in den verschiedenen Berufsfeldern tatsächlich zeigt, und dem Potenzial, das die Sozialarbeit, die Sozialpädagogik und die Soziokulturelle Animation eigentlich aufweisen.

Somit kann festgehalten werden, dass die Interviewten der Praxis Sozialer Arbeit unterschiedliche Zuständigkeiten erkennen. Sie leiten diese vorwiegend aus der Arbeitsteilung in der Praxis, insbesondere aus jener innerhalb der Organisation, in der sie arbeiten, ab.

3.5 Arbeitsfelder

Die Mehrheit der Befragten vertritt die Meinung, dass sich viele Arbeitsfelder klar einem der drei Berufsfelder zuordnen lassen. Für die Sozialarbeit werden meist die Sozialdienste, für die Sozialpädagogik das Heimwesen und für die Soziokulturelle Animation die Jugendarbeit genannt. Nur eine Person meint, dass es keine Reinkulturen mehr gebe. Sie führt aus, dass es zwar Einrichtungen gibt, die nur Berufstätige eines Berufsprofils anstellen würden, dass dies jedoch selten auf ein ganzes Arbeitsfeld zutrifft.

3.6 Kompetenzen

Ein weiteres Unterscheidungskriterium, nach dem im Interview gefragt wurde, stellen die Kompetenzen dar, über welche die Berufstätigen der drei Berufsprofile idealtypisch verfügen. Im Folgenden wird zuerst auf die Methodenkompetenzen, dann auf die Fachkompetenzen und zum Schluss auf die Sozial- und Selbstkompetenzen eingegangen.

a) Methodenkompetenzen

Bezüglich der Methodenkompetenzen zeigt sich in den Interviews, dass sich auf den ersten Blick durchaus Unterschiede ausmachen lassen.

So ist die am häufigsten genannte Methode der Sozialarbeit die *Beratung von Einzelpersonen*. Insbesondere die systemische und die lösungsorientierte Beratung werden genannt. Es wird zudem angeführt, dass die Beratungsmethodik der Sozialarbeit auf eine eher kürzere Begleitung abzielt. Auch das *mediative Arbeiten* fällt der Sozialarbeit zu. Sozialarbeitende weisen zudem eine Stärke in der *Netzwerkarbeit* auf, und das *Triagieren* fällt ihnen leicht. Sie weisen ferner Kenntnisse in Bezug auf das *Erstellen von Konzepten*, auf das *Verfassen von Berichten* und auch auf das *Durchführen von Projekten* auf. Sie sind des Weiteren stark in *administrativen Tätigkeiten* wie etwa im Umgang mit dem Computer sowie in der *Gesprächs-, Dossier-, Fall- und Protokollführung*. «*Sozialarbeitende haben häufiger noch eine kaufmännische Grundausbildung – zumindest war dies früher so –, sodass sie administrativ versierter und geübter sind als Sozialpädagoginnen und -pädagogen.*»

Die Sozialpädagoginnen und -pädagogen *begleiten, beraten und unterstützen*. Ihr Fokus liegt im Gegensatz zu jenem der Sozialarbeitenden auf einer Langzeitbegleitung, weswegen sie Methoden kennen müssen, die dazu dienen, Alltagsbegleitungen auf Entwicklung ausgerichtet zu bewerkstelligen. Sie sind neben den stationären Einrichtungen unter anderem auch in der *aufsuchenden Sozialarbeit* wie auch in der *sozialpädagogischen Familienbegleitung* tätig. Sie arbeiten sowohl mit *Einzelpersonen* als auch mit *Gruppen* und müssen somit über ein breites Methodenrepertoire verfügen. Sie legen den *Schwerpunkt auf pädagogische Methoden*, wobei diesbezüglich der Wunsch geäussert wird, dass sich die Sozialpädagogik nicht mehr am Erziehen und Fördern, sondern am Befähigen orientieren soll.

Und der Soziokulturellen Animation wird die *Projektarbeit* zugeschrieben, weswegen Berufstätige, die in diesem Berufsfeld arbeiten, vertiefte *Kenntnisse im Bereich des Projektmanagements* aufweisen müssen. Sie arbeiten vor allem partizipativ und versuchen Partizipation auf allen Ebenen zu ermöglichen. Sie stellen ihre Fähigkeiten zur Verfügung und begleiten *Empowermentprozesse*. Sie müssen über ein grosses Repertoire an Methoden verfügen, damit sie auf die

Wünsche und Bedürfnisse ihrer Adressatinnen und Adressaten eingehen können. Zu diesem breiten Methodenrepertoire gehören unter anderem auch die klassische Gemeinwesenarbeit, das Organisieren von Konferenzen und neuere Trends wie die Zukunftswerkstätten. Die Soziokulturelle Animation zeichnet sich zudem durch eine selbstmotivierte Klientel aus, was sich ebenfalls auf das Methodenrepertoire auswirkt.

Sobald länger über die Fragen nach Unterschieden in Bezug auf Methoden nachgedacht wird, zeigt sich, dass es diesbezüglich, wie bereits mehrmals genannt, auch viele Gemeinsamkeiten gibt. Immer wieder wird betont, dass nicht nur die Sozialarbeitenden beraten, sondern dass dies auch die Berufstätigen in den beiden anderen Berufsfeldern tun und pädagogische Methoden nicht nur in der Sozialpädagogik, sondern auch in der Sozialarbeit und der Soziokulturellen Animation zur Anwendung kommen. Und auch die Gesprächsführung ist allen gemein. Es zeigt sich aber auch, dass es Arbeitsfelder gibt, in denen die Methoden stark von der Organisation selber vorgegeben werden, etwa im Massnahmenvollzug, sodass sich da keine methodischen Unterschiede zwischen den Mitarbeitenden mit unterschiedlichen Berufsprofilen feststellen lassen.

b) Fachkompetenzen

Auch bezüglich der Fachkompetenzen ist man sich einig, dass es eine *gemeinsame Basis an Theorien und Wissen* gibt und braucht, die in den Interviews jeweils skizzenhaft umrissen wird. Genannt werden etwa das Wissen aus der Soziologie, der Psychologie und der Ethik sowie Themen wie Migration oder Armut, die sowohl in der Sozialarbeit, der Sozialpädagogik wie auch der Soziokulturellen Animation von Wichtigkeit sind. Aufbauend auf dieser gemeinsamen Wissensbasis müssen sich die Berufstätigen der drei Berufsprofile dann jedoch gemäss den interviewten Personen noch je spezifisch vertiefen.

Sozialarbeitende müssen mehr über *rechtliche Belange* Bescheid wissen als die Berufstätigen der beiden anderen Berufsprofile. Sie müssen über profunde Kenntnisse bezüglich wirtschaftlicher Sozialhilfe, Sozialversicherungen, Buchhaltung, Rechnungswesen, Budgeterstellung sowie des Ausfüllens von Steuererklärungen verfügen. Ferner wird *betriebswirtschaftliches Wissen* wie auch Wissen über den *Umgang mit unfreiwilliger Klientel* als wichtig eingeschätzt. Zudem müssen Sozialarbeitende die *Abläufe in einer öffentlichen Verwaltung* kennen, wissen, woher das Geld kommt, das sie ihrer Klientel auszahlen, und vermehrt Kenntnisse über die *Sozialpolitik* haben. Letzteres haben sie mit den Soziokulturellen Animatorinnen und Animatoren gemeinsam, wohingegen dies bei der Sozialpädagogik als weniger relevant eingestuft wird.

Sozialpädagoginnen und -pädagogen müssen *über pädagogisches und entwicklungspsychologisches Wissen* verfügen, wobei insbesondere wichtig ist, dass sie die erforderlichen Kompetenzen kennen, über die ein Mensch in den verschiedenen Altersphasen zu verfügen hat. Zudem müssen sie über *Bildungsprozesse* und über *Elternarbeit* im Bilde sein. Ebenso sind Kenntnisse zum Thema *«Behinderung»* erforderlich. Des Weiteren müssen sie Bescheid wissen, was zur *Bewältigung des Alltags* gehört. Sie haben zu wissen, wie man jemanden in einer stationären Einrichtung empfängt, aufnimmt und dann auch wieder entlässt und wie man Grundhaltungen und einen Rahmen vermittelt, in dem die Klientinnen und Klienten Mitsprache-, Mitentscheidungs- und Mitgestaltungsmöglichkeiten haben.

Und die Soziokulturellen Animatorinnen und Animatoren müssen wissen, wie *Milieus und Gruppen* funktionieren und welche Eigendynamik diese haben. Sie müssen sich mit dem Begriff der Kultur auseinandergesetzt haben. Sie müssen mit verschiedenen Anspruchsgruppen umgehen können und über Strategien verfügen, wie sie mit diesen arbeiten können. Sie brauchen zudem Wissen, wie eine *Analyse des Umfelds* gemacht wird, und sie haben sich, wie oben bereits erwähnt, im Bereich der *Politik* auszukennen.

c) Sozial- und Selbstkompetenzen

In Bezug auf die Sozial- und Selbstkompetenzen überwiegen gemäss den interviewten Personen aus der Praxis Sozialer Arbeit die *Gemeinsamkeiten*. Es werden die Reflexionsfähigkeit, also die Kompetenz, sich selber und das eigene Handeln reflektieren zu können, die Empathie sowie die Abgrenzung genannt. Ebenfalls angeführt werden die Teamfähigkeit, die Fähigkeit, auf Individuen einzugehen, auf Leute zuzugehen, das Rollenverständnis, das Vermögen, Grenzen zu setzen und gut zu kommunizieren, die Bereitschaft, sich weiterzuentwickeln und eigene Vorurteile zu reflektieren, Strukturen geben zu können, eine ethische Grundhaltung zu haben und sich selber im sozialen Prozess steuern zu können.

In Bezug auf einzelne Kompetenzen werden jedoch auch *Unterschiede* genannt. So wird erwähnt, dass die Abgrenzung für die Berufstätigen der Sozialpädagogik am wichtigsten ist, weil sie Menschen über eine längere Zeit intensiv begleiten. Sozialpädagoginnen und -pädagogen müssen sich zudem mit dem Thema der Macht eingehender auseinandersetzen, weil die Machtverhältnisse im Arbeitsbereich der Sozialpädagogik häufig subtiler sind als etwa in jenem der Sozialarbeit. Bei ihnen hat die Teamfähigkeit zudem einen hohen Stellenwert. *«Teamfähigkeit ist wichtig. Es ist halt immer in Gruppen – mit Bewohnerinnen und Bewohnern oder im Team. Es ist keine Möglichkeit, sich individuell zu entwickeln, es ist eher ein gemeinsamer Prozess. Man stellt sich viel mehr noch in den Rahmen, der gegeben ist.»* Bei der Soziokulturellen Animation hingegen ist die Selbstorganisation von grosser Wichtigkeit, da in diesem Berufsfeld häufig wenig Struktur vorgegeben ist. Und in Bezug auf die Sozialarbeit wird gesagt, dass die Eigenreflexion für

Sozialarbeitende eine weniger wichtige Rolle spielt, da sie im Gegensatz zu den Berufstätigen der beiden anderen Berufsprofile das distanzierteste Verhältnis zu ihrer Klientel hat.

Somit kann als Fazit festgehalten werden, dass es bei den Methoden-, Fach-, Sozial- und Selbstkompetenzen eine gemeinsame Basis gibt, also Kompetenzen, über die Sozialarbeitende, Sozialpädagoginnen und -pädagogen sowie Soziokulturelle Animatorinnen und Animatoren gleichermassen verfügen müssen. Jedoch gibt es nach Ansicht der Befragten in Bezug auf alle der angesprochenen Arten von Kompetenzen klare erforderliche Spezialisierungen, welche die Berufstätigen mit den verschiedenen Berufsprofilen aufweisen müssen, um ihre Arbeit ausüben zu können. Die genannten Kompetenzunterschiede zwischen Sozialarbeit, Sozialpädagogik und Soziokultureller Animation sind in der untenstehenden Abbildung aufgeführt.

Abb. 19: Unterschiede bei den Kompetenzen nach Berufsprofil gemäss den Befragten aus der Sozialen Arbeit

	Sozialarbeit	Sozialpädagogik	Soziokulturelle Animation
Methoden-kompetenzen	· Beratung von Einzelpersonen · Mediation · Netzwerkarbeit · Triage · Konzepte erstellen · Berichte schreiben · Projekte durchführen · Administrative Fähigkeiten	· Pädagogische Methoden · Methoden der Gruppenarbeit · Methoden, die dazu dienen, Alltagsbegleitungen auf Entwicklung hin zielgerichtet zu bewerkstelligen	· Projektmanagement · Partizipation · Empowerment · Gemeinwesenarbeit · Konferenzen organisieren · Zukunftswerkstätten
Fach-kompetenzen	· Recht · Betriebswirtschaftliches Wissen · Umgang mit unfreiwilliger Klientel · Abläufe in der öffentlichen Verwaltung · Sozialpolitik	· Pädagogisches Wissen · Entwicklungspsychologisches Wissen · Bildungsprozesse · Elternarbeit · Behinderung · Bewältigung des Alltags	· Milieus · Gruppen · Analyse des Umfelds · Politik
Sozial- und Selbst-kompetenzen	· Eigenreflexion am wenigsten wichtig	· Abgrenzung ist besonders wichtig · Auseinandersetzung mit dem Thema «Macht»	· Selbstorganisation ist wichtig

Nebst den Unterscheidungskriterien der Zuständigkeit und der Kompetenzen interessiert auch die Zukunft, dies einerseits bezogen auf die Berufsperspektiven der Berufstätigen der drei Berufsprofile wie andererseits auf die möglichen Entwicklungen in den drei Berufsfeldern in den nächsten zehn Jahren.

3.7 Karrieremöglichkeiten

Nach den Karrieremöglichkeiten der Berufstätigen der drei Berufsprofile gefragt, unterscheiden die Interviewten der Praxis Sozialer Arbeit zumeist zwischen vertikalen und horizontalen Entwicklungsmöglichkeiten.

In Bezug auf die *vertikalen Entwicklungsmöglichkeiten*, also Aufstiegschancen, wird darauf hingewiesen, dass es die Soziokulturellen Animatorinnen und Animatoren am schwierigsten haben. Als Gründe werden angeführt, dass ihnen eine Führungsfunktion tendenziell weniger zugetraut wird und es im Bereich der *Soziokulturellen Animation* auch nur wenige grosse Organisationen gibt, innerhalb deren ein Aufstieg möglich ist. Zudem wird erwähnt, dass die Soziokulturelle Animation langfristig gesehen eher eine Sackgasse ist. Dies deshalb, weil die Animation nach wie vor stark auf den Bereich Jugend ausgerichtet ist und es mit zunehmendem Alter, wenn der Altersunterschied zur Adressatenschaft zu gross wird und der Wunsch nach einem Wechsel weg von der Jugendarbeit aufkommt, folglich wenige Alternativen gibt, sich in der Animation anderweitig zu orientieren. Für die Soziokulturelle Animation wird zudem die Möglichkeit eingeräumt, sich selbständig zu machen. Wer über unternehmerische Fähigkeiten verfügt, kann ihre eigene Chefin, sein eigener Chef werden.

Den *Sozialarbeitenden* werden die besten Möglichkeiten auf eine vertikale Karriere zugeschrieben. Dies einerseits, weil es in ihrem Bereich grössere Organisationen gibt, die Führungspersonal benötigen, und andererseits, weil sie gemäss den interviewten Personen im Gegensatz zu den Berufstätigen der beiden anderen Berufsprofile häufig bereits betriebswirtschaftliches Denken mitbringen. Wenn sie noch eine Weiterbildung wie etwa einen Masterabschluss in Nonprofit-Organisationsmanagement absolviert haben, haben sie gute Chancen, nicht nur Organisationen im mit dem eigenen Berufsprofil übereinstimmenden Berufsfeld, sondern auch jene in den beiden anderen Berufsfeldern zu leiten.

Berufstätige der *Sozialpädagogik* haben die Möglichkeit, Gruppenleitungen und Heimleitungen zu übernehmen. Sie steigen so häufig innerhalb der Einrichtung auf, in der sie schon längere Zeit gearbeitet haben. Die Wahrscheinlichkeit, eine Leitungsfunktion in einer Organisation der Sozialarbeit, etwa einem Sozialdienst, auszuüben, wird jedoch als relativ gering eingeschätzt.

Horizontale Entwicklungsmöglichkeiten gibt es für die Sozialarbeitenden, für die Sozialpädagoginnen und -pädagogen wie auch für die Soziokulturellen Animatorinnen und Animatoren gleichermassen, da es für alle drei Berufsprofile viele verschiedene *Vertiefungsmöglichkeiten* gibt. So absolvieren Sozialarbeitende etwa häufig noch eine therapeutische Weiterbildung. Es gibt aber auch die Option, das Berufsfeld zu wechseln. Bezüglich *Durchlässigkeit* zeigt sich in den Interviews, dass einige der Befragten den Wechsel von der Sozialpädagogik in die Sozialarbeit als schwieriger einstufen als umgekehrt. Dies, weil den Sozialpädagoginnen und -pädagogen Wissen zu geltendem Recht und Beratung fehlt und sie somit noch eine entsprechende Weiterbildung machen müssten. Für einen Wechsel von der Sozialarbeit in die Sozialpädagogik hingegen ist keine Weiterbildung notwendig. Hierfür reicht der Wille, sich auf tiefere Beziehungsarbeit einzulassen. Andere wiederum sehen diesbezüglich keine Unterschiede und weisen darauf hin, dass mit entsprechenden Weiterbildungen für alle ein Wechsel möglich und die Durchlässigkeit in alle Richtungen somit gegeben ist.

In Bezug auf die *Häufigkeit eines Wechsels* wird angeführt, dass es besonders häufig zu einem Wechsel von der Sozialpädagogik in die Sozialarbeit kommt. Dabei handelt es sich vornehmlich um Männer, die, nachdem sie eine Familie gegründet haben, nicht mehr Schicht arbeiten und mehr verdienen wollen. Aber wie oben bereits erwähnt, gibt es auch Soziokulturelle Animatorinnen und Animatoren, die nach einigen Jahren in der Jugendarbeit in klassische Arbeitsfelder der Sozialarbeit wechseln, weil sie sich zu alt für die Jugendarbeit fühlen.

Grundsätzlich bestehen somit für die Berufstätigen aller drei Berufsprofile sowohl vertikale als auch horizontale Entwicklungsmöglichkeiten. Die Sozialarbeitenden haben besonders gute Chancen, Führungsfunktionen in Organisationen der Sozialarbeit, aber auch in jenen der Sozialpädagogik oder der Soziokulturellen Animation zu übernehmen. Sozialpädagoginnen und -pädagogen hingegen steigen vor allem innerhalb der eigenen Einrichtungen auf. In Bezug auf horizontale Entwicklungen ist ein Wechsel der Sozialpädagoginnen und -pädagogen in die Sozialarbeit nicht selten, da angenehmere Arbeitszeiten und ein besserer Lohn locken. Auch bei den Soziokulturellen Animatorinnen und Animatoren, die es in Bezug auf vertikale Entwicklungsmöglichkeiten am schwierigsten haben, gibt es eine Tendenz, mit zunehmendem Alter in klassisch sozialarbeiterische Tätigkeiten zu wechseln. Dies veranlasst eine der interviewten Personen zur bewusst pointierten Aussage: «*Früher oder später landen alle in der klassischen Sozialarbeit.*»

3.8 Trends, Wünsche und zukünftige Probleme

a) Trends

In Bezug auf die Entwicklungen in den drei Berufsfeldern in den nächsten zehn Jahren ist man sich bezüglich der *Soziokulturellen Animation* am wenigsten einig. Während die einen das grosse Potenzial betonen sowie neue soziokulturelle Arbeitsfelder wie Tagesstrukturangebote, Arbeitsintegrationsmassnahmen und Raumplanung anführen, mutmassen andere, dass dieses Berufsfeld stagnieren oder dass es das Berufsprofil in zehn Jahren nicht mehr geben wird. Dies deshalb, weil es nach wie vor zu wenig Anerkennung findet. Weiter wird darauf hingewiesen, dass die Soziokulturelle Animation nicht nur aufgrund mangelnder Anerkennung in ihrer Existenz bedroht ist, sondern auch am stärksten von Einsparungen betroffen ist. Es wird angeführt, dass sie, weil sie präventiv wirkt und das Ergebnis ihrer Arbeit nicht gleich gut sichtbar ist wie bei der Sozialarbeit und der Sozialpädagogik, am schnellsten unter Druck gerät, wenn das Geld knapp wird.

Die *Sozialpädagogik* wird als expansiv beschrieben. Sie drängt in neue Arbeitsfelder vor, auch in traditionell sozialarbeiterische. Insbesondere im Bereich der Arbeit wie auch in jenem der Vorschulbetreuung, etwa in der Leitung von Spielgruppen und Kindertagesstätten, wird ihr noch Potenzial attestiert.

Die *Sozialarbeit* hingegen wird als relativ träge und stagnierend wahrgenommen. Es wird ihr nahegelegt, aufzupassen, dass sie nicht zu administrativ und technokratisch wird. Zudem wird der Wunsch laut, dass sie sich vermehrt auch der Erwachsenenbildung annimmt.

b) Wünsche

Ein Wunsch, der sich auf die Sozialarbeit, auf die Sozialpädagogik und auf die Soziokulturelle Animation bezieht, besteht in einem gegenseitigen Grundverständnis und einer gemeinsamen Basis an Kompetenzen, sodass mit geringem Aufwand, etwa ein paar zentralen Modulen, die Zusatzkompetenzen der anderen Berufsprofile angeeignet werden könnten. Als förderlich für eine zunehmende Durchlässigkeit wird erachtet, wenn die drei Berufsprofile auf Fachhochschulebene an derselben Bildungseinrichtung gelehrt werden. Denn dies bewirkt bereits eine Annäherung während der Ausbildung.

Einen weiteren Wunsch stellt die *verstärkte Zusammenarbeit* dar. Es zeigt sich in den Interviews, dass Teams vermehrt mit Personen verschiedener Berufsprofile zusammengesetzt werden und die verschiedenen Kompetenzen genutzt werden. Die Teams werden jedoch nicht nur mit Berufstätigen der drei Berufsprofile Sozialarbeit, Sozialpädagogik und Soziokulturelle Animation bestückt, sondern auch zunehmend mit Professionellen aus anderen Disziplinen, etwa der Psychologie,

Ethnologie oder den Erziehungswissenschaften. Und in einigen Organisationen geht die Zusammenarbeit, wie bereits erwähnt, sogar so weit, dass die Berufstätigen mit unterschiedlichen Berufsprofilen der Sozialen Arbeit alle die gleichen Tätigkeiten ausführen.

c) Probleme

Ein Problem, das von mehreren interviewten Personen angesprochen wird, ist die *Unterschichtung*. Damit ist gemeint, dass im Tätigkeitsbereich der Sozialen Arbeit die Höheren Fachschulen und Lehren wie etwa jene zur Fachfrau oder zum Fachmann Betreuung auf dem Vormarsch sind, sodass es ausgebildetes Personal auf verschiedenen Bildungsniveaus gibt und sich die Frage aufdrängt, ob und wie sich deren Tätigkeitsbereiche in der Praxis unterscheiden.

Mehrere interviewte Personen äussern sich zudem besorgt darüber, dass die *Abgängerinnen und Abgänger der Fachhochschulen zu theoretisch ausgebildet* seien und «das Handwerk» vernachlässigt werde. Sie stellen sich denn auch die Frage, ob es in Zukunft genügend Stellen gibt für alle Abgängerinnen und Abgänger der Fachhochschulen oder ob ihnen die Berufstätigen mit tieferen Bildungsniveaus den Rang ablaufen werden.

Und schliesslich wird die Sorge geäussert, dass die *drei Jahre Bachelorstudium* nicht ausreichen. Dies deshalb, weil die Ausbildungszeit viel zu kurz ist, um alle notwendigen Kompetenzen zu erwerben.

3.9. Hypothesenprüfung

Zum Schluss der Interviews wurden die Befragten gebeten, zu fünf Hypothesen Stellung zu nehmen, die in zuspitzender Form auf der Basis theoretischer Überlegungen formuliert worden waren.

Hypothese 1:

«Die drei ‹Teilprofessionen› Sozialer Arbeit tragen unterschiedlich zur Integration bei. Dabei muss man unterscheiden zwischen Integration *der* Gesellschaft und Integration *in* die Gesellschaft: Soziokulturelle Animation unterstützt die Integration *der* Gesellschaft, das heisst den sozialen Zusammenhalt. Sozialarbeit und Sozialpädagogik dagegen unterstützen Individuen bei ihrer Integration *in* die Gesellschaft, indem sie wichtige Voraussetzungen schaffen. Die Sozialarbeit bearbeitet primär mit Armut verknüpfte Probleme, während die Sozialpädagogik die Entwicklung der Persönlichkeit fördert.»

Während einige der interviewten Personen der Hypothese 1 grundsätzlich zustimmen, stören sich die anderen primär an der Aussage, dass die *Sozialarbeit* mit Armut verknüpfte Probleme bearbeitet. Es wird darauf hingewiesen, dass der Begriff unbedingt breit verstanden werden müsste, dass er aber auch dann noch zu eng sei. Alle mit der Hypothese nicht einverstandenen Interviewten haben jedoch Schwierigkeiten, eine Alternativformulierung zu finden, die die Integrationsleistung der Sozialarbeit treffender umschreibt. Es werden einige Ergänzungen angebracht, wie Sucht, Krankheit, Behinderung, Gewalt, Kindesschutz und Wohlstandsverwahrlosung. Es zeigt sich aber deutlich, dass die konkrete Integrationsleistung der Sozialarbeit schwierig zu fassen ist.

Auch die Aussagen bezüglich der Sozialpädagogik und der Soziokulturellen Animation werden hinterfragt. Mit Blick auf die *Sozialpädagogik* wird bezweifelt, dass es überhaupt möglich sei, die Entwicklung der Persönlichkeit zu fördern, da fördern mit tun assoziiert wird. Es wird darauf hingewiesen, dass lediglich ein Umfeld oder Rahmenbedingungen geboten werden können, in denen Entwicklung möglich ist. Ob die Entwicklung dann auch tatsächlich passiert, sei eine ganz andere Frage. Eine weitere Person führt an, dass die Sozialpädagogik um lebenslange Bildung ergänzt werden müsste. Und in Bezug auf die Aussage zur *Soziokulturellen Animation* wird gesagt, dass sie nicht nur mit der Gesellschaft als ganzer, sondern letztlich auch mit Individuen und kleinen Gruppen arbeitet.

Hypothese 2:

«Die drei ‹Teilprofessionen› der Sozialen Arbeit lassen sich entlang des Kontinuums von Prävention und Behandlung unterscheiden: Soziokulturelle Animation übernimmt in diesem Kontinuum schwergewichtig die präventiven Aufgaben; Sozialarbeit am anderen Pol greift zur Hauptsache behandelnd in soziale Probleme ein. Und Sozialpädagogik nimmt eine mittlere Stellung ein, indem sie sowohl präventiv als auch behandelnd arbeitet.»

Mehrere interviewte Personen sind mit dieser Hypothese einverstanden. Zudem findet bei allen Interviewten aus der Praxis Sozialer Arbeit der präventive Charakter der *Soziokulturellen Animation* Zustimmung. Eine Person präzisiert, dass die Soziokulturelle Animation zwar von ihrem Selbstverständnis her für präventive Aufgaben vorgesehen wäre, jedoch immer wieder mit Aufgaben betraut werde, die diesem nicht entsprechen, etwa dem Auftrag, das Littering bei Jugendlichen zu bekämpfen oder dafür zu sorgen, dass diese nicht an bestimmten Plätzen wie etwa dem Bahnhof herumlungern.

Während die Verortung der Soziokulturellen Animation am präventiven Pol des Kontinuums somit unbestritten ist, herrschen in Bezug auf die Verortung der *Sozialarbeit* und der *Sozialpädagogik* mehr Unstimmigkeiten vor. Einerseits führen mehrere Personen aus, dass sie die Positionierung der Sozialarbeit und der Sozialpädagogik tauschen würden, d.h. die Sozialpädagogik an den behandelnden Pol und die Sozialarbeit in eine mittlere Stellung setzen würden. Dies wird damit begründet, dass die Sozialpädagogik am stärksten ins Leben eines Individuums eingreift und interveniert und sie im tertiären Präventionsbereich angesiedelt ist. Zudem wird gesagt, dass die Sozialarbeit ebenfalls präventiv arbeitet, etwa wenn sie einen Beitrag dazu leistet, zu verhindern, dass Kinder Sozialhilfebeziehender selber später auch mal von Sozialhilfe abhängig sind. Andererseits wird mehrmals eingeräumt, dass in allen drei Berufsfeldern präventive Tätigkeiten ausgeführt werden, sodass sowohl die Sozialarbeit als auch die Sozialpädagogik behandelnd wie präventiv tätig sind. Und eine weitere Person führt an, dass man sich keinen Gefallen tue, wenn man dies so klar einschränke, da die Sozialarbeit, die Sozialpädagogik und die Soziokulturelle Animation ein Potenzial sowohl für präventive als auch behandelnde Tätigkeiten aufweisen.

Hypothese 3:
«Sozialarbeiter/innen müssen in fachlicher Hinsicht vor allem über Distribution (Armut) Bescheid wissen, Sozialpädagoginnen und -pädagogen über Sozialisation und Soziokulturelle Animatorinnen und Animatoren über Kohäsion (gesellschaftlicher Zusammenhalt).»
Wenige der interviewten Personen stimmen dieser Hypothese mit dem Hinweis zu, dass es natürlich lediglich Schwerpunkte sind. Ebenfalls findet der genannte fachliche Schwerpunkt für die *Soziokulturelle Animation,* die Kohäsion, Zustimmung. Einige Befragte stören sich bei dieser Hypothese aber wie bereits bei der Hypothese 1 am Begriff der Armut. Der Begriff der Distribution wird als breiter und daher adäquater betrachtet. Ergänzungsvorschläge für die *Sozialarbeit* betreffen das Kindeswohl, Teilhabe und gesellschaftliche Zusammenhänge. Für die *Sozialpädagogik* werden ergänzend Entwicklungspsychologie sowie Wissen um Bildung und Erziehung genannt. Und zwei Interviewte führen an, dass die Berufstätigen aller drei Berufsprofile über alle in der Hypothese 3 erwähnten Wissensgebiete Bescheid wissen müssten und dass eine solche Schwerpunktsetzung nicht möglich sei.

Hypothese 4:
«Sozialarbeiter/innen müssen in methodischer Hinsicht vor allem über Beratung Bescheid wissen, Sozialpädagoginnen und -pädagogen über Bildung und Erziehung und Soziokulturelle Animatorinnen und Animatoren über Vernetzung.»
Mehrere interviewte Personen stimmen dieser Hypothese grundsätzlich zu. Am häufigsten wird die Nennung der Vernetzung bei der *Soziokulturellen Animation* bemängelt. Einerseits wird darauf hingewiesen, dass die Berufstätigen aller drei Berufsprofile vernetzen müssen, wenn dies auch bei den Soziokulturellen Animatorinnen und Animatoren am häufigsten vorkommt. Andererseits wird eingewandt, dass Vernetzung bei der Soziokulturellen Animation nicht genüge und

sie noch ergänzt werden müsste zum Beispiel mit: Analyse des Umfelds, Entwicklung, Kenntnis des Felds, Gruppenarbeit, Auseinandersetzung mit grossen Gebieten, ganzen Quartieren und Städten, gruppendynamischen Prozessen, gesellschaftlichen Prozessen, Methoden für die Gruppenarbeit, Projektmethodik, Bildung, insbesondere informeller Bildung, Empowerment, Ermächtigung oder Befähigung. Bei der *Sozialpädagogik* stört eine interviewte Person der Begriff «Erziehung», da dieser für Erwachsene nicht zu gebrauchen sei. Vielmehr solle da die Befähigung im Vordergrund stehen. Des Weiteren wird wie bei der Hypothese 3 angeführt, dass alle über alles Bescheid wissen müssen und dass insbesondere die Sozialpädagoginnen und -pädagogen auch in Beratung kundig sein müssen. Und es wird der Wunsch geäussert, dass sich die *Sozialarbeit* im Bereich der Bildung stärker engagiere.

Während bei den interviewten Personen somit grosse Einigkeit in Bezug auf den methodischen Schwerpunkt der Sozialarbeit besteht, nämlich die Beratung, zeigen sich bei der Sozialpädagogik und der Soziokulturellen Animation weniger klare methodische Fokussierungen.

Hypothese 5:

«Die Dreiteilung in Sozialarbeit, Sozialpädagogik und Soziokulturelle Animation widerspiegelt eine alte methodische Gliederung: Sozialarbeit entspricht ‹case work› (Einzelfallarbeit), Sozialpädagogik ‹group work› (Gruppenarbeit), Soziokulturelle Animation schliesslich ‹community work› (Gemeinwesenarbeit).»

Einige der interviewten Personen stimmen dieser Hypothese grundsätzlich zu. Die anderen weisen darauf hin, dass es sinnvoll wäre, wenn man von dieser Unterteilung wegkäme, und dass die Verwischung zum Teil bereits begonnen habe.

Zusammenfassend kann zu den fünf Hypothesen gesagt werden, dass keine von ihnen uneingeschränkte Zustimmung findet, aber auch keine auf völlige Ablehnung stösst. Es scheint sich so zu verhalten, dass die fünf Hypothesen einerseits zu pointiert formuliert sind, als dass sie den Erfahrungen der Interviewten in den Berufsfeldern vollauf zu entsprechen vermöchten, und dass sie andererseits zwar zum Teil die heutige Berufspraxis widerspiegeln, diese aber von einigen interviewten Personen als veraltet erachtet wird, sodass sie die Hypothesen zurückweisen.

4 Forschungsergebnisse aus der Bildung

Im Folgenden werden die Forschungsergebnisse aus den Interviews mit Befragten dargestellt, die selber nicht in der Sozialen Arbeit, sondern in der Bildung tätig sind. Erfragt wurden indessen ihre Ansichten zur Praxis Sozialer Arbeit.

4.1 Bedeutung

Nach der Bedeutung der Differenzierung der Sozialen Arbeit in Sozialarbeit, Soziokulturelle Animation und Sozialpädagogik für die Praxis gefragt, halten einige der interviewten Personen fest, dass die *Praxis Sozialer Arbeit* in der Schweiz nach wie vor stark auf diese Dreiteilung ausgerichtet ist: *«Die Dreiteilung ist in der Praxis also ein Fakt.»* Sie führen aus, dass viele Einrichtungen und Arbeitsfelder traditionellerweise einem der drei Berufsfelder zugeordnet werden, dass diese Differenzierung der Sozialen Arbeit in der Praxis von der Profession her gedacht, jedoch nicht zwingend sei, und dass sie an Bedeutung verlieren werde. Als Grund für den zunehmenden Bedeutungsverlust geben sie an, dass es in der Praxis immer mehr Überschneidungen zwischen den drei Berufsfeldern gibt und viele Arbeitsfelder bereits heute nicht mehr trennscharf einem der drei zugewiesen werden können. Häufig wird hierfür das Beispiel der Schulsozialarbeit erwähnt.

Ferner sagen mehrere Personen, dass die Unterscheidung in die drei Berufsprofile sowohl für die Arbeitgeberinnen und Arbeitgeber wie auch für Arbeitnehmende eine Orientierungsfunktion ausübt.

Die *Arbeitgeberinnen und Arbeitgeber* ziehen aufgrund der absolvierten Studien- oder Vertiefungsrichtung Rückschlüsse auf die Kompetenzen und die Haltung, die eine sich bewerbende Person aufgrund ihrer Ausbildung typischerweise mit sich bringt, und lassen diese Einschätzung des Profils dieser Person in das Bewerbungsverfahren einfliessen. Dies ist insbesondere bei jenen Personen der Fall, die am Anfang ihrer Berufslaufbahn stehen. Je länger jemand in der Sozialen Arbeit tätig ist, desto stärker jedoch rückt die Berufserfahrung in den Vorder- und die gewählte Studien- oder Vertiefungsrichtung in den Hintergrund. Denn *«ein guter Sozialpädagoge kann sich auch in einem ambulanten Setting bewähren und umgekehrt. Und deshalb sucht man vor allem gute Leute, wenn man in der Praxis eine Stelle zu besetzen hat.»*

Und die *Arbeitnehmenden* identifizieren sich mit dem Berufsprofil, das sie in ihrem Studium vertieft haben, und grenzen ihre Arbeit von jener ab, die die Berufstätigen der beiden anderen Berufsprofile leisten. Eine der interviewten Personen umschreibt diesen Abgrenzungsprozess wie folgt: *«Ich selber komme von der Sozialarbeit, habe auch als Sozialarbeiterin gearbeitet. Und wenn ich mich versuche zurückzuerinnern, was die Bedeutung damals war, dann ging es vor allem darum, die Dienstleistungen gegeneinander klar abzugrenzen. Etwa ganz klar aufzuzeigen, wir von der Sozialarbeit sind für die Beratung da, für das Ambulante, wir sind in diesen Gebieten tätig und können das und jenes anbieten. Es ging also vor allem um die Abgrenzung der Dienstleistungen, sei dies innerhalb einer Institution oder gegenüber anderen Fachstellen, mit denen man zusammenarbeitet. Also Klarheit.»* Da heutzutage jedoch viele Studierende der Sozialen Arbeit eine generalistische Ausbildung absolvieren, gehen einige der interviewten Personen aus der Bildung davon aus, dass die Differenzierung der Sozialen Arbeit bei diesen Absolvierenden mittel- bis langfristig an Bedeutung verlieren wird. Sie geben die Hoffnung zu erkennen, dass diese ihre Identität neu in der Sozialen Arbeit als Profession finden werden.

Als Fazit kann somit festgehalten werden, dass die Differenzierung der Sozialen Arbeit in Sozialarbeit, Sozialpädagogik und Soziokulturelle Animation in der Praxis nach wie vor eine hohe Bedeutung hat. Sowohl bei den Arbeitgebenden wie auch bei den Arbeitnehmenden haben die drei Berufsprofile eine Orientierungsfunktion inne. Es wird jedoch von einigen Interviewten vorhergesagt, dass diese abnehmen wird. Dies einerseits, weil viele Studierende der Sozialen Arbeit ein generalistisches Studium absolvieren und im Rahmen ihrer späteren Berufstätigkeit der Differenzierung der Sozialen Arbeit somit einen geringeren Stellenwert beimessen werden, und andererseits, weil die Überschneidungen zwischen den Berufsfeldern in der Praxis weiter zunehmen werden.

4.2 Gemeinsamkeiten

Nach den Gemeinsamkeiten der Sozialarbeit, der Sozialpädagogik und der Soziokulturellen Animation gefragt, antworten die Befragten, dass ihnen der *Gegenstand der Arbeit* gemeinsam sei: Die Berufstätigen in allen drei Berufsfeldern arbeiten mit Menschen, die in einer latenten oder manifesten Krise stecken, Mühe
haben, ihr Leben zu meistern oder sich in Übergangssituationen befinden, etwa
im Übergang von der Schule in die Arbeitswelt. Sie helfen und unterstützen diese
Menschen, beziehen aber immer alle sozialen Systeme in ihre Arbeit ein.

Als weitere Gemeinsamkeit wird die *Zuständigkeit* genannt, wobei diese in den
Interviews inhaltlich unterschiedlich umschrieben wird: Inklusion fördern, soziale Ungleichheit vermindern, soziale Probleme verhindern, diese lindern und
lösen, für soziale Gerechtigkeit einstehen und Teilhabe ermöglichen. Ferner wird
angeführt, dass die Sozialarbeit, die Sozialpädagogik wie auch die Soziokulturelle Animation für Integrationsprobleme der Gesellschaft zuständig sind, die im
Rahmen der Vergesellschaftung der Individuen entstehen, etwa Segregation oder
Exklusionsprozesse. Und es wird aus systemtheoretischer Sicht darauf verwiesen, dass sich die Zuständigkeit in allen drei Berufsfeldern an den Codes «Hel-
fen/Nichthelfen» und «Bedürftigkeit/Nichtbedürftigkeit» bemisst.

Auch in Bezug auf die *Tätigkeiten*, welche die Berufstätigen in den drei Berufsfeldern ausüben, gibt es Gemeinsamkeiten. Sie zeichnen sich durch Nichtstan-
dardisierbarkeit aus und verlangen nach einem wissenschaftlich fundierten und
systematischen Handeln. Die Arbeit in allen drei Berufsfeldern setzt deshalb
mindestens eine Ausbildung auf Fachhochschulniveau voraus. Sie beinhaltet zudem meistens Bildungsprozesse und enthält, da der Gegenstand der Arbeit der
Mensch ist, immer auch eine Dimension der Beziehungsregulierung und -struk-
turierung.

Die Berufstätigen aller drei Berufsprofile verfügen auch über gleiche *Kompetenzen*. Dies trifft gemäss den interviewten Personen insbesondere auf die Sozial-
und Selbstkompetenzen zu sowie auf das fachliche Wissen, das bei der Sozialarbeit, der Sozialpädagogik und der Soziokulturellen Animation zu einem grossen
Teil von denselben Bezugswissenschaften stammt.

Auch das *Arbeitsumfeld*, in welches die Tätigkeiten in den drei Berufsfeldern
eingebettet sind, weist Gemeinsamkeiten auf. Die Berufstätigen in allen drei Berufsfeldern sind mit denselben sozialpolitischen Rahmenbedingungen und Fragestellungen konfrontiert, die einerseits ihr Arbeitsfeld beeinflussen und andererseits auch die Lebensbedingungen jener Menschen, mit denen sie arbeiten. Ihre
Tätigkeiten finden zudem häufig im Rahmen eines öffentlichen Auftrags statt. Und
sie müssen sich auch alle mit Fremdbestimmung auseinandersetzen, seien dies
Verwaltungsabläufe, Planungsabläufe oder andere organisationelle Zwänge.

Die Berufstätigen aller drei Berufsprofile sind sich zudem von ihrer *Person* her ähnlich: Sie alle zeichnet eine Neugierde am Menschen aus und ein Glaube an dessen Entwicklungsfähigkeit. Ihre Motivation ist es, Menschen helfen und sie unterstützen zu wollen.

Und in allen drei Berufsfeldern gelten dieselben *Grundhaltungen und Grundwerte*. Man orientiert sich an den Menschenrechten und beschäftigt sich mit denselben berufsethischen Fragen.

Es zeigt sich in den Interviews somit, dass es zwischen der Sozialarbeit, der Sozialpädagogik und der Soziokulturellen Animation in Bezug auf den Gegenstand der Arbeit, die Zuständigkeit, die Tätigkeiten, das Arbeitsumfeld und die Grundhaltungen und Grundwerte Gemeinsamkeiten gibt. Ferner verfügen die Berufstätigen aller drei Berufsprofile über gleiche Kompetenzen und sind sich in Bezug auf gewisse Einstellungen und auf die Motivation, in der Sozialen Arbeit tätig zu sein, auch von der Person her ähnlich.

4.3 Unterschiede

Alle interviewten Personen ausser einer haben Unterschiede zwischen der Sozialarbeit, der Sozialpädagogik und der Soziokulturellen Animation angeführt, die sich in neun Gruppen zusammenfassen lassen. Die erste umfasst die idealtypischen *Tätigkeiten* in den drei Berufsfeldern. Obwohl die Tätigkeiten der Berufstätigen der drei Berufsprofile gewisse Gemeinsamkeiten aufweisen (siehe das Unterkapitel über Gemeinsamkeit), unterscheiden sie sich auch in wesentlichen Punkten.

Die Sozialarbeitenden, die häufig in der Armutsbekämpfung tätig sind, beraten ihre Klientel, die Sozialpädagoginnen und -pädagogen begleiten ihre und die Soziokulturellen Animatorinnen und Animatoren gestalten das Gemeinwesen. Letztere arbeiten zudem eher präventiv, sodass die Soziokulturelle Animation im Vergleich mit den Berufstätigen der Sozialarbeit und der Sozialpädagogik als weniger defizitär ausgerichtet gilt.

Die Soziokulturellen Animatorinnen und Animatoren sowie die Sozialarbeitenden setzen sich im Rahmen ihrer Tätigkeit auch mit der politisch-rechtlichen Strukturierung ihres Arbeitsumfelds auseinander. Die Sozialarbeitenden tun dies, weil diese Strukturierung ihre Arbeit stark beeinflusst und sie deshalb darüber Bescheid wissen müssen. Die Animatorinnen und Animatoren hingegen versuchen zusätzlich auch auf diese einzuwirken. Sie leiten ferner Alltagsdemokratisierungsprozesse an und machen Betroffene zu Beteiligten, wobei darauf hingewiesen wird, dass Empowerment keine Besonderheit der Soziokulturellen Animation darstellt. Auch die Sozialarbeitenden und die Sozialpädagoginnen und -pädagogen ermächtigen ihre Klientel, jedoch in einem viel engeren und strukturierteren Rahmen, als dies die Soziokulturellen Animatorinnen und Animatoren tun.

Ein Unterscheidungskriterium stellt auch die *primäre Zielgruppe* dar. Die Soziokulturelle Animation richtet den Fokus auf das Gemeinwesen, die Sozialarbeit richtet sich vor allem an Erwachsene und die Sozialpädagogik arbeitet vorwiegend mit Kindern und Jugendlichen sowie Menschen mit Behinderungen.

Die Sozialarbeit, die Sozialpädagogik und die Soziokulturelle Animation unterscheiden sich neben der Tätigkeit auch in Bezug auf die *Beziehung zur Klientel*. Da, wie oben bereits erwähnt, die Sozialarbeit ihre Klientel berät, die Sozialpädagogik ihre begleitet und die Soziokulturelle Animation auf das Gemeinwesen fokussiert ist, fällt auch die Beziehung zwischen den Professionellen und der Klientel wie auch die Beziehungspflege in den drei Berufsfeldern unterschiedlich aus. Die Beziehung zur Klientel ist bei der Sozialarbeit durch mehr Distanz geprägt als in der Sozialpädagogik, die sehr intensive Beziehungsarbeit kennt. In der Soziokulturellen Animation dient die Beziehung zur Adressatenschaft unter anderem dazu, die Unverbindlichkeit einzugrenzen und mittels Beziehungen Niederschwelligkeit zu erreichen.

Zudem zeigen sich Unterschiede bezüglich der *Intensität der Massnahmen,* die in den drei Berufsfeldern getroffen werden. Die Sozialpädagogik kommt meist dann zum Zug, wenn die ambulanten Massnahmen der Sozialarbeit nicht Erfolg gehabt haben. Sie greift somit am intensivsten in das Leben ihrer Klientel ein. Die Soziokulturelle Animation hingegen zeichnet sich durch die Freiwilligkeit ihrer Angebote aus.

Und auch die idealtypischen *Settings* in den drei Berufsfeldern unterscheiden sich. In der Sozialarbeit herrscht das ambulante Setting vor. Sozialarbeitende kommen deshalb meist nur punktuell mit ihrer Klientel in Kontakt, meist dann, wenn diese bei ihnen einen Termin wahrnimmt. Ihr Fokus liegt zudem auf der Einzelfallarbeit. Sie sind zwar Teil eines Teams, arbeiten im Alltag jedoch häufig allein und haben somit die alleinige Verantwortung für die ihnen übertragenen Fälle. Ihr Gestaltungsspielraum ist häufig relativ klein, da ihre Tätigkeiten tendenziell am stärksten rechtlich geregelt sind.

Das teilstationäre und stationäre Setting wird der Sozialpädagogik zugeordnet. Sozialpädagoginnen und -pädagogen leben und wohnen somit häufig mit ihrer Klientel, sodass sie im Gegensatz zu den Sozialarbeitenden mehr Zeit mit ihnen verbringen, was Auswirkungen auf die Arbeit hat: *«Ich kann den Tag anders nutzen natürlich. Ich muss nicht nur interventionistisch mit diesem arbeiten, also quasi alles planen. Es ergibt sich auch vieles im Alltag, wo ich situativ einwirke oder das nutzen kann, was gerade passiert.»* Im Gegensatz zu den Sozialarbeitenden können Sozialpädagoginnen und -pädagogen somit auch Routineelemente oder emotionale Komponenten in ihre Arbeit einbeziehen. Sie kennen zudem sowohl die Einzelfall- wie auch die Gruppenarbeit und arbeiten in der Regel im Team.

Und Soziokulturelle Animatorinnen und Animatoren arbeiten meist in einem Setting, das als Kollektivsetting bezeichnet wird. Sie arbeiten mit grösseren Gruppen, die freiwillig an ihren Angeboten teilnehmen. Sie haben den grössten Handlungsspielraum, weil im Vergleich mit der Sozialarbeit und der Sozialpädagogik häufig weniger Strukturen vorhanden sind. Auch ist bei der Soziokulturellen Animation weniger vorgegeben, welche Normen gelten und durchgesetzt werden müssen.

Ein weiterer Unterschied zwischen der Sozialarbeit, der Sozialpädagogik und der Soziokulturellen Animation ist, dass sie unterschiedliche *Finanzierungsarten und Auftraggeber* kennen. Ein weiterer, auf das Materielle abzielender Unterschied ist, dass die Sozialarbeitenden in der Regel einen höheren Lohn erhalten als die Sozialpädagoginnen und -pädagogen.

Die Berufstätigen der drei Berufsprofile unterscheiden sich aber auch in Bezug auf die *Haltung*, die sie vertreten. Die Sozialpädagoginnen und -pädagogen haben ein pädagogisches Verständnis ihrer Arbeit, der Lernprozess steht im Vordergrund. Die Sozialarbeitenden hingegen haben ein beraterisches Verständnis. Die Sozialarbeit und die Sozialpädagogik orientieren sich zudem eher am Resultat ihrer Arbeit, die Soziokulturelle Animation hingegen weist eine Prozessorientierung auf. Zudem kennt die Soziokulturelle Animation eine Bedarfsorientierung, die Sozialarbeit orientiert sich an der Wiederanschlussfähigkeit ihrer Klientel und die Sozialpädagogik an der Befähigung im entwicklungspsychologischen Sinne. Während die Sozialpädagogik Parteilichkeit kennt, weist die Soziokulturelle Animation eine wechselnde Parteilichkeit auf.

Mit der Differenzierung der Sozialen Arbeit in Sozialarbeit, Sozialpädagogik und Soziokulturelle Animation hängen auch bestimmte *Arbeitsfelder* zusammen. Für die Sozialarbeit werden etwa das Sozialamt und die Vormundschaftsbehörde genannt, für die Sozialpädagogik die Jugendheime und die Behindertenhilfe und für die Soziokulturelle Animation die Gemeinwesenarbeit, das Quartierbüro und die Jugendarbeit. Jedoch wird betont, dass es auch viele Arbeitsfelder gibt, die sich nicht einem der drei Berufsfelder zuordnen lassen, da sie ein Mischverhältnis aufweisen.

Die Berufstätigen der drei Berufsprofile unterscheiden sich des Weiteren bezüglich ihrer *Person* und ihres Habitus, dies bereits zu Beginn des Studiums. Eine interviewte Person sagt hierzu: *«Ich kann jeweils am Anfang schon sagen, wer wird Sozialarbeiter und wer wird Sozialpädagoge.»* Die Soziokulturellen Animatorinnen und Animatoren zeichnet eine grössere Affinität zum Politischen aus als die Berufstätigen der beiden anderen Berufsprofile. Sie können zudem gut mit Unsicherheiten umgehen und müssen flexibel sein. Den Sozialpädagoginnen und -pädagogen ist die intensive Beziehung zur Klientel sehr wichtig. Die Sozialarbeitenden hingegen schätzen die Distanz zur Klientel, die ihre Arbeit mit sich bringt, und bevorzugen ein Setting, das relativ stark vordefiniert ist. Diese Haltungen, Fähigkeiten und Neigungen, welche die Wahl der Studien- oder Vertiefungsrichtung beeinflussen, werden dann durch das Studium häufig noch verstärkt.

Auch in Bezug auf die *Kompetenzen*, über welche die Berufstätigen der drei Berufsprofile idealtypisch verfügen, gibt es Unterschiede. Dies trifft vor allem auf die Methodenkompetenzen zu. Aber auch in Bezug auf die Sozial- und Selbstkompetenzen gibt es Unterschiede. So hat etwa die Abgrenzung für die Sozialpädagoginnen und Sozialpädagogen aufgrund der Nähe zu ihrer Klientel einen höheren Stellenwert, als sie es für die Berufstätigen der beiden anderen Berufsprofile hat. Und die Soziokulturellen Animatorinnen und Animatoren müssen, da sich die Animation durch eine stark orale Kultur auszeichnet, über besonders gute Auftrittskompetenzen verfügen. Auch in Bezug auf Fachkompetenzen gibt es Unterschiede. So ziehen die Berufstätigen aller drei Berufsprofile zwar einen grossen Teil des Fachwissens aus den gleichen Bezugswissenschaften (siehe das Unterkapitel über Gemeinsamkeiten), jedoch gibt es auch Bezüge, die für die Sozialarbeit, die Sozialpädagogik und die Soziokulturelle Animation eigen sind. So zieht Letztere etwa auch Wissen aus der Raumplanung, Urbanistik und Architektur heran.

Es zeigt sich in den Interviews somit, dass jene Interviewten, die Unterschiede nennen, diese an der Tätigkeit, der Beziehungsgestaltung, am Setting, an der Haltung und der Persönlichkeit der Berufstätigen sowie an deren Kompetenzen festmachen. Hierbei gibt es, wie auch im Unterkapitel zur Bedeutung und in jenem zu den Gemeinsamkeiten, keine auffälligen Unterschiede zwischen jenen Interviewten, die an einer differenzierenden Fachhochschule tätig sind, und jenen, die an einer generalistisch ausgerichteten Fachhochschule dozieren. In der untenstehenden Übersicht sind die Unterschiede zwischen der Sozialabeit, der Sozialpädagogik und der Soziokulturellen Animation, wie sie die Interviewten aus dem Bereich der Bildung sehen, zusammengestellt.

Abb. 20: Unterschiede zwischen Sozialarbeit, Sozialpädagogik und Soziokultureller Animation gemäss den Befragten aus der Bildung

	Sozialarbeit	Sozialpädagogik	Soziokulturelle Animation
Tätigkeit	· Beratung · Armutsbekämpfung	· Begleitung	· Gestaltung des Gemeinwesens · präventiv tätig · Leiten von Alltags-demokratisierungs-prozessen · Einwirken auf politisch-rechtliche Ausgestaltung
Primäre Zielgruppe	· Fokus auf Erwachsene	· Kinder · Jugendliche · behinderte Menschen	· Fokus auf das Gemeinwesen
Beziehung zur Klientel / Beziehungs-pflege	· hat aufgrund punktuellen Kon-takts zur Klientel die distanziertere Beziehung zur Klientel	· hat aufgrund dessen, dass Menschen begleitet werden, intensive Beziehung zur Klientel	· Beziehung zur Klientel dient auch dazu, Unverbindlich-keit einzugrenzen und Niederschwellig-keit zu erreichen
Intensität der Massnahmen	· führt im Vergleich zur Sozialpädagogik weniger intensive Massnahmen aus · Massnahmen der Sozialarbeit sind zum Teil jenen der Sozialpädagogik zeitlich vorgelagert	· führt die intensiv-sten Massnahmen aus · greift am stärksten in das Leben der Menschen ein	· zeichnet sich durch Freiwilligkeit aus
Setting	· ambulant · Einzelfallarbeit · tendenziell kleiner Handlungsspielraum · alleinige Verant-wortung für übertragene Fälle	· (teil)stationär · Einzelfall- und Gruppenarbeit · Teamarbeit	· Kollektivsetting · Gruppenarbeit · grösster Handlungs-spielraum · geltende und durch-zusetzende Normen weniger vorgegeben
Finanzielles	· Finanzierungsarten und Auftraggeber unterscheiden sich	· Finanzierungsarten und Auftraggeber unterscheiden sich · am schlechtesten entlohnt	· Finanzierungsarten und Auftraggeber unterscheiden sich

95

	Sozialarbeit	Sozialpädagogik	Soziokulturelle Animation
Haltung	· Beraterisches Verständnis · Orientierung am Produkt · Bedürfnis-orientierung	· Pädagogisches Verständnis · Orientierung am Produkt · Orientierung an der Wiederanschluss-fähigkeit ihrer Klientel · Eindeutige Parteilichkeit	· Prozessorientierung · Bedarfsorientierung · Unterschiedliche Parteilichkeit
Arbeitsfelder	· Sozialamt · Vormundschafts-behörde	· Jugendheim · Behindertenhilfe	· Gemeinwesenarbeit · Quartierbüro · Jugendarbeit
Persönlichkeit	· Distanz zur Klientel wird geschätzt	· Intensive Beziehung zur Klientel ist wichtig	· Affinität zum Politischen · Guter Umgang mit Unsicherheiten · Flexibilität
Kompetenzen		· Muss sich stärker abgrenzen können	· Auftrittskompetenzen sind zentral

Insgesamt fallen die Ausführungen zu den Unterschieden länger aus als zu den Gemeinsamkeiten, wobei diesbezüglich die gleichen Anmerkungen anzufügen sind wie beim Fazit zu den Resultaten bezüglich Unterschieden und Gemeinsamkeiten im vorigen Kapitel, in welchem die Forschungsergebnisse aus der Sozialen Arbeit dargelegt werden (siehe das Unterkapitel über die Unterschiede im Kapitel «Forschungsergebnisse aus der Sozialen Arbeit»).

Zu den Gemeinsamkeiten und Unterschieden meinen die einen, dass es umso mehr Gemeinsamkeiten gibt, je abstrakter die Betrachtung wird, während die anderen betonen, dass die Unterschiede sich umso mehr auflösen, je genauer man hinschaut. Zudem fügt eine Person hinzu, dass es wohl genauso viele Unterschiede innerhalb der Sozialarbeit, der Sozialpädagogik und der Soziokulturellen Animation wie zwischen ihnen gibt.

Jene Person, die keine Unterschiede nennt, führt aus, dass eine Differenzierung der Sozialen Arbeit in Sozialarbeit, Soziokulturelle Animation und Sozialpädagogik für sie keinen Sinn ergibt und künstlich ist. Dies, weil erstens eine solche Differenzierung aus der Theorie nicht herzuleiten ist, zweitens sie selber in der Praxis erfahren hat, dass es in allen Arbeitsfeldern Überschneidungen zwischen den drei gibt und drittens aus der Perspektive der Ganzheitlichkeit der Klientinnen und Klienten eine solche Differenzierung ihrer Meinung nach problematisch ist, da viele verschiedene Einrichtungen dann jeweils für Teilbereiche verantwortlich sind und die Gesamtperspektive dabei verloren geht.

4.4 Zuständigkeiten

Sowohl unter den Interviewten, die an einer generalistisch ausgerichteten Fachhochschule tätig sind, als auch unter jenen, die an einer differenzierenden Fachhochschule dozieren, finden sich mehrere, die der Meinung sind, dass die Sozialarbeit, die Sozialpädagogik und die Soziokulturelle Animation nicht anhand von unterschiedlichen Zuständigkeiten unterschieden werden können. Diese Aussage wird unterschiedlich begründet: So wird angeführt, dass sich in der Praxis zwar eine Arbeitsteilung zwischen den drei etabliert hat, dass diese aber historisch gewachsen und nicht analytisch begründbar ist. Als Indiz für diese These wird erwähnt, dass die Arbeitsteilung in der französischen Schweiz anders aussieht als in der Deutschschweiz. Ferner wird auf die Ganzheitlichkeit des Menschen verwiesen. Aus der Sicht der Klientel ist es nicht sinnvoll, wenn unterschiedliche Professionelle für unterschiedliche Teilbereiche zuständig sind. Dies wird als dysfunktional betrachtet. Und es wird argumentiert, dass sich die Zuständigkeit am Ziel der Sozialen Arbeit bemisst, der Verhinderung, Linderung und Lösung von sozialen Problemen, womit die Zuständigkeit für alle dieselbe ist. Es wird geäussert, dass dies auch so sein muss, wenn man von einer Sozialen Arbeit als Profession mit den drei Spezialisierungen Sozialarbeit, Soziokulturelle Animation und Sozialpädagogik ausgeht.

Nur wenige der interviewten Personen aus der Bildung führen unterschiedliche Zuständigkeitsbereiche der Sozialarbeit, der Sozialpädagogik und der Soziokulturellen Animation an: Einerseits wird erwähnt, dass die Sozialarbeit für die ambulanten und die Sozialpädagogik für die stationären Angebote zuständig ist. Andererseits wird gesagt, dass die Sozialarbeit ihre Zuständigkeit in der Armutsbekämpfung und der Fürsorge, die Sozialpädagogik in der Erziehung zu einem würdevollen Leben und die Soziokulturelle Animation in der Gestaltung sozialer Verhältnisse und in der Sicherung der Teilhabe hat. Jene interviewten Personen, die diese verschiedenen Zuständigkeiten nennen, relativieren ihre Aussagen dann aber immer auch wieder, indem sie anführen, dass die von ihnen vorgenommene Differenzierung der Zuständigkeiten nie schlüssig aufgeht und dass es immer eine gewisse Unschärfe gibt.

4.5 Arbeitsfelder

Es wird eingeräumt, dass es in der Schweiz Arbeitsfelder gibt, die traditionellerweise einem der drei Berufsfelder zugeordnet werden können, etwa die Behindertenhilfe der Sozialpädagogik und die Sozialdienste der Sozialarbeit. Jedoch wird betont, dass eine solche Zuordnung immer schwieriger wird, weil die Arbeitsfelder zunehmend Mischverhältnisse aufweisen, und dass sie nicht zwingend sei. Ein interviewte Person führt hierzu an: *«Es gibt meiner Meinung nach ganz wenige Handlungsfelder, wo sich dies praktisch begründen lässt, warum man so jemanden braucht oder jemanden anders.»*

Es wird ferner die These vertreten, dass in allen Arbeitsfeldern bereits Mischverhältnisse vorherrschen, dass dies den Berufstätigen jedoch häufig nicht bewusst ist. Und eine Person meint, dass nicht die Frage, ob ein Arbeitsfeld der Sozialarbeit, der Sozialpädagogik oder der Soziokulturellen Animation zugeordnet werden kann, die relevante ist, sondern jene, was in den Arbeitsfeldern geleistet wird: Handelt es sich um Erziehung? Um Bildung? Werden Entwicklungsprozesse in Gang gesetzt?

4.6 Kompetenzen

a) Methodenkompetenzen

Bezüglich der Methodenkompetenzen werden einige Gemeinsamkeiten genannt. Die Berufstätigen aller drei Berufsprofile müssen ein reflexives Methodenverständnis haben. Auch die Analysemethoden, also die Methoden zur Beobachtung, Wahrnehmung und Interpretation, sind für die Berufstätigen aller drei Berufsprofile gleich. Zudem werden heute von allen Berufstätigen der Sozialen Arbeit Projektmanagementkenntnisse verlangt. Ausserdem führt eine Person an, dass eine fallrekonstruktive Methodenausbildung die gemeinsame Basis darstellt.

In der Praxis, da sind sich alle einig, gibt es jedoch je nach Berufsfeld Interventionsmethoden, die häufiger angewendet werden als andere. Für die Sozialarbeit werden etwa die Beratung, die Gesprächsführung, das Case Management, die Schuldensanierung, die Budgetberatung, die Mediation, die Gesprächsmoderation, die Triage, die Verhandlungstechniken, die Grossgruppenmoderation im Sinne von Gemeinwesenarbeit und die Methoden der Ressourcenerschliessung genannt. Auf die Frage nach den Methoden der Sozialpädagogik werden erzieherische und pädagogische Methoden, Methoden zur Beziehungsgestaltung und erlebnispädagogische Methoden aufgezählt. Und Lobbyarbeit, Öffentlichkeitsarbeit, Methoden partizipativer Prozessgestaltung, Methoden zum Leiten und Begleiten von Gruppen und Projektmethodik werden als Methoden Soziokultureller Animation angeführt.

Jedoch wird betont, dass keine der Methoden exklusiv nur in einem der drei Berufsfelder angewandt wird und dass diese Zuteilung zu den drei Berufsfeldern keineswegs trennscharf ist. Zudem wird darauf hingewiesen, dass häufig vergessen geht, dass viele Methoden, die in der Sozialen Arbeit angewandt werden, nicht von ihr entwickelt, sondern von anderen Disziplinen übernommen wurden. Einige der interviewten Personen stellen in Frage, ob es tatsächlich die Berufsfelder sind, welche die Methodenauswahl strukturieren, oder ob es nicht eher die Settings oder die Arbeitsfelder sind. Für die Methodenausbildung würde dies bedeuten, dass vermehrt die Settings oder die Arbeitsfelder in den Vorder- und die drei Berufsfelder in den Hintergrund rücken würden.

b) Fachkompetenzen

Grundsätzlich herrscht bei allen Interviewten der Bildung die Meinung vor, dass es bezüglich Fachwissen viele gemeinsame Grundlagen gibt. Es werden etwa Hintergrundwissen zu Politik, zu Ungleichheit und zu Gerechtigkeit genannt. Auch ethische Aspekte, also professionsethische Fragen und Wissen über ethische Begründungszusammenhänge, werden erwähnt. Und Pädagogik und Bildung sind in den Arbeitsfeldern aller drei Berufsfelder wichtig.

Jedoch wird angeführt, dass die kurze Studiendauer es nicht möglich macht, den Studierenden alle Inhalte mitzugeben, und deshalb eine Auswahl getroffen werden muss. Umso wichtiger ist es deswegen, dass alle Studierenden in ihrer Ausbildung lernen, wie man sich Wissen aneignet, damit sie das Wissen, das sie später für ihre Tätigkeit brauchen und nicht bereits in der Ausbildung vermittelt bekommen haben, selber erwerben können.

Auch wenn es in Bezug auf die Fachkompetenzen viele Gemeinsamkeiten gibt, werden auch fachliche Schwerpunkte genannt, die für die Arbeit im entsprechenden Berufsfeld von besonderer Wichtigkeit sind. Für die Sozialarbeit ist dies ein profundes politisches und rechtliches Wissen und Wissen über Kindes- und Erwachsenenschutz. Für die Sozialpädagoginnen und -pädagogen werden das Wissen über Sozialisation und über das Thema der Behinderung sowie Wissen aus der Psychologie, insbesondere Entwicklungspsychologie, genannt. Und bei der Soziokulturellen Animation werden die Themen Kulturbildung, Migration, Jugendgewalt, Gemeinwesenarbeit und Netzwerkarbeit angeführt. Es wird jedoch auch darauf hingewiesen, dass es keine einfache Aufgabe sei, festzulegen, welche fachlichen Vertiefungen für welches Berufsprofil in der Ausbildung angeboten werden sollen, da fast immer Beispiele angeführt werden können, die aufzeigen, dass ein Schwerpunkt, der für ein gewisses Berufsprofil gesetzt wird, auch für Berufstätige der anderen beiden Berufsprofile wichtig wäre.

Deshalb wird auch bezüglich der Fachkompetenzen die Frage aufgeworfen, ob denn die drei Berufsfelder die richtige Kategorie darstellen, um das Fachwissen zu bündeln, oder ob das nötige Wissen, über das Absolvierende der Sozialen Arbeit verfügen müssen, nicht eher vom Arbeitsfeld abhängt. So braucht es, wenn man mit älteren Menschen arbeitet, Wissen über das Alter, egal, ob in einem sozialpädagogischen oder sozialarbeiterischen Umfeld gearbeitet wird. Eine interviewte Person führt zudem an, dass diese Tatsache für eine Fachsozialarbeit spreche. Unter diesem Begriff versteht Wendt Folgendes: «So sind zum Beispiel auch Fachsozialarbeiten – wie die klinische Sozialarbeit – professionelle Spezialisierungen in der Sozialen Arbeit, die auf theoretischen Beschreibungen, auf Wissen aus dem Feld der Sozial- und Sozialarbeitswissenschaften beruhen. Hier bündeln sich Erfahrungen, Methoden und Handlungskompetenzen in einem Aufgabengebiet, allerdings nicht auf ein exklusives Arbeitsfeld bezogen» (2003, 125).

c) Sozial- und Selbstkompetenzen

Auch in Bezug auf die Selbst- und Sozialkompetenzen gibt es gemäss den interviewten Personen grosse Gemeinsamkeiten. So müssen die Berufstätigen aller drei Berufsprofile sich zum Beispiel durch Reflexionsfähigkeit, kommunikative Fähigkeiten, Selbstkritikfähigkeit, Wertschätzung der Klientel gegenüber sowie durch den gekonnten Umgang mit Nähe und Distanz auszeichnen.

Jedoch wird auch bezüglich der Selbst- und Sozialkompetenzen angeführt, dass nicht alle Kompetenzen in den drei Berufsfeldern gleich wichtig sind. So sind Berufstätige der Sozialpädagogik persönlich in der Regel mehr gefordert, da sie intensiver mit ihrer Klientel zusammenarbeiten und vielen Projektionsprozessen ausgesetzt sind. *«Man ist mit Haut und Haaren dabei»*. Die Sozialarbeitenden hingegen sind bezüglich des Umgangs mit unfreiwilliger Klientel besonders herausgefordert. Und die Soziokulturellen Animatorinnen und Animatoren müssen auf ihre verschiedenen Zielgruppen eingehen und die Sprache dementsprechend anpassen können. Sie müssen zudem mit wenig vorgegebenen Strukturen umgehen können. Da ihre Angebote meist freiwilliger Natur sind, müssen sie ferner gut auf Menschen zugehen und sie begeistern können. Des Weiteren ist die Auftrittskompetenz von grosser Relevanz.

Aber auch in Bezug auf die Sozial- und Selbstkompetenzen wird die Frage aufgeworfen, ob gewisse Kompetenzen nicht auch arbeitsfeldspezifisch seien. Das heisst, dass auch diesbezüglich nicht entscheidend ist, in welchem Berufsfeld man tätig ist, sondern z.B. mit welcher Klientel man arbeitet. So ist ein guter Umgang mit Jugendlichen in allen Bereichen gefragt, in denen man mit dieser Zielgruppe zu tun hat, egal, ob dies in einem typisch sozialarbeiterischen oder sozialpädagogischen Bereich ist.

Eine interviewte Person stellt sich zudem auf den Standpunkt, dass diese Art von Kompetenzen wenig sinnvoll ist. Dies deshalb, weil es sich dabei entweder um *«Allerweltskompetenzen»* handelt, über die viele Berufstätige – egal, welcher Profession – heutzutage zu verfügen haben, wie etwa Kommunikationsfähigkeit, oder um Methodenkompetenzen, die dann aber sinnvollerweise auch unter dieser Kategorie von Kompetenzen angeführt werden sollen.

Als Fazit kann festgehalten werden, dass erstens viele der Befragten aus der Bildung unabhängig davon, ob sie in einem differenzierten oder generalistischen Studiengang unterrichten, bezüglich Kompetenzen grosse Gemeinsamkeiten zwischen der Sozialarbeit, der Sozialpädagogik und der Soziokulturellen Animation sehen. Auf die Ausbildung bezogen bedeutet dies, dass die Studierenden eine grosse Basis an gleichen Grundkompetenzen erwerben müssen. Jedoch ist die Studiendauer beschränkt, sodass fürs Curriculum eine Auswahl getroffen werden muss. Zweitens zeigen sich bezüglich der Kompetenzen auch Unterschiede. Jedoch ist es schwierig, die Kompetenzen eindeutig den drei Berufsfeldern zuzuordnen, weshalb drittens des Öfteren die Frage aufkommt, ob die Berufsfelder tatsächlich das adäquateste strukturierende Element für die Ausbildung darstellen oder nicht Settings, Arbeitsfelder oder eine Differenzierung in Fachsozialarbeiten passender wären.

Abb. 21: Unterschiede bei den Kompetenzen der Sozialarbeit, der Sozialpädagogik und der Soziokulturellen Animation gemäss den Befragten aus der Bildung

	Sozialarbeit	Sozialpädagogik	Soziokulturelle Animation
Methoden-kompetenzen	· Beratung · Gesprächsführung · Schuldensanierung und Budgetberatung · Gesprächs-moderation · Triage · Verhandlungs-techniken · Grossgruppen-moderation im Sinne von Gemein-wesenarbeit · Methoden der Ressourcen-erschliessung	· Erzieherische Methoden · Pädagogische Methoden · Methoden zur Beziehungs-gestaltung · Erlebnispäd-agogische Methoden	· Lobbyarbeit · Öffentlichkeitsarbeit · Methoden partizi-pativer Prozess-gestaltung · Methoden zum Leiten und Begleiten von Gruppen · Projektmethodik
Fach-kompetenzen	· Politik · Recht · Kindes- und Erwachsenenschutz	· Sozialisation · Psychologie, insbesondere Entwicklungs-psychologie · Behinderung	· Kulturbildung · Migration · Jugendgewalt · Gemeinwesenarbeit · Netzwerkarbeit
Sozial- und Selbst-kompetenzen	· Umgang mit unfreiwilliger Klientel	· Abgrenzung ist sehr wichtig · Sprache und Setting an die verschiede-nen Zielgruppen anpassen zu können · Auftritts-kompetenzen	· Kompetenz, mit verschiedenen Zielgruppen arbeiten zu können · Kompetenz, mit wenig Strukturen umgehen zu können · Leute begeistern zu können

4.7 Ausbildung

Nach den *Gründen für die generalistische Ausrichtung des Fachhochschulstudiums* gefragt, werden von den Interviewten vier genannt. *Erstens* wird angeführt, dass eine generalistisch ausgerichtete Ausbildung für die Profession wichtig ist. Es ist entscheidend, dass sich die Identität auf dem Gemeinsamen aufbaut, d.h. dass sich die Identität der Berufstätigen der Sozialen Arbeit nicht in Bezug auf Sozialarbeit, Soziokulturelle Animation und Sozialpädagogik formiert, sondern in Bezug auf Soziale Arbeit als eine Profession. *Zweitens* wird darauf verwiesen, dass es in der Praxis Sozialer Arbeit so viele Überlappungen zwischen den dreien gibt, dass es sinnvoller ist, das Gemeinsame anstatt die Unterschiede zu betonen. Dies insbesondere auch deshalb, weil diese Überschneidungen immer mehr zunehmen werden. *Drittens* wird gesagt, dass die Konferenz der Fachhochschulen der Schweiz (KFH) empfohlen hat, dass in Fachhochschulen generalistische Ausbildungen angeboten werden. Und *viertens* werden historische Gründe genannt, etwa dass die Vorgängerschule bereits eine generalistische Ausbildung angeboten hat.

Die *Gründe für ein differenziertes Fachhochschulstudium* lassen sich in drei Gruppen zusammenfassen. *Erstens* wird angeführt, dass sich auf dem Arbeitsmarkt nach wie vor eine berufliche Differenzierung in Sozialarbeit, Soziokulturelle Animation und Sozialpädagogik zeigt und der Arbeitsmarkt deshalb nicht nach Generalistinnen und Generalisten ruft. Als *zweiter* Grund wird die Studiendauer genannt. Es wird darauf hingewiesen, dass diese zu kurz ist, um ein umfassendes Curriculum anzubieten, sodass es sinnvoller scheint, sich zu beschränken. Und *drittens* werden auch hier historische Gründe angeführt, etwa, dass bei der Gründung der Fachhochschule mehrere Vorgängerschulen fusioniert haben, sodass verschiedene Studienrichtungen sich aufgedrängt haben.

Abb. 22: Gründe für die Ausgestaltung des Studiums gemäss den Befragten aus der Bildung

Gründe für ein generalistisches Studium	Gründe für ein differenziertes Studium
· Identität der Berufstätigen soll sich in Bezug auf die Soziale Arbeit und nicht in Bezug auf die Berufsprofile entwickeln · In der Praxis gibt es viele Überlappungen, was die Betonung des Gemeinsamen nahelegt · Die Konferenz der Fachhochschulen Schweiz hat sich für eine generalistische Ausbildung ausgesprochen · Historische Gründe	· Arbeitsmarkt ist auf die drei Berufsfelder ausgerichtet · Studiendauer ist zu kurz für ein generalistisches Studium · Historische Gründe

Viele der interviewten Personen, unabhängig davon, ob sie in einer Fachhochschule dozieren, die ein generalistisches oder differenziertes Studium anbieten, halten die Studiendauer für zu kurz. Als eine mögliche Lösung wird die Idee vorgebracht, den Masterabschluss als Normalfall zu etablieren. Dann würde im Bachelorstudium das Allgemeine unterrichtet und die Spezialisierung dann im

Masterstudium stattfinden. Es wird jedoch auch in diesem Fall die Frage aufgeworfen, ob die Spezialisierung sich auf die drei Berufsfelder oder auf Fachsozialarbeiten, Settings oder Arbeitsfelder beziehen soll.

4.8 Karrieremöglichkeiten

Das Feld der Sozialen Arbeit zeichnet sich gemäss einer der interviewten Personen dadurch aus, dass es keine strukturierten Karrieremodelle gibt. Sie führt an, dass dies mitunter ein Grund sein könnte, weshalb die Berufstätigen der Sozialen Arbeit viele Weiterbildungen absolvieren. Sie weist zudem darauf hin, dass in den Organisationen jedoch meist keine systematische Weiterbildung im Sinne von Personalentwicklung stattfindet.

Grundsätzlich sind sich die interviewten Personen einig, dass die Aufstiegsmöglichkeiten für die Berufstätigen aller Berufsprofile gegeben sind. Jedoch erhalten die Sozialpädagoginnen und -pädagogen meist schneller die Möglichkeit, eine Leitungsfunktion zu übernehmen, da eine Nachfrage nach Gruppenleiterinnen und -leitern vorhanden ist. In Bezug auf die Besetzung von Leitungsfunktionen wird zudem kritisch angemerkt, dass häufig Professionsexterne berücksichtigt werden. Die Durchlässigkeit zwischen den Berufsfeldern ist gemäss den interviewten Personen mehrheitlich gegeben. Einige weisen darauf hin, dass dies auch eine Hoffnung ist, die an generalistische Ausbildungen geknüpft wird. Jedoch wird mehrmals angeführt, dass ein Wechsel von der Sozialarbeit in die Sozialpädagogik einfacher ist als umgekehrt.

Und in Bezug auf die Chancen auf dem Arbeitsmarkt wird einerseits vermutet, dass die Absolvierenden eines generalistischen Studiums mehr Möglichkeiten haben und deshalb im Vorteil sind. Andererseits wird angeführt, dass ein klares Profil, das ein differenziertes Studium mit sich bringt, zumindest für den Einstieg in die Arbeitswelt sehr nützlich sein kann.

4.9 Trends, Wünsche und zukünftige Probleme

a) Trends

Ein Trend, der von einigen interviewten Personen wahrgenommen wird, ist, dass sich die Sozialarbeit, die Sozialpädagogik und die Soziokulturelle Animation zunehmend annähern. Je eine Person führt zudem an, dass die Soziale Arbeit expandieren wird, und zwar in Bezug auf Arbeitsplätze wie Arbeitsfelder, und dass es zu einer weiteren Ausdifferenzierung der Angebote kommt, wie dies in Deutschland heute schon der Fall ist. Diese Ausdifferenzierung führt gemäss der interviewten Person jedoch nicht zu einer verstärkten Ausdifferenzierung in Sozialarbeit, Sozialpädagogik und Soziokulturelle Animation, sondern zu noch mehr Überschneidungen. Dies wird damit begründet, dass es dann noch mehr Angebote und Settings gibt, die sich in Bezug auf Klientengruppen, Aufgaben usw. überlappen. Und eine weitere Prognose in Bezug auf die Entwicklung der Sozialen Arbeit lautet, dass sich, wie in Deutschland, auch in der Schweiz die Fachsozialarbeit durchsetzen wird.

Eine interviewte Person führt zudem an, dass die Profession der Sozialen Arbeit Fortschritte machen wird. Förderlich für diese Entwicklung ist etwa das Masterstudium. Es wird ferner vorausgesagt, dass langfristig auch die Fachhochschulen ein Promotionsrecht erhalten werden und ihnen dann auch bei der Nachwuchsrekrutierung neue Möglichkeiten offenstehen. Längerfristig soll dann das Personal an Fachhochschulen der Sozialen Arbeit nicht, wie zurzeit der Fall, vorwiegend aus Personen aus Bezugsdisziplinen zusammengesetzt sein, sondern aus Personen der eigenen Disziplin, was für die Professionsentwicklung als vorteilhaft eingeschätzt wird.

Bezüglich der Zukunft der Soziokulturellen Animation ist man sich uneins. Während eine der interviewten Personen der Animation eine schwierige Zukunft voraussagt, sieht eine andere Person die Soziokulturelle Animation im Aufwind, weil der Subsidiärgedanke und der zivilgesellschaftliche Gedanke in Zeiten, in denen das Geld knapp ist, stärker werden und die Soziokulturelle Animation in diesen Bereichen federführend ist.

b) Wünsche

Es wird gewünscht, dass sich die Sozialpädagogik ausdehnt, indem sie vermehrt nicht nur ihre klassischen Angebote im stationären Bereich anbietet. Für die Sozialarbeit wird der Wunsch vorgetragen, dass sie das dritte Mandat stärker betont, sich auch selber Aufträge gibt und somit weniger stark durch andere Kräfte, etwa die Sozialpolitik, bestimmt wird. Und für die Soziale Arbeit als Profession wird gewünscht, dass die professionspolitischen Interessen stärker wahrgenommen werden und die Prävention einen höheren Stellenwert erhält.

Zudem wird für die Berufstätigen eine noch grössere Durchlässigkeit zwischen den drei Berufsfeldern gewünscht. Und es wird die Hoffnung vorgebracht, dass ohne das Verwischen der eigenen Schwerpunkte mehr zusammengearbeitet wird und die gegenseitigen Ressourcen genutzt werden.

Ferner wird darauf verwiesen, dass die Berufstätigen der drei Berufsprofile die Sicht- und Handlungsweisen voneinander besser kennen sollten. Dies deshalb, weil für die Zusammenarbeit zwischen Berufstätigen verschiedener Berufsprofile, die gemäss einigen Interviewten noch zunehmen wird, diese Unkenntnis zu einer Einbusse der Qualität führt.

c) Probleme

Ein Problem, das öfters genannt wird, ist die Unterschichtung. Es stellt sich die Frage, ob dadurch, dass in der Sozialen Arbeit eine Vereinheitlichung im Bachelorstudium stattfindet, die Höheren Fachschulen in die Lücke springen und Berufsspezialisierungen anbieten werden. Es stellt sich hier die Frage, ob ganze Arbeitsfelder für die Absolvierenden der Fachhochschulen zukünftig wegfallen, weil sie vermehrt von Abgängerinnen und Abgängern der Höheren Fachschulen bedient werden. Aufgrund dieser Problematik plädieren mehrere Interviewte dafür, weniger die drei Berufsprofile zu betonen und voneinander abzugrenzen, sondern mehr die Profession der Sozialen Arbeit in den Vordergrund zu stellen. Denn gemeinsam ist man stärker.

Eine Person bemerkt ferner, dass es problematisch ist, dass sich die Soziale Arbeit zunehmend diversifiziert, ohne dass Klarheit darüber herrscht, was denn der Kern der Sozialen Arbeit ist. Weitere Probleme, die auf die Soziale Arbeit zukommen oder bereits aktuell sind und auf welche sie eine Antwort finden muss, sind die Ökonomisierung und die demografische Entwicklung.

4.10 Theoretische Bezüge

Während einige der interviewten Personen angeben, ihre Einschätzungen im Interview auf keine spezifischen theoretischen Ansätze gestützt zu haben, erwähnen die anderen die unten aufgeführten Theorien sowie Autoren und Autorinnen.

a) Autoren und Autorinnen

Eine Person weist darauf hin, dass sie ursprünglich aus der historischen Forschung kommt und sie sich in ihrer Einschätzung auf historische Theorien abstützt. Sie führt erstens Vives an, dessen Position ihrer Meinung nach immer noch aktuell ist. Dies einerseits, weil er einen Arbeitszwang, wie er heute anzutreffen ist, fordert, und andererseits, weil er Soziale Arbeit stark mit Bildung in Verbindung bringt und somit Schnittstellen zur Pädagogik und zu den Erziehungswissenschaften aufzeigt. Zweitens führt sie Pestalozzi an. Sie betont, dass er keineswegs, wie vielfach argumentiert, für die Sozialpädagogik steht und ausschliesslich auf stationäre Hilfssettings anzuwenden ist, sondern dass in seinem Werk bereits gemeinwesenorientierte und sozialarbeiterische Aspekte angelegt sind und er somit nicht als Vertreter der Differenzierung der Sozialen Arbeit herangezogen werden kann. Und drittens verweist sie auf die Frauen des ausgehenden 19. Jahrhunderts wie etwa Jane Adams. Diese Frauen stehen ihrer Meinung nach sinnbildlich für die generalistische Idee. Weitere an einer

Fachhochschule mit einer generalistischen Ausbildung dozierende Personen verweisen zudem auf Staub-Bernasconi, Obrecht, Oevermann, Mühlum, Böhnisch, Bourdieu und Thiersch.

Die zwei Personen, die an einer Fachhochschule mit einem differenzierten Studiengang unterrichten und Autorinnen und Autoren nennen, erwähnen ebenfalls Thiersch, Staub-Bernasconi und Oevermann. Eine Person führt zur Liste der genannten Autorinnen und Autoren noch Dewe hinzu.

b) Theorien

Nur Personen, die an einer Fachhochschule mit einer generalistischen Ausbildung lehren, haben Theorien genannt. Es sind dies die strukturalistische Soziologie, die Sozialisationstheorie, die Habitustheorie, die Psychoanalyse sowie der Lebenslagenansatz.

Neben Autorinnen und Autoren sowie Theorien wird noch auf die Debatte um Sozialpädagogik und Erziehungswissenschaften sowie auf jene der Sozialarbeitswissenschaft verwiesen. Eine Person, die an einer Fachhochschule mit generalistischem Studium unterrichtet, gibt zudem an, dass sie Soziale Arbeit als integrative Handlungswissenschaft verstehe. Eine andere Person, die an einer Fachhochschule mit differenziertem Studium doziert, sieht die Soziale Arbeit als Menschenrechtsprofession.

4.11 Hypothesenprüfung

Zum Schluss der Interviews wurden die Befragten gebeten, fünf Hypothesen zu kommentieren, die in zuspitzender Form auf der Grundlage theoretischer Überlegungen aufgestellt worden waren.

Hypothese 1:

«Die drei ‹Teilprofessionen› Sozialer Arbeit tragen unterschiedlich zur Integration bei. Dabei muss man unterscheiden zwischen Integration *der* Gesellschaft und Integration *in* die Gesellschaft: Soziokulturelle Animation unterstützt die Integration *der* Gesellschaft, das heisst den sozialen Zusammenhalt. Sozialarbeit und Sozialpädagogik dagegen unterstützen Individuen bei ihrer Integration *in* die Gesellschaft, indem sie wichtige Voraussetzungen schaffen. Die Sozialarbeit bearbeitet primär mit Armut verknüpfte Probleme, während die Sozialpädagogik die Entwicklung der Persönlichkeit fördert.»

Während mehrere der befragten Personen, die in einem differenzierten Studiengang unterrichten, wie auch einige Interviewte, die an einer Fachhochschule mit einem generalistischen Profil tätig sind, dieser Hypothese grundsätzlich zustimmen, bemängeln andere gewisse in der Hypothese gemachte Aussagen. Insbesondere wird kritisiert, dass Integration nicht in zwei Prozesse auftrennbar sei, sondern dass Integration in die Gesellschaft auch immer zu einer Integration der Gesellschaft beiträgt. Es wird aber auch bemängelt, dass die Hypothese zu eng geführt ist. So wird der Fokus der Sozialarbeit auf Armut sowie jener der Sozialpädagogik auf die Entwicklung der Persönlichkeit als zu eingeschränkt wahrgenommen. Eine Person kritisiert zudem, dass diese Aufgabenteilung so nicht haltbar ist, weil auch die Sozialarbeit die Entwicklung der Persönlichkeit fördert und auch die Sozialpädagogik mit Armut konfrontiert ist. Und eine weitere Person hegt den Wunsch, dass die Berufstätigen aller drei Berufsprofile sowohl die Integration in die Gesellschaft als auch die Integration der Gesellschaft und somit immer das Individuum wie auch die Gesellschaft im Fokus haben.

Hypothese 2:
«Die drei ‹Teilprofessionen› der Sozialen Arbeit lassen sich entlang des Kontinuums von Prävention und Behandlung unterscheiden: Soziokulturelle Animation übernimmt in diesem Kontinuum schwergewichtig die präventiven Aufgaben; Sozialarbeit am anderen Pol greift zur Hauptsache behandelnd in soziale Probleme ein. Und Sozialpädagogik nimmt eine mittlere Stellung ein, indem sie sowohl präventiv als auch behandelnd arbeitet.»
Sowohl aus Fachhochschulen mit einem differenzierten Profil wie auch aus solchen mit einer generalistischen Ausrichtung finden sich Dozierende, die mit der Hypothese als Ganzes oder zumindest mit bestimmten Aussagen einverstanden sind. Insbesondere die präventive Aufgabe der Soziokulturellen Animation gibt wenig Anlass zur Diskussion. Bezüglich der Positionierung der Sozialpädagogik hingegen gibt es unterschiedliche Meinungen. Während einige darauf verweisen, dass die mittlere Position stimmig ist, weil pädagogisches Handeln und Erziehung grundsätzlich immer einen behandelnden wie auch einen präventiven Charakter haben, sind andere der Meinung, dass man die Position der Sozialarbeit und Sozialpädagogik tauschen muss. Dies deshalb, weil Sozialpädagogik intensivere Massnahmen ausführt und somit stärker ins Leben der Menschen eingreift. Und in Bezug auf die Sozialarbeit wird angeführt, dass auch sie präventive Elemente enthält, etwa wenn frühzeitig eine Gefährdung erkannt und dadurch ein Problem verhindert wird. Zudem wird eingewandt, dass diese in der Hypothese 2 angeführte Aufteilung zwar eine klassische ist, die in der Praxis auch häufig so anzutreffen ist, dass aber sowohl die Sozialarbeit wie auch die Sozialpädagogik und die Soziokulturelle Animation das Potenzial für präventive Tätigkeiten haben und diese Aufteilung so sein muss.

Hypothese 3:

«Sozialarbeiter/innen müssen in fachlicher Hinsicht vor allem über Distribution (Armut) Bescheid wissen, Sozialpädagoginnen und -pädagogen über Sozialisation und Soziokulturelle Animatorinnen und Animatoren über Kohäsion (gesellschaftlicher Zusammenhalt).»

Die Hypothese 3 findet sowohl bei den Dozierenden, welche an einer generalistisch ausgerichteten Fachhochschule tätig sind, als auch bei jenen, die an einer Schule mit einem differenzierten Profil unterrichten, nur wenig Anklang. Bemängelt wird einerseits, dass alle in der Hypothese genannten Themen zusammenhängen und somit alle über alle drei oben genannten Themen Bescheid wissen müssen. Als Beispiel für das Zusammenhängen der in der Hypothese 3 genannten Themen wird etwa angeführt, dass die Bewältigung von Armut ein wichtiger Beitrag zur Kohäsion der Gesellschaft darstellt. Andererseits wird kritisiert, dass die Hypothese 3 wie auch schon die Hypothese 2 zu stark zugespitzt seien und dass es noch viel mehr Fachwissen gibt, über das die Berufstätigen der drei Berufsprofile Bescheid wissen müssen.

Hypothese 4:

«Sozialarbeiter/innen müssen in methodischer Hinsicht vor allem über Beratung Bescheid wissen, Sozialpädagoginnen und -pädagogen über Bildung und Erziehung und Soziokulturelle Animatorinnen und Animatoren über Vernetzung.»

Auch die Hypothese 4 findet insgesamt wenig Zustimmung. Kritisiert wird, dass alle Berufstätigen der Sozialen Arbeit alle drei der in der Hypothese genannten Methoden kennen und anwenden können sollten, da etwa Beratung ohne Kenntnisse von Bildungsprozessen nicht möglich ist. Ferner wird bemängelt, dass es in der Formulierung nicht «Bescheid wissen» heissen sollte, sondern «können». Dies deshalb, weil alle Berufstätigen der Sozialen Arbeit über die oben genannten Methoden Bescheid wissen sollten. Können hingegen müssen sie vor allem jene, die in dem Berufsfeld, in dem sie später arbeiten werden, besonders häufig angewandt werden. Eine Person weist überdies darauf hin, dass in dieser Hypothese nicht mit denselben Kategorien gearbeitet werde, denn während man Beratung als Methode klassifizieren kann, sei dies ihrer Meinung nach bei Bildung und Erziehung nicht der Fall. Einige interviewte Personen stören sich ferner daran, dass der Soziokulturellen Animation in der Hypothese 4 Vernetzung zugeordnet wird. Sie führen aus, dass dieser Begriff unklar ist und eher ein Produkt als eine Methode darstellt. Und zudem wird angeführt, dass diese Hypothese veraltet ist und man sich endlich davon lösen soll.

Hypothese 5:

«Die Dreiteilung in Sozialarbeit, Sozialpädagogik und Soziokulturelle Animation widerspiegelt eine alte methodische Gliederung: Sozialarbeit entspricht ‹case work› (Einzelfallarbeit), Sozialpädagogik ‹group work› (Gruppenarbeit), Soziokulturelle Animation schliesslich ‹community work› (Gemeinwesenarbeit).»

Niemand zeigt sich mit dieser Hypothese einverstanden. Einige sehen zwar, dass die Praxis Sozialer Arbeit nach wie vor auf diese Weise strukturiert ist, sie finden dies aber veraltet. Andere sehen diese Aufteilung nur in wenigen Arbeitsfeldern gegeben. Sie führen an, dass es in vielen Arbeitsfeldern eine Mischung gibt. So kennt gerade die Sozialpädagogik Einzel- sowie Gruppenarbeit. Sie arbeitet zudem vermehrt sozialräumlich. Einige weisen darauf hin, dass sie die Gemeinwesenarbeit der Sozialarbeit zuordnen, womit diese sich nicht nur auf Einzelfallarbeit beschränken lässt. Und eine Person führt an, dass diese Hypothese falsch ist, da die Gemeinwesenarbeit sich gerade dadurch auszeichnet, dass sie eine Methodenvielfalt aufweist und somit Einzel- und Gruppenarbeit umfasst.

Zusammenfassend kann also gesagt werden, dass die Hypothesen im Grossen und Ganzen sowohl bei den Dozierenden, die an einer Fachhochschule mit einer generalistischen Ausbildung tätig sind, als auch bei jenen, die in einem differenzierten Studiengang unterrichten, wenig Zustimmung finden. Sie kritisieren diese Art der Engführung generell, führen für die Sozialarbeit wie auch für die Sozialpädagogik und die Soziokulturelle Animation weitere Elemente an, die ihrer Meinung nach ebenfalls in die Hypothesen aufgenommen werden müssten, oder bemängeln mindestens eine der gemachten Aussagen zu den dreien.

5 Vergleich der Forschungsergebnisse aus Sozialer Arbeit und Bildung

5.1 Bedeutung

Die Frage nach der Bedeutung wurde in den zwei Gruppen, den Interviewten der Sozialen Arbeit und jenen der Bildung, unterschiedlich gestellt. Die erste Gruppe wurde gefragt, welche Bedeutung die Differenzierung der Sozialen Arbeit in Sozialarbeit, Soziokulturelle Animation und Sozialpädagogik für ihre alltägliche Arbeit hat. In ihren Antworten führen die Befragten aus, welche Berufsprofile die Mitarbeitenden in der Einrichtung, in der sie arbeiten, aufweisen, und dies aus welchen Gründen. Es zeigt sich, dass in den Einrichtungen in der Regel eine klare Aufgabenteilung herrscht, die sich aus den klassischen Unterscheidungskriterien ableiten lässt. Kurz zusammengefasst heisst dies: Sozialarbeitende arbeiten im ambulanten, Sozialpädagoginnen und -pädagogen im stationären und die Soziokulturellen Animatorinnen und Animatoren im Freizeit- und Jugendbereich. Nur in zwei Einrichtungen kommt es vor, dass Sozialarbeitende und Sozialpädagoginnen und -pädagogen dieselben Tätigkeiten ausüben und die Ausbildung somit in den Hintergrund rückt.

Die Interviewten der Bildung wurden nach der Bedeutung der Differenzierung der Sozialen Arbeit für die Praxis gefragt. Die meisten schätzen diese nach wie vor als hoch ein. Sie führen aus, dass die drei Berufsprofile sowohl für die Arbeitgebenden wie auch für die Arbeitnehmenden eine Orientierungsfunktion ausüben: Ersteren liefert das Berufsprofil eine Entscheidungsgrundlage bei der Vergabe von zu besetzenden Stellen, Letztere identifizieren sich mit dem Berufsprofil, das sie in ihrer Ausbildung vertieft haben, und grenzen sich von den Berufstätigen der beiden anderen Berufsprofile ab.

Vergleicht man die Antworten der interviewten Personen der Bildung mit jenen der interviewten Personen der Praxis Sozialer Arbeit, zeigt sich, dass die vorherrschende Einschätzung, die Differenzierung der Sozialen Arbeit besitze in der

Praxis nach wie vor eine hohe Bedeutung, mit der tatsächlichen Bedeutung über-
einstimmt, die ihr die interviewten Personen der Praxis beimessen. Die Vorher-
sage einiger interviewter Personen der Bildung, dass diese Bedeutung mittel- bis
langfristig abnehmen werde, wird durch die Aussage zweier Personen aus der
Praxis gestützt, dass in einigen Einrichtungen bezüglich der ausgeübten Tätigkeiten keine Unterschiede zwischen Sozialarbeitenden und Sozialpädagoginnen
und -pädagogen mehr auszumachen sind.

5.2 Gemeinsamkeiten

In den Interviews zeigt sich, dass es bei den Kriterien, die für die Nennung von
Gemeinsamkeiten zwischen der Sozialarbeit, der Sozialpädagogik und der Soziokulturellen Animation herangezogen werden, bei den interviewten Personen
der Praxis Sozialer Arbeit und jenen der Bildung einige Übereinstimmungen gibt:
Beide Gruppen nennen den Gegenstand der Arbeit, gewisse Einstellungen und
Eigenschaften der Berufstätigen der drei Berufsprofile sowie Kompetenzen.
Hinsichtlich der Kompetenzen zeigt sich jedoch insofern ein Unterschied, als
dass die interviewten Personen der Praxis sich in den Interviews eingehender
mit den gemeinsamen Kompetenzen auseinandersetzen und diesbezüglich detaillierter Auskunft geben. Sie greifen zudem im Gegensatz zu den interviewten
Personen aus der Bildung auch den gemeinsamen Kampf auf, sich als eine Disziplin zu behaupten.
Die interviewten Personen aus der Bildung ziehen eine grössere Anzahl Kriterien
heran. Sie beziehen sich zusätzlich auf die gemeinsame Zuständigkeit, ähnliche
Tätigkeiten, die in den drei Berufsfeldern ausgeübt werden, das gemeinsame Arbeitsumfeld, das die Arbeit der Berufstätigen aller drei Berufsprofile prägt, sowie
auf die Grundhaltungen und Grundwerte, die in allen drei Berufsfeldern gelten.

Abb. 23: Befragte aus Sozialer Arbeit und Bildung im Vergleich hinsichtlich Gemeinsamkeiten zwischen Sozialarbeit, Sozialpädagogik und Soziokultureller Animation

Interviewte	genannte Kriterien
von den Interviewten der Sozialen Arbeit und der Bildung genannt	· Gegenstand der Arbeit · Einstellungen und Eigenschaften der Berufstätigen · Kompetenzen
nur von den Interviewten der Sozialen Arbeit genannt	· Kampf, als Disziplin anerkannt zu werden
nur von den Interviewten der Bildung genannt	· Zuständigkeit · Tätigkeiten · Arbeitsumfeld · Grundhaltungen und Grundwerte

5.3 Unterschiede

Unterscheidungskriterien, auf die sich sowohl die interviewten Personen der Praxis Sozialer Arbeit als auch jene der Bildung beziehen, sind die idealtypischen Tätigkeiten, die Kompetenzen der Berufstätigen der drei Berufsprofile, die primäre Zielgruppe, die Beziehung zur Klientel, die Persönlichkeit und der Habitus der Berufstätigen der drei Berufsprofile sowie die Settings.

Die interviewten Personen der Sozialen Arbeit erwähnen des Weiteren die Wirkung, die die Sozialarbeit, die Sozialpädagogik und die Soziokulturelle Animation auf die Gesellschaft haben. Und die interviewten Personen der Bildung nennen noch Unterschiede bezüglich der Intensität der Massnahmen, die in den drei Berufsfeldern getroffen werden, bezüglich der Finanzierungsarten und Arbeitgeber, bezüglich des Lohns, bezüglich der Haltung der Berufstätigen sowie bezüglich der Arbeitsfelder.

Auch bei der Frage nach den Unterschieden zeigt sich, dass die interviewten Personen aus der Sozialen Arbeit weniger Unterscheidungskriterien nennen. Sie führen jedoch jene, auf die sie zu sprechen kommen, detaillierter und mit mehr Beispielen aus.

Abb. 24: Befragte aus Sozialer Arbeit und Bildung im Vergleich hinsichtlich Unterschieden zwischen Sozialarbeit, Sozialpädagogik und Soziokultureller Animation

Interviewte	genannte Kriterien
von den Interviewten der Sozialen Arbeit und der Bildung genannt	· idealtypische Tätigkeiten · Kompetenzen der Berufstätigen · primäre Zielgruppe · Beziehung zur Klientel · Persönlichkeit und Habitus der Berufstätigen · Settings
nur von den Interviewten der Sozialen Arbeit genannt	· Wirkung auf die Gesellschaft
nur von den Interviewten der Bildung genannt	· Intensität der Massnahmen · Finanzierungsart und Arbeitgeber · Lohn · Haltung der Berufstätigen · Arbeitsfelder

5.4 Zuständigkeiten

Die Frage nach den Zuständigkeiten der Sozialarbeit, der Sozialpädagogik und der Soziokulturellen Animation wird in den beiden Gruppen unterschiedlich beantwortet. Während die Interviewten der Praxis Sozialer Arbeit mehrheitlich der Meinung sind, dass es unterschiedliche Zuständigkeiten gibt und diese in der Regel von der Aufgabenteilung in den Einrichtungen ableiten, in denen sie arbeiten, betonen die meisten der Interviewten der Bildung, dass sich die drei oben genannten durch die gleiche Zuständigkeit auszeichnen, wobei diese, wie im entsprechenden Kapitel aufgezeigt, inhaltlich unterschiedlich benannt wird. Wenige interviewte Personen der Bildung gehen von unterschiedlichen Zuständigkeiten aus. Sie orientieren sich dabei, wie die interviewten Personen der Praxis, ebenfalls vorwiegend an der vorherrschenden Arbeitsteilung in der Praxis.

Abb. 25: Befragte aus Sozialer Arbeit und Bildung im Vergleich hinsichtlich Zuständigkeiten

	Bezugspunkt ist ...	**Die Zuständigkeit ist ...**
Soziale Arbeit	... die Arbeitsteilung in der jeweiligen Organisation oder den Arbeitsfeldern.	... unterschiedlich.
Bildung	... die Soziale Arbeit als Profession.	... gemeinsam.

5.5 Arbeitsfelder

In Bezug auf die Arbeitsfelder sagen die meisten Interviewten, dass es Arbeitsfelder gibt, die eindeutig einem der drei Berufsfelder zugeordnet werden können. In beiden Gruppen werden als typisches Arbeitsfeld für die Sozialarbeit die Sozialdienste genannt, für die Sozialpädagogik die Heime und für die Soziokulturelle Animation die Jugendarbeit. Insbesondere in der Gruppe der Interviewten aus der Bildung wird vielfach betont, dass die Zuordnung der Arbeitsfelder zu den drei Berufsfeldern immer schwieriger wird, weil die Überlappungen stetig zunehmen.

5.6 Kompetenzen

Mit Blick auf die Kompetenzen sind sich die beiden Gruppen grundsätzlich einig, dass es viele Gemeinsamkeiten, aber auch einige Unterschiede zwischen der Sozialarbeit, der Sozialpädagogik und der Soziokulturellen Animation gibt.
Hinsichtlich der *Methodenkompetenzen* werden in der Gruppe der Interviewten aus der Praxis Sozialer Arbeit die Beratung sowie die pädagogischen Methoden genannt, die beide, entgegen der geläufigen Meinung, für die Berufstätigen aller drei Berufsprofile sehr wichtig sind. Zudem wird die Gesprächsführung als weitere Gemeinsamkeit angeführt. In der Gruppe der Interviewten der Bildung werden das reflexive Methodenverständnis, die Analysemethoden sowie Projektmanagementkenntnisse genannt, die für die Berufstätigen aller drei Berufsprofile von Bedeutung sind. Und des Weiteren wird die fallrekonstruktive Methodenausbildung als gemeinsame Basis dargestellt. Die erwähnten Unterschiede sind in der folgenden Übersicht zusammengefasst.

Abb. 26: Befragte aus Sozialer Arbeit und Bildung im Vergleich hinsichtlich Unterschieden bei Methodenkompetenzen

Methoden-kompetenzen	Soziale Arbeit	Bildung
Sozialarbeit	· Beratung von Einzelpersonen · Mediation · Netzwerkarbeit · Triage · Konzepte erstellen · Berichte schreiben · Projekte durchführen · administrative Fähigkeiten	· Beratung · Gesprächsführung · Schuldensanierung und Budgetberatung · Gesprächsmoderation · Triage · Verhandlungstechniken · Grossgruppenmoderation im Sinne von Gemeinwesenarbeit · Methoden der Ressourcen-erschliessung
Sozialpädagogik	· pädagogische Methoden · Methoden der Gruppenarbeit · Methoden, die dazu dienen, Alltagsbegleitungen auf Entwicklung hin zielgerichtet zu bewerkstelligen	· erzieherische Methoden · pädagogische Methoden · Methoden zur Beziehungs-gestaltung · erlebnispädagogische Methoden
Soziokulturelle Animation	· Projektmanagement · Partizipation · Empowerment · Gemeinwesenarbeit · Konferenzen organisieren · Zukunftswerkstätten	· Lobbyarbeit · Öffentlichkeitsarbeit · Methoden partizipativer Prozessgestaltung · Methoden zum Leiten und Begleiten von Gruppen · Projektmethodik

Beide Gruppen interviewter Personen führen an, dass es in Bezug auf die *Fach-kompetenzen* viele gemeinsame Grundlagen gibt. Es sind dies etwa Theorien und Wissen aus der Soziologie, Psychologie und Ethik. Die Interviewten der Bildung weisen zudem darauf hin, dass auch Pädagogik und Bildung für alle drei Berufsfelder von hoher Relevanz sind. Die Unterschiede, welche die Interviewten der Praxis und der Bildung bezüglich der Fachkompetenzen nennen, sind in der nachfolgenden Übersicht einander gegenübergestellt.

Abb. 27: Befragte aus Sozialer Arbeit und Bildung im Vergleich hinsichtlich Unterschieden bei Fachkompetenzen

Fachkompetenzen	Soziale Arbeit	Bildung
Sozialarbeit	· Recht · betriebswirtschaftliches Wissen · Umgang mit unfreiwilliger Klientel · Abläufe in der öffentlichen Verwaltung · Sozialpolitik	· Politik · Recht · Kindes- und Erwachsenenschutz
Sozialpädagogik	· pädagogisches Wissen · entwicklungspsychologisches Wissen · Bildungsprozesse · Elternarbeit · Behinderung · Bewältigung des Alltags	· Sozialisation · Psychologie, insbesondere Entwicklungspsychologie · Behinderung
Soziokulturelle Animation	· Milieus · Gruppen · Analyse des Umfelds · Politik	· Kulturbildung · Migration · Jugendgewalt · Gemeinwesenarbeit · Netzwerkarbeit

Und auf die Frage hin, ob in Bezug auf die Selbst- und Sozialkompetenzen die Gemeinsamkeiten oder die Unterschiede zwischen der Sozialarbeit, der Sozialpädagogik und der Soziokulturellen Animation überwiegen, spricht sich die Mehrheit der Personen, unabhängig davon, ob sie der Gruppe der Praxis Sozialer Arbeit oder jener der Bildung angehören, für das Erstere aus. So werden etwa Reflexionsfähigkeit, Empathie, Abgrenzung, Teamfähigkeit, Rollenverständnis, Grenzen setzen können, auf Individuen eingehen können, kommunikative Fähigkeiten, Wertschätzung gegenüber der Klientel und der Umgang mit Nähe und Distanz genannt. Auch die genannten Unterschiede bezüglich Sozial- und Selbstkompetenzen sind unten nochmals tabellarisch aufgeführt.

Abb. 28: Befragte aus Sozialer Arbeit und Bildung im Vergleich hinsichtlich Unterschieden bei Sozial- und Selbstkompetenzen

Sozial- und Selbstkompetenzen	Soziale Arbeit	Bildung
Sozialarbeit	· Eigenreflexion am wenigsten wichtig	· Umgang mit unfreiwilliger Klientel
Sozialpädagogik	· Abgrenzung ist besonders wichtig · Auseinandersetzung mit dem Thema «Macht»	· Abgrenzung ist besonders wichtig
Soziokulturelle Animation	· Selbstorganisation ist wichtig	· Kompetenz, mit verschiedenen Zielgruppen umgehen zu können · Kompetenz, mit wenig Strukturen umgehen zu können · Leute begeistern können

5.7 Karrieremöglichkeiten

In beiden Gruppen sind die Interviewten der Meinung, dass für die Berufstätigen aller drei Berufsprofile grundsätzlich vertikale und horizontale Entwicklungsmöglichkeiten bestehen.

Bezüglich vertikaler Entwicklungsmöglichkeiten sagen Interviewte beider Gruppen, dass die Sozialpädagoginnen und -pädagogen schneller eine Führungsfunktion innehaben, weil es eine Nachfrage nach Gruppenleitenden gibt. In der Gruppe der interviewten Personen der *Praxis Sozialer Arbeit* wird zudem darauf hingewiesen, dass die Soziokulturellen Animatoren und Animatorinnen in Bezug auf Aufstiegsmöglichkeiten die schlechtesten Karten besitzen. Dies deshalb, weil ihnen einerseits weniger häufig eine Leitungsfunktion zugetraut wird und es andererseits aber auch nur wenige grosse soziokulturelle Institutionen gibt, sodass der Bedarf an Führungspersonen mit diesem Berufsprofil auch nicht besonders gross ist. Zudem wird darauf hingewiesen, dass Sozialarbeitende häufig nicht nur Organisationen in jenem Berufsfeld vorstehen, das sich mit ihrem Berufsprofil deckt, sondern auch in solchen, die den beiden anderen Berufsfeldern zugeordnet werden. Und die Gruppe der *interviewten Personen der Bildung* führt noch an, dass die Führungspositionen nach wie vor häufig mit Personen besetzt sind, die keines der drei Berufsprofile aufweisen.

Auch wird sowohl in der Gruppe der Interviewten der Praxis Sozialer Arbeit als auch in jener der Interviewten der Bildung darauf hingewiesen, dass Berufstätige

der Sozialen Arbeit nach ihrer Ausbildung in der Regel Weiterbildungen absolvieren und sich somit auch horizontal entwickeln. Eine Person aus der Bildung
merkt hierzu noch an, dass in den Organisationen jedoch keine systematische
Weiterbildung im Sinne von Personalentwicklung stattfindet.

In beiden Gruppen kommt zudem die Durchlässigkeit zwischen den drei Berufsfeldern zur Sprache. Es zeigt sich, dass es grundsätzlich allen möglich ist, von
einem Berufsfeld in ein anderes zu wechseln, dass es aber einfacher ist, von der
Sozialarbeit in die Sozialpädagogik zu wechseln als umgekehrt. In beiden Gruppen wird zudem der Wunsch laut, dass sich die Durchlässigkeit erhöht.

5.8 Trends, Wünsche und zukünftige Probleme

a) Trends

Auf die Frage, welche Trends sich in der Sozialen Arbeit in den nächsten zehn
Jahren abzeichnen, wird in beiden Befragtengruppen erkennbar, dass man sich
in Bezug auf die Zukunft der Soziokulturellen Animation uneins ist. Während
die einen skeptisch sind, ob dieses Berufsprofil in zehn Jahren noch vorhanden
sein wird, sind die anderen von dessen Potenzial überzeugt und sagen ihr eine
grosse Zukunft voraus.

Die Gruppe der interviewten Personen der Praxis vermutet zudem, dass die Sozialpädagogik expandieren wird. Ihr wird im Bereich der Vorschulbetreuung und
der Arbeit grosses Potenzial zugeschrieben. Die Sozialarbeit wird hingegen als
eher träge und stagnierend wahrgenommen.

Die Gruppe der Befragten der Bildung sagt überdies voraus, dass die Profession
der Sozialen Arbeit erstarken wird und es in diesem Bereich noch mehr Arbeitsplätze und Arbeitsfelder geben wird. Je eine Person mutmasst, dass sich die
Soziale Arbeit wie in Deutschland noch weiter ausdifferenzieren und dass sich
auch in der Schweiz die Fachsozialarbeit durchsetzen wird.

b) Wünsche

In beiden Befragtengruppen wird der Wunsch geäussert, dass sich die Zusammenarbeit und die Durchlässigkeit zwischen den drei Berufsfeldern erhöhen und
dass die Berufstätigen der drei Berufsprofile die Sicht- und Handlungsweisen der
anderen kennen und schätzen lernen sollen.

In der Gruppe der Bildung wird zudem gewünscht, dass sich die Sozialpädagogik
nicht nur auf stationäre Angebote beschränkt, dass die Sozialarbeit ihr drittes
Mandat stärker wahrnimmt und dass die Soziale Arbeit als Profession die professionspolitischen Interessen vermehrt durchzusetzen versucht.

c) Probleme

Sowohl in der Gruppe der Praxis Sozialer Arbeit wie auch in jener der Bildung wird das Problem der Unterschichtung erwähnt. Ferner wird in der Gruppe der Bildung auf die Problematik verwiesen, dass die Soziale Arbeit expandiert, ohne dass der Kern der Sozialen Arbeit geklärt ist. Und in der Gruppe der Praxis werden Bedenken geäussert, dass die Abgängerinnen und Abgänger der Fachhochschulen zu theoretisch ausgebildet werden und die Studiendauer mit drei Jahren zu kurz ist.

5.9 Hypothesenprüfung

Was ergibt zum Schluss der Vergleich der Ansichten, welche die Befragten zu den fünf theoretisch gewonnenen Hypothesen äusserten?

Hypothese 1:

«Die drei ‹Teilprofessionen› Sozialer Arbeit tragen unterschiedlich zur Integration bei. Dabei muss man unterscheiden zwischen Integration *der* Gesellschaft und Integration *in* die Gesellschaft: Soziokulturelle Animation unterstützt die Integration *der* Gesellschaft, das heisst den sozialen Zusammenhalt. Sozialarbeit und Sozialpädagogik dagegen unterstützen Individuen bei ihrer Integration *in* die Gesellschaft, indem sie wichtige Voraussetzungen schaffen. Die Sozialarbeit bearbeitet primär mit Armut verknüpfte Probleme, während die Sozialpädagogik die Entwicklung der Persönlichkeit fördert.»
In beiden Befragtengruppen gibt es Interviewte, die der Hypothese grundsätzlich zustimmen, jedoch auch mehrere, die sie bemängeln.
In beiden Gruppen wird der Fokus der Sozialarbeit auf Armut kritisiert. In der Gruppe der *Praxis Sozialer Arbeit* wird zudem eingewandt, dass man die Entwicklung einer Persönlichkeit nicht fördern, sondern lediglich Rahmenbedingungen für eine solche bieten könne. Ferner wird die Aussage über die Sozialpädagogik noch um Bildung ergänzt. Und es wird noch darauf hingewiesen, dass auch die Soziokulturelle Animation mit einzelnen oder mehreren Menschen und nicht mit der Gesellschaft als ganzer arbeitet. In der Gruppe der *Bildung* wird vor allem kritisiert, dass Integration nicht in zwei Prozesse auftrennbar sei und Integration in die Gesellschaft auch immer zur Integration der Gesellschaft beitrage.

Hypothese 2:

«Die drei ‹Teilprofessionen› der Sozialen Arbeit lassen sich entlang des Kontinuums von Prävention und Behandlung unterscheiden: Soziokulturelle Animation übernimmt in diesem Kontinuum schwergewichtig die präventiven Aufgaben; Sozialarbeit am anderen Pol greift zur Hauptsache behandelnd in soziale Probleme ein. Und Sozialpädagogik nimmt eine mittlere Stellung ein, indem sie sowohl präventiv als auch behandelnd arbeitet.»

In beiden Befragtengruppen gibt es wenige Interviewte, welche die Hypothese insgesamt gutheissen. Hingegen findet in beiden Gruppen die Aussage zum präventiven Charakter der Soziokulturellen Animation viel Zustimmung. Auch ist man sich in Bezug auf die Kritikpunkte relativ einig: Erstens finden sich in beiden Gruppen Interviewte, die die Positionen der Sozialarbeit und der Sozialpädagogik im Kontinuum austauschen würden. Dies deshalb, weil die Sozialpädagogik intensivere Massnahmen ausführe als die Sozialarbeit. Zweitens gibt es in beiden Gruppen Personen, die finden, dass auch die Sozialarbeit präventiv tätig ist. Und drittens wird in beiden Gruppen gesagt, dass in allen drei Berufsfeldern das Potenzial vorhanden ist, sowohl präventiv wie auch behandelnd tätig zu sein.

Hypothese 3:

«Sozialarbeiter/innen müssen in fachlicher Hinsicht vor allem über Distribution (Armut) Bescheid wissen, Sozialpädagoginnen und -pädagogen über Sozialisation und Soziokulturelle Animatorinnen und Animatoren über Kohäsion (gesellschaftlicher Zusammenhalt).»

Diese Hypothese findet in beiden Gruppen wenig Zustimmung. In beiden Gruppen wird kritisch kommentiert, dass diese Hypothese viel zu eng formuliert sei und die Berufstätigen der drei Berufsprofile über viel mehr Bescheid wissen müssten, als in der Hypothese angeführt. In beiden Gruppen finden sich auch mehrere Personen, die der Meinung sind, dass alle in der Sozialen Arbeit Tätigen über sämtliche der in der Hypothese genannten Themen Bescheid wissen müssten.

Hypothese 4:

«Sozialarbeiter/innen müssen in methodischer Hinsicht vor allem über Beratung Bescheid wissen, Sozialpädagoginnen und -pädagogen über Bildung und Erziehung und Soziokulturelle Animatorinnen und Animatoren über Vernetzung.»

In beiden Befragtengruppen wird insbesondere die Aussage zur Vernetzung als methodischem Schwerpunkt der Soziokulturellen Animation bemängelt. In der Gruppe der *Praxis Sozialer Arbeit* wird zudem der Begriff der Erziehung bei der Sozialpädagogik kritisiert, da dieser mit Blick auf Erwachsene nicht adäquat sei. Als Alternative wird Befähigung vorgeschlagen. In der Gruppe der *Bildung* wird noch darauf hingewiesen, dass alle Berufstätigen die in der Hypothese 4 genannten Methoden zumindest kennen, noch besser anwenden können müssten. Es wird überdies eingewandt, dass in der Hypothese nicht durchgängig mit derselben Art von Kategorien gearbeitet werde, da Bildung und Erziehung nicht als Methode verstanden werden könnten.

Hypothese 5:

«Die Dreiteilung in Sozialarbeit, Sozialpädagogik und Soziokulturelle Animation widerspiegelt eine alte methodische Gliederung: Sozialarbeit entspricht ‹case work› (Einzelfallarbeit), Sozialpädagogik ‹group work› (Gruppenarbeit), Soziokulturelle Animation schliesslich ‹community work› (Gemeinwesenarbeit).»

In beiden Befragtengruppen finden sich Interviewte, die diese Differenzierung in einigen Arbeitsfeldern umgesetzt sehen. Ebenso gibt es in beiden Gruppen Personen, die diese methodische Differenzierung als veraltet einschätzen und dafür plädieren, die Durchmischung, die bereits eingesetzt hat, weiter voranzutreiben. Nur in der Gruppe der *Bildung* findet sich eine Person, welche die Hypothese für vollständig falsch hält, da sich die Gemeinwesenarbeit in ihrem Verständnis gerade dadurch auszeichne, dass sie sowohl Gruppen- als auch Einzelarbeit umfasse.

Zusammenfassend kann gesagt werden, dass sich viele Personen in beiden Gruppen von Interviewten an den bewusst pointiert formulierten Hypothesen stören. Sie kritisieren die ganze Hypothese als unzutreffend, bemängeln einzelne Aussagen oder führen Ergänzungen an. Jedoch gibt es in beiden Gruppen auch Personen, die in den Hypothesen ein Kernchen Wahrheit sehen, eine solche Differenzierung jedoch als veraltet anschauen.

6 Ausbildungen

Die theoretischen Hintergründe, die im ersten Kapitel ausgeleuchtet worden sind, und die Forschungsergebnisse aus den Interviews mit Befragten aus Sozialer Arbeit und Bildung in den vorangehenden Kapiteln beziehen sich auf die Praxis Sozialer Arbeit. Soziale Arbeit ist bis dahin also mit drei Systemreferenzen, das heisst aus den Blickwinkeln dreier Lebensbereiche, dargestellt worden. Es fragt sich in der Folge, welche Schlüsse Wissenschaft und Bildung aus ihrer Betrachtung Sozialer Arbeit für sich ziehen.

Im Folgenden sei deshalb kurz das Ausbildungsangebot an den Hochschulen für Soziale Arbeit der deutschen Schweiz gesichtet. Die Darstellung beruht auf einer Analyse der Websites oder auf den Websites verlinkter Dokumente dieser Hochschulen (für genaue Information s. Anhang).

6.1 Generalistisches versus differenziertes Studium

Die Recherche hat ergeben, dass drei der sechs analysierten Fachhochschulen eine *differenzierte* Ausbildung anbieten. Es ist dies erstens die FHS St. Gallen, welche zwischen den Studienrichtungen Sozialarbeit und Sozialpädagogik unterscheidet mit der Begründung, dass die schweizerische Praxis ausgeprägt auf die Felder Sozialarbeit und Sozialpädagogik ausgerichtet ist und somit feldspezifische Kompetenzen verlangt sind. Zweitens handelt es sich um die HES-SO Wallis, welche drei berufsspezifische Vertiefungsrichtungen (Sozialarbeit, Sozialpädagogik und Soziokulturelle Animation) anbietet, unter anderem deshalb, weil eine Befragung der Berufsfelder ergeben hat, dass ein Bachelorstudiengang in Sozialer Arbeit mit drei berufsspezifischen Vertiefungen gewünscht wird. Und drittens die Hochschule Luzern, welche ab dem Herbstsemester 2012 nebst Sozialarbeit und Soziokulturelle Animation neu auch Sozialpädagogik als Studienrichtung anbietet.

Die Berner Fachhochschule, die Fachhochschule Nordwestschweiz (FHNW) und die Zürcher Hochschule für Angewandte Wissenschaften (ZHAW) hingegen bilden *generalistisch* aus. Auf der Website der Berner Fachhochschule wird angeführt, dass aufgrund von Wahlpflichtmodulen eine inhaltliche Schwerpunktbildung an der FH Bern möglich ist, diese Module aber bewusst nicht typisiert und insbesondere nicht auf traditionelle Berufsfelder (Sozialarbeit, Sozialpädagogik, Soziokulturelle Animation usw.) bezogen werden. Auch die FHNW kennt Vertiefungsrichtungen und weitere spezielle Module, um den Studierenden im generalistischen Studium eine individuelle Profilbildung zu ermöglichen. Ebenso die ZHAW, welche ausführt, dass durch die Wahl von Vertiefungsrichtungen, von Seminaren sowie der Praxisausbildung und des Themas der Bachelorarbeit die Studierenden eigene Schwerpunkte für spezifische Arbeitsfelder setzen können.

6.2 Kurzbeschreibungen der drei Berufsprofile

Konsequenterweise werden Berufsprofile nur an zwei der untersuchten Hochschulen näher beschrieben, nämlich an den Fachhochschulen St. Gallen und Wallis. Die folgenden Umschreibungen sind Zitate, die von den Websites der entsprechenden Schulen stammen.

Sozialarbeit:

· *FHS St. Gallen:* «Sozialarbeit hat dabei zum Ziel, für die betroffenen Menschen existenzielle Bedürfnisse wie Wohnen und Einkommen zu sichern so wie weitere Unterstützung anzubieten. Sie ergreift Massnahmen gegen soziale Ausgrenzung und schafft Angebote zur Integration in den jeweiligen sozialen Raum. Mit Einzelnen und Gruppen werden Veränderungen angestrebt, damit sie sich in ihrer Umwelt besser zurechtfinden und nach Möglichkeit ein selbständiges Leben führen können. Sozialarbeit kommt in verschiedenen Arbeitsfeldern zum Einsatz, wie in Schulen, in Quartieren, auf Beratungsstellen, in Sozialdiensten oder im Strafvollzug (Studienführer, 4).»

· *HES-SO Wallis:* «Die Sozialarbeit beabsichtigt die Anpassung von Einzelpersonen, Familien oder Gruppen an das soziale Umfeld, in dem sie leben, sowie die Veränderung des sozialen Umfelds an die Bedürfnisse der randständigen und bedürftigen Menschen. Ziel dieser Arbeit ist die Wahrung der Würde und die Entwicklung der Selbstverantwortung bei den Individuen, indem ihre Fähigkeiten, ihre zwischenmenschlichen Beziehungen und die Ressourcen der Gemeinschaft aktiviert werden. Sozialarbeiter sind entweder von den Klienten selber oder den Behörden beauftragt. Sie arbeiten selbständig und verantwortungsbewusst bei der Lösung von sozialen Problemen mit, die die betroffenen Personen nicht selbst lösen können. Die Sozialarbeit steht an der Schnittstelle zwischen den Menschen und ihrem Umfeld. Die Prinzipien der Menschenrechte und der sozialen Gerechtigkeit sind grundlegende Elemente in diesem Beruf. Der Einsatz der Sozialarbeiter betrifft in den meisten Fällen die Beziehungen zwischen Individuen oder Angehörigen kleiner Gruppen. Sozialarbeitende üben ihre Tätigkeit in vielfältigen Institutionen wie Sozialdiensten und Sozialzentren, Spitälern, Gefängnissen, in Schulen, Pfarreien und Unternehmen aus. Sie arbeiten auch in zahlreichen spezialisierten Institutionen wie beispielsweise der Vormundschaftsbehörde, in Drogenberatungsstellen, Frauenhäusern, Kindesschutzgruppen usw. Ihre Aufgabe ist die soziale Begleitung von Einzelpersonen, Familien oder Gruppen in der Absicht, diesen Personen über den Zugang zu den Ressourcen der Gemeinschaft die Autonomie zu ermöglichen. Diese Hilfestellung ist eine Art ‹Ermutigung zur individuellen Bewusstwerdung und Reflexion über sich selbst und sein Umfeld› im Hinblick auf ein gesteigertes individuelles und soziales Wohlbefinden und auf die Wahrnehmung seiner selbst als ‹Person›. ‹Dazu beitragen, dass sich die in einer schwierigen Situation befindende Person wieder als Akteur erkennt› ist eines der Hauptziele des Sozialarbeiters und der Sozialarbeiterin. Deshalb wird der Konfrontation mit den Veränderungen in der Arbeitswelt ganz besondere Bedeutung beigemessen. Der Sozialarbeiter muss fähig sein, seine Arbeit allein, aber auch mit anderen im Team auszuüben. Oft ist Zusammenarbeit mit Professionellen anderer Berufsgruppen und mit Laien von grosser Bedeutung. Die Sozialarbeit betrifft in den meisten Fällen Einzelpersonen und deren Familie, was jedoch Interventionen bei Gruppen nicht ausschliesst. Darüber hinaus beteiligen sich Sozialarbeitende an Informations-, Bildungs- und Entwicklungsmassnahmen, sie sensibilisieren beispielsweise in Schulen, in Vereinen und politischen Gremien, um die kollektiven und strukturellen Ursachen hinter individuellen Problemen sichtbar zu machen (Rahmenstudienplan, 6–7).»

· *Hochschule Luzern:* «Als Sozialarbeiterin oder Sozialarbeiter unterstützen Sie Menschen darin, das Leben zu bewältigen und selber zu gestalten. In Krisensituationen wie z.B. Arbeitsplatzverlust, Krankheit, Armut, Trennung und Scheidung vermitteln Sie persönliche und materielle Hilfe. Mit sozialarbeiterischer Beratung können Sie dazu beitragen, dass Ihren Klienten und Klientinnen der Umgang mit den alltäglichen Herausforderungen der Lebensumwelt gelingt.

Sozialarbeit in den verschiedenen Arbeitsfeldern und Institutionen agiert im Spannungsfeld zwischen den Polen Freiwilligkeit und gesetzliche Massnahmen. Ihr Aufgabenbereich umfasst professionelle Unterstützung, Betreuung und Sozialberatung in unterschiedlichen Berufsbereichen: von öffentlichen Sozialdiensten über Beratungsstellen bis hin zu betrieblicher Sozialberatung, Schulen oder der Projektleitung bei Integrationsprogrammen oder gesundheitlich-präventiven Fragestellungen. Sie arbeiten in einem anspruchsvollen und komplexen Aufgabenfeld mit unterschiedlichen Klientinnen und Klienten: Jugendlichen, Familien, älteren Menschen, Erwerbslosen, Migrantinnen und Migranten, Behinderten oder Suchtkranken (Website, Studienrichtung Sozialarbeit).»

Sozialpädagogik:

· *FHS St. Gallen:* «Sozialpädagogik wird aktiv, wenn Menschen ihren Alltag vorübergehend oder dauerhaft aus eigener Kraft nicht in vollem Umfang bewältigen können. Dies ist der Fall, wenn Kinder und Jugendliche besonderen Schutz oder erzieherische Begleitung brauchen. Ebenso wenn Menschen mit Behinderung Assistenz benötigen oder für einen Stadtteil ein angemessenes Begegnungs- und Freizeitangebot geschaffen werden muss. Sozialpädagoginnen und Sozialpädagogen arbeiten in sogenannten ‹stationären› Wohneinrichtungen, ‹ambulant› oder in aufsuchender Sozialpädagogik. Dabei unterstützt Sozialpädagogik betroffene Menschen bei der Gestaltung ihres Lebensalltags (Studienführer, 5).»

· *HES-SO Wallis:* «Unter Sozialpädagogik ist zu verstehen: ‹Das professionelle Handeln einer Fachperson, welche nach Abschluss einer spezifischen Ausbildung die persönliche Entwicklung, die soziale Reife und Autonomie von Personen (...) in schwierigen Situationen, sowie Personen mit einer Behinderung und Personen mit abweichendem Verhalten oder Risikogruppen unterstützt und fördert, indem pädagogische und soziale Methoden und Techniken eingesetzt werden.› Ein grundlegendes Ziel der Sozialpädagogik ist die Hilfestellung bei der Integration und die Verhinderung der Marginalisierung und der sozialen Ausgrenzung. Der Sozialpädagoge steht in Interaktion mit Individuen und Gruppen, um ihnen in schwierigen Situationen zu helfen und sie darin zu unterstützen, ihre eigenen Ressourcen in einer im ständigen Wandel begriffenen Gemeinschaft einzusetzen. Sozialpädagogen sind generell im direkten Umfeld der Leistungsempfänger tätig, zum Beispiel in Wohn- und Arbeitsstrukturen, also in Heimen, Tageszentren, Internaten, Werkstätten, Notunterkünften und auch bei den Menschen zu Hause sowie auf der Strasse. Ihre Tätigkeit ist stark von der Konfrontation mit dem täglichen Umfeld der Menschen und der Kontinuität, die die erzieherische Arbeit erfordert, geprägt. Sie müssen also wichtige Momente des täglichen Lebens in den Internaten, Externaten oder auch im offenen Milieu planen, organisieren und dazu nutzen, dass sie den betroffenen Menschen Gelegenheit geben, Erfahrungen zu sammeln und zu lernen, ihr eigenes Leben zu meistern. Die Erkenntnisse aus diesen Alltagserfahrungen sollen den Individuen und Gruppen dabei helfen, die nötigen Ressourcen zu mobilisieren und ihre Grenzen zu erkennen. Durch die Verschiedenartigkeit der Probleme und Zusammenhänge sind Sozialpädagogen und Sozialpädagoginnen in den unterschiedlichsten Institutionen und bei Menschengruppen aller Altersschichten tätig. Ihr Ziel ist es, bei den von ihnen betreuten Menschen Lernprozesse aller Art zu entwickeln, die die Autonomie und Wiedereingliederung fördern. Als Ausgangspunkt ihrer Arbeit dienen die schon vorhandenen Ressourcen der Leistungsempfänger, aber auch die des institutionellen und rechtlichen Kontexts, und gegebenenfalls die Bedingungen ihres Mandats, die ihnen von den jeweiligen Instanzen auferlegt werden. Sozialpädagogen sind oft im Team tätig und arbeiten regelmässig mit anderen Fachpersonen sowie Berufsleuten und Institutionen zusammen (Rahmenstudienplan, 6).»

· *Hochschule Luzern:* «Als Sozialpädagogin oder Sozialpädagoge unterstützen Sie Menschen jeden Alters bei ihren täglichen Aufgaben. Sie begleiten unter anderem das Aufwachsen von Kindern und Jugendlichen, die Entwicklung von Einzelpersonen und Familien sowie Lernprozesse in Gruppen. Dabei orientieren Sie sich an den Menschen, berücksichtigen ihre Kompetenzen und die Aufgaben, die sie zu bewältigen haben. Gleichzeitig beziehen Sie ihr gesamtes Lebensumfeld mit ein. Ziel ist es, eine möglichst selbstständige und selbstverantwortliche Lebensführung zu ermöglichen sowie den sozialen Zusammenhalt zu stärken. Typische Handlungsfelder und Fachgebiete der Sozialpädagogik sind: Arbeit in sozial- und sonderpädagogischen Institutionen, Wohnbetreuung, psychiatrische Versorgung, interkulturelle Pädagogik, Suchtarbeit, Werkstätten und Arbeitsintegrationsprojekte, Kinder- und Jugendhilfe, Frauen- und Männerarbeit, Kindes- und Erwachsenenschutz, Familienbegleitung und Erziehungsberatung, ambulante Betreuung, Altenarbeit, Präventionsarbeit, Arbeit mit sozialen Randgruppen, Schul- und Bildungsbereich sowie Strassenarbeit (Website, Studienrichtung Sozialpädagogik).»

Soziokulturelle Animation:

· *HES-SO Wallis:* «Für den Europarat ist Soziokulturelle Animation eine soziale Handlung, die während der verschiedenen Aktivitäten des täglichen Lebens ausgeübt wird, und bei der die sozialen, kulturellen, ökonomischen und politischen Bedingungen der betroffenen Bevölkerungsgruppen berücksichtigt werden. Zweck dieser Handlung ist die Organisation und Mobilisierung von Gruppen oder Gemeinschaften in Hinblick auf eine soziale Veränderung. Soziokulturelle Animatoren arbeiten hauptsächlich in Gruppen, sei es in Freizeitzentren, Quartiertreffpunkten, Sozialmedizinischen Zentren, Tagesheimen für betagte Personen, Gewerkschaften, Kulturzentren, Vereinigungen unterschiedlichster Art oder in aufsuchender Arbeit auf der Strasse. Ihre Vermittlungsfunktion zwischen verschiedenen Gruppen und ihre unterstützende Rolle bei der sozialen Einbindung und der Entwicklung demokratischer Lebensformen geben ihrer Arbeit eine spezifische Note: Sie fördern die Bewusstwerdung kollektiver Identitäten; sie erlauben Interessengemeinschaften, ihre Rolle besser wahrzunehmen und Handlungspläne zu entwickeln; sie erkämpfen vermehrte Möglichkeiten der Meinungsäusserung und Handlungsfähigkeit von Minoritäten; immer mit dem Ziel, in freiwilliger und demokratischer Mitarbeit eine gerechte Teilhabe und Teilnahme zu schaffen. Die Soziokulturelle Animation hat sowohl bezüglich ihres Zwecks als auch ihrer Aktionen und Handlungen eine hohe demokratische Ethik: Sie verteidigt alle Ausdrucksformen menschlichen Lebens, die das soziale Netz stärken und die gegenseitige Bereicherung zwischen verschiedenen Kulturen fördern. Der Soziokulturelle Animator arbeitet im Auftrag öffentlicher Einrichtungen, einer Privatinstitution oder einer Vereinigung in einem häufig multidisziplinären Team an äusserst unterschiedlichen Einsatzorten. Dort erfüllt er drei wesentliche Aufgaben: Promotion und Förderung der Bewusstwerdung: Menschen zum Handeln befähigen; Organisation: verwalten, leiten, kommunizieren; Verhandlung und Vermittlung zwischen Akteuren im sozio-politischen Kontext (Rahmenstudienplan, 5–6).»

· *Hochschule Luzern:* «Als Soziokultureller Animator oder Soziokulturelle Animatorin ermutigen und motivieren Sie verschiedene Menschen oder Gruppen von Menschen zur aktiven Gestaltung von Lebensräumen. Sie unterstützen dabei Menschen in den gesellschaftlichen Teilbereichen Bildung, Soziales, Politik und Kultur. Häufig baut die Soziokulturelle Animation Brücken zwischen Generationen, Alteingesessenen und neu Zugewanderten, zwischen Männern und Frauen, verschiedenen Kulturen und bildet Netzwerke zwischen Quartieren, Gemeinden und Institutionen. Ihr Aufgabenbereich orientiert sich an der komplexen Prozessgestaltung mit Methoden des Projektmanagements: in

Quartier- und Kulturtreffpunkten, im Bereich Schul- und Jugendkultur oder in Senioren- oder Flüchtlingszentren. Die grossen kommunikativen und kooperativen Ansprüche dieser Aufgaben verlangen interkulturelle Kompetenz, Medienkompetenz und die Fähigkeit zur interdisziplinären Zusammenarbeit. Neue Akzente für dieses junge Berufsfeld setzen internationale und transnationale Herausforderungen in NGO oder Migrationsprojekten (Website, Studienrichtung Soziokulturelle Animation).»

6.3 Vertiefungen, Schwerpunkte

Auch generalistische Ausbildungen verzichten meistens nicht gänzlich darauf, dass die Studierenden sich in bestimmten Gebieten spezialisieren können, sie wollen dabei aber nicht mehr auf die Differenzierung der Berufsfelder rekurrieren. Differenzierte Ausbildungen ihrerseits bündeln diese Spezialisierungen aber unter dem Gesichtspunkt des Berufsfelds. Bezogen auf die bei den theoretischen Hintergründen erwähnten Theoreme fragt es sich insbesondere, wie das Konvergenz- bzw. Subsumtionstheorem interpretiert wird und wie sehr man bereits dem Identitätstheorem zuneigt. Von Interesse ist dabei, woran eine allfällige Differenzierung in der Ausbildung – Berufsfeld, Arbeitsfeld oder Sonstiges – anknüpft und wie diese Spezialisierung bezeichnet – Vertiefungsrichtung, Schwerpunkt oder Sonstiges – und quantitativ (ECTS-Punkte) umgesetzt wird. Daran erweist sich, wie weit auseinander die Ausbildungsangebote der einzelnen Hochschulen tatsächlich liegen.

In der nachfolgenden Übersicht sind die Studiengänge der sechs Deutschschweizer – das Wallis natürlich nur teilweise! – Fachhochschulen der Sozialen Arbeit anhand der Angaben auf den jeweiligen Websites beschrieben.

Abb. 29: Beschreibung der Studiengänge der sechs Deutschschweizer Fachhochschulen der Sozialen Arbeit

Fachhochschule	Beschreibung der Studiengänge
FHS St. Gallen – Fachbereich Soziale Arbeit	· Die FHS St. Gallen bietet eine differenzierte Ausbildung an. · Es gibt zwei Studienrichtungen: Sozialarbeit und Sozialpädagogik. · Es gibt Pflicht-, Vertiefungs- und Wahlpflichtmodule. Letztere weisen einen Umfang von 16 ECTS-Credits auf. · Im Hauptstudium gibt es vier Module, die studienrichtungsspezifisch und für die Studierenden der entsprechenden Studienrichtung Pflicht sind, im Umfang von 24 ECTS-Credits. · Es werden ab dem Herbstsemester 2012 neu zudem drei Vertiefungsrichtungen angeboten: 1) Professionelle Herausforderungen angesichts gefährdeter/verletzter Integrität von Individuen, 2) Professionelle Herausforderungen bei der Gestaltung von Gruppenprozessen, Organisationen und Sozialen Räumen und 3) Professionelle Herausforderungen im Zusammenhang mit gesellschaftlichen Transformationen
HES-SO Wallis – Sozlale Arbeit	· An der HES-SO Wallis wird eine differenzierte Ausbildung angeboten. · Es gibt drei berufsspezifische Vertiefungsrichtungen: Sozialarbeit, Sozialpädagogik und Soziokulturelle Animation. · Im Aufbaustudium gibt es für jede Vertiefungsrichtung unterschiedliche Module, die für die Studierenden der entsprechenden Vertiefungsrichtung Pflicht sind. Diese Module haben einen Umfang von 25 ECTS-Credits.
Hochschule Luzern – Soziale Arbeit	· Die HSLU bietet eine differenzierte Ausbildung an. · Es gibt ab dem Herbstsemester 2012 drei Studienrichtungen: Sozialarbeit, Soziokulturelle Animation und Sozialpädagogik. · Im Hauptstudium werden pro Studienrichtung unterschiedliche methodische Methodenmodule im Umfang von 30 ECTS-Credits angeboten. · Es müssen Wahlpflichtmodule (für die thematische Profilbildung) im Umfang von 18–21 ECTS-Credits und Wahlmodule im Umfang von 9–12 ECTS besucht werden.

Berner Fachhochschule – *Soziale Arbeit (BFH)*	· Die Ausbildung an der Berner Fachhochschule ist generalistisch ausgerichtet. · Die Studierenden besuchen Wahlpflichtmodule im Umfang von 16 ECTS-Credits und Wahlmodule im Umfang von 14 ECTS-Credits. · Eine Schwerpunktbildung ist in Bezug auf Methoden und Techniken möglich. Diese Wahlpflichtmodule sind jedoch nicht den drei Berufsfeldern zugeordnet, sondern wie folgt gegliedert: «Basiskompetenzen», «Methoden der Arbeit mit kleinen sozialen Systemen» und «Methoden der Arbeit mit grossen sozialen Systemen». In beiden Wahlpflichtmodulgruppen müssen die Studierenden drei von fünf Seminaren im Umfang von insgesamt 12 ECTS-Credits besuchen.
Zürcher Hochschule für *Angewandte Wissenschaften –* *Soziale Arbeit (ZHAW)*	· Die ZHAW bietet eine generalistische Ausbildung an. · Die Studierenden müssen aus acht fachspezifischen Vertiefungen zwei im Umfang von insgesamt 14 ECTS-Credits auswählen (Wahlpflichtmodule). Zur Auswahl stehen: Kinder und Jugendhilfe; Dissozialität, Delinquenz und Kriminalität; Existenzsicherung, soziale und berufliche Integration; Gesundheit und Krankheit; Schule und Soziale Arbeit; Soziale Arbeit mit Menschen mit Behinderung; Migration, Integration und Diversity Management; Soziokultur und Gemeinwesenarbeit. · Zudem müssen die Studierenden sieben Seminare aus über 40 Angeboten zu ausgewählten Themenbe reichen, spezifischen Handlungsfeldern, methodischen Zugängen sowie zu internationalen und interdisziplinä ren Themenstellungen wählen (Wahlpflichtmodule), ebenfalls im Umfang von 14 ECTS-Credits.

| *Fachhochschule Nordwestschweiz – Hochschule für Soziale Arbeit (FHNW)* | · Das Studium an der FHNW ist generalistisch ausgerichtet.
· Die Ausbildung besteht aus Pflichtmodulen (78 ECTS-Credits), Wahlpflichtmodulen (36 ECTS-Credits), Wahlmodulen (9 ECTS-Credits) sowie aus den Modulen der Praxisausbildung (57 ECTS-Credits).
· Die Studierenden müssen eine Vertiefungsrichtung wählen, die zwei inhaltliche Module (je 6 ECTS-Credits) umfasst, die für die jeweilige Vertiefungsrichtung verpflichtend sind, und ein Modul mit dem Schwerpunkt «Gestaltung von professionellen Prozessen» (6 ECTS-Credits).
· Es werden fünf Vertiefungsrichtungen angeboten: Behinderung und Beeinträchtigung; Kindheit und Jugend; Gesundheit und Krankheit; Armut und Erwerbslosigkeit; Migration.
· Es stehen fünf Module zur Gestaltung professioneller Prozesse zur Auswahl: Gestaltung von sozialräumlichen Prozessen, Gestaltung von professionellem Handeln in organisationalen Kontexten, Gestaltung von Beratungsprozessen, Gestaltung von Evaluations- und Forschungsprozessen, Gestaltung von multiprofessioneller und interinstitutioneller Zusammenarbeit. |

7 Interpretationen und Reflexionen

Im Kapitel 1 wird ausgeführt, dass mit Blick auf das hier interessierende Thema bedeutsam ist, wie zumindest drei Lebensbereiche – Soziale Arbeit, Bildung, Wissenschaft – sich wechselseitig beobachten und aufeinander einwirken. Der skizzierte Perspektivenreichtum zwischen diesen Lebensbereichen wird in den darauf folgenden Kapiteln nicht vollständig entfaltet. Im Zentrum steht Soziale Arbeit. Kapitel 3 zeigt, wie sie sich selber sieht, während Kapitel 4 die Sicht der Bildung auf Soziale Arbeit wiedergibt. Aufschlussreich ist der Vergleich der Beobachtungen im Kapitel 5. Kapitel 6 fokussiert sodann auf einen anderen Lebensbereich, nämlich nicht mehr auf Soziale Arbeit, sondern Bildung. Kapitel 1 handelt zwar mitunter von Wissenschaft, aber es wird keine Theorie der Sozialen Arbeit oder ein Gesamtbild der Situation der Wissenschaft(en) der Sozialen Arbeit entworfen.

Die nachfolgenden drei Unterkapitel widmen sich erneut – in dieser Reihenfolge – Sozialer Arbeit, Bildung und Wissenschaft. Dabei sollen nun Theorie und Empirie einander durchdringen, um dem Stand der Differenzierung Sozialer Arbeit noch näher zu gelangen.

7.1 Praxis Sozialer Arbeit

Überblickt man die dargelegten empirischen Forschungsergebnisse zur Differenzierung Sozialer Arbeit (Kapitel 3 bis 5), erhält man den Eindruck, die gegenwärtige Situation Sozialer Arbeit sei durch ein weitgehendes Sowohl-als-auch geprägt. Die Interviewten aus Sozialer Arbeit wie Bildung nennen meistens, im Detail zuweilen unterschiedlich, sowohl viele Unterschiede als auch viele Gemeinsamkeiten, und dies bezogen auf mannigfaltige Vergleichskriterien. Setzen die Interviewten mit ihren Äusserungen bei den Unterschieden ein, enden sie oft bei Ähnlichkeiten, beginnen sie bei Gemeinsamkeiten, hören sie häufig mit Differenzen auf. Seien es also Hinweise auf Gemeinsamkeiten oder Unterschiede, sie werden im Redefluss meist relativiert. Oder Äusserungen aus den einen Interviews stehen Äusserungen aus anderen Interviews gegenüber. Eine einheitliche Sicht der Dinge, welche die Soziale Arbeit betreffen, ergibt sich daraus nicht. Ob die Vielfalt der Sichtweisen im Zunehmen begriffen ist, wie man auf den ersten Blick vermuten könnte, hätten historische Vergleiche zu belegen, denn immerhin begleitet Vielfalt die Soziale Arbeit seit ihren Anfängen. Was die einen im Hinblick auf Indifferenz oder Differenz klischiert, traditionalistisch und überholt dünkt, bildet für die anderen nach wie vor eine Teilrealität, was die einen als Fortschritt hin zur Vereinheitlichung deuten, bedeutet den anderen eine Kapitulation und Verleugnung beharrlicher tradierter Spezialitäten.

Die schiere Komplexität der Situation im Lebensbereich Soziale Arbeit lässt freilich eine eindeutige Antwort auf die Frage, die der empirischen Forschung über die Differenzierung Sozialer Arbeit zugrunde liegt, auch kaum zu, nämlich auf die Frage, welche Bedeutung die Differenzierung von Sozialarbeit, Sozialpädagogik und Soziokultureller Animation heute in der Schweiz noch hat. Die angewandte Methode des Experteninterviews vermag zwar gute Dienste zu leisten, indem sie die Sichten zahlreicher Fachleute versammeln lässt und so versucht, dadurch den je begrenzten Horizont der einzelnen Fachpersonen zu überschreiten. Das führt zu einem facettenreichen Bild Sozialer Arbeit. Aber näher am Gegenstand bewegte sich eine Forschung, die rekonstruktiv bei der (Sozialen) Arbeit gleichsam zusähe und mitspräche, um so Gemeinsamkeiten und Unterschiede der Berufsleute aus Sozialarbeit, Sozialpädagogik und Soziokultureller Animation zu entdecken. Allein, angesichts der Mannigfaltigkeit der Arbeitsfelder, die zur Sozialen Arbeit zählen, ist eine solche Forschung insgesamt nicht durchführbar, sondern kann bloss in ausgewählten Feldern realisiert werden. Der Blick aufs Ganze bleibt verwehrt.

So viel lässt sich sagen: Im Licht der dargestellten Theoreme (Kapitel 1.2) betrachtet, legen die Forschungsergebnisse den Schluss nahe, dass das Divergenztheorem kaum mehr haltbar ist. Ohnehin führt dessen Bezeichnung ein wenig in die Irre, denn das Theorem will ja nicht ausdrücken, dass sich die Berufsfelder voneinander entfernen – das hiesse divergieren –, sondern dass sie immer noch weitestgehend getrennt sind. Das Konvergenztheorem enthält demgegenüber das Berufsbild, nach welchem die Bereiche seit geraumer Zeit aufeinander zugehen, eben konvergieren, die Bereiche aber zugleich noch ihre Eigenheiten bewahren. *Diese* Sicht zunächst scheint in ganz vielen Interviews durch. Es fällt auf, dass das Subordinationstheorem dagegen wenige Belege in den Äusserungen der Befragten findet. Es kommt nicht von ungefähr, dass Mühlums Auflistung

(2001, 13), auf der die hiesige Diskussion beruht, bei zwei Theoremen aufhört, welche die beiden heutzutage vorherrschenden Sichtweisen darstellen. Weniger das Substitutionstheorem als vielmehr das *Identitätstheorem* bildet den Hintergrund derjenigen Interviewäusserungen, die, zumeist durchaus im Bewusstsein nach wie vor bestehender Differenzen im Detail, doch davon ausgehen, dass sich die Aufgaben und Tätigkeiten in den Berufsfeldern einander mittlerweile so weit angenähert haben, dass sich gewichtige Unterschiede nicht mehr systematisch benennen lassen, zumindest nicht, indem man auf die überlieferte Dreiteilung zurückgreift. Andere Interviewte, jene aus der Sozialen Arbeit deutlich mehr noch als jene aus der Bildung, neigen hingegen dem *Subsumtionstheorem* zu, das besagt, die Berufsfelder, wie divergierend oder konvergierend auch immer, besässen immer noch ihre eigenen Wirkkreise, dies aber unter dem gemeinsamen Dach Sozialer Arbeit. Diese beiden – prominentesten – Positionen unserer Zeit unterscheiden sich darin, dass das Subsumtionstheorem noch Differenz (von Berufsfeldern) in der Identität (der Sozialen Arbeit) erkennt, wo das Identitätstheorem, seinem Namen getreu, die Differenzen als so gering veranschlagt, dass letztlich nur noch Identität zurückbleibt. Wer das Identitätstheorem bevorzugt, braucht vorerst «bloss» die Identität Sozialer Arbeit im Unterschied zu anderen Lebensbereichen aufzuzeigen; allfällige innere Differenzen erweisen sich nicht mehr an der bisher üblichen Triade. Wer hingegen das Subsumtionstheorem favorisiert, hat zudem die komplexen Verhältnisse von Identität und Differenz im Lebensbereich Soziale Arbeit selber systematisch darzulegen, und zwar mit Bezug zumindest auf die drei tradierten Berufsprofile bzw. Berufsfelder und allenfalls noch auf die Arbeitsfelder.

Zur Untermauerung beider Theoreme stehen viele Kriterien zur Verfügung, an denen sich Identität und Differenz festmachen lassen. Die vorliegende methodische Reflexion (Kapitel 1.2) zeigt auf, dass nicht sämtliche Kriterien gleich relevant sind, sondern die Kriterien nach Aufgabe (wozu), Tätigkeit (was) und Bedingung (wodurch) gewichtet werden können. Aus dem Wozu erschliesst sich das Was, und aus dem Was erschliesst sich das Wodurch. Allgemeine oder spezielle Ziele werden durch wirksame allgemeine oder spezielle Tätigkeiten (und Unterlassungen) zu erreichen versucht, die allgemeine oder spezielle Ermöglichungen und Einschränkungen zur Voraussetzung haben – «allgemein» bezieht sich hier auf Soziale Arbeit und «speziell» auf die Berufsfelder. In der Praxis Sozialer Arbeit (sowie «benachbarter» Lebensbereiche) werden Bedingungen geschaffen, die wirksame und legitime Handlungen wahrscheinlich machen, die Zwecke erfüllen, für die Soziale Arbeit durch ihr Mandat zuständig ist – im Idealfall, denn die historischen Verwicklungen sind natürlich komplexer.

Inwiefern widerspiegelt sich diese Priorität von Zuständigkeit (Aufgabe) gegenüber Tätigkeiten (Praxis) und sodann Bedingungen (Struktur) in den geführten Leitfadeninterviews? Die Befragten wurden jeweils gebeten, zuerst Gemein-samkeiten und Unterschiede zu nennen, ehe sie auf ausgewählte Kriterien hin befragt wurden. Ein sehr interessierender empirischer Befund ist also zuerst, welche Kriterien die Interviewten selber heranziehen, um Gemeinsames und Un-terschiedliches darzulegen (Kapitel 5.2 und 5.3). Einerseits wird dabei deutlich, dass bei weitem nicht alle naheliegenden Kriterien (Kapitel 1.2) angesprochen werden, andererseits zeigen sich bei den Befragten aus Sozialer Arbeit und Bil-dung neben geteilten Ansichten auch unterschiedliche Vergleichskriterien.

Abb. 30: Befragte aus Sozialer Arbeit und Bildung im Vergleich hinsichtlich Kriterien für Gemeinsamkeiten und Unterschiede zwischen Sozialarbeit, Sozialpädagogik und Soziokultureller Animation

Interviewte	genannte Kriterien zu Gemeinsamem	genannte Kriterien zu Unterschiedlichem
aus Sozialer Arbeit und Bildung	· Gegenstand der Arbeit · Einstellungen und Eigen-schaften der Berufstätigen · Kompetenzen	· idealtypische Tätigkeiten · Kompetenzen der Berufs-tätigen · primäre Zielgruppe · Beziehung zur Klientel · Persönlichkeit und Habitus der Berufstätigen · Settings
nur aus Sozialer Arbeit	· Kampf, als Disziplin anerkannt zu werden	· Wirkung auf die Gesellschaft
nur aus Bildung	· Zuständigkeiten · Tätigkeiten · Arbeitsumfeld · Grundhaltungen und Grundwerte	· Intensität der Massnahmen · Finanzierungsart und Arbeitgeber · Lohn · Haltung der Berufstätigen · Arbeitsfelder

Der Gegenstand der Arbeit bzw. die Zuständigkeit wird als Kriterium von den Befragten sowohl der Sozialen Arbeit als auch der Bildung genannt, jedoch nur in Bezug auf Gemeinsames. Bei diesen Antworten besteht also eine Lücke beim prioritären Kriterium der speziellen Zuständigkeiten von Sozialarbeit, Sozialpäd-agogik und Soziokultureller Animation, die insbesondere für jene bedenkenswert ist, die nach wie vor das Bild der professionellen Dreiteilung pflegen.
Die Leitfadeninterviews wurden gerade mit dieser Frage nach der Zuständigkeit fortgesetzt, denn an diesem Kriterium vor allem eben und dann an entsprechen-den Tätigkeiten bzw. Tätigkeitsfeldern erweist sich die Differenzierung Sozialer

Arbeit und somit jene der Profession. Auch explizit daraufhin befragt, wissen die Befragten wenig über spezifische Zuständigkeiten von Sozialarbeit, Sozialpädagogik und Soziokultureller Animation auszusagen (Kapitel 5.4). Dies weist darauf hin, dass es entweder nicht (mehr) Sinn macht, besondere Zuständigkeiten zu benennen, oder aber zwar Sinn, doch auch Schwierigkeiten. Auf bestehende Theorieangebote, welche Sozialarbeit, Sozialpädagogik und Soziokultureller Animation je eigene Zuständigkeiten zuschreiben (Kapitel 1.4), bezieht sich kaum jemand.

Die zu Beginn formulierte Einschätzung eines grundlegenden Sowohl-als-auch verdeutlicht sich bei der Frage, welche Berufsleute in welchen Arbeitsfeldern tätig sind. Die Befragten weisen nämlich auf eine Praxissituation hin, in der sowohl Spezialisierung als auch Generalisierung vorherrscht, führen dies jedoch mit eher wenig Interesse am Detail aus (Kapitel 5.5). Die Antworten lassen eher ein Mosaik von Einblicken als einen Überblick entstehen. Einige Interviewte ziehen es vor, Arbeitsfelder nicht mehr mit Bezug auf die drei Berufsfelder im überlieferten Sinne zu bündeln, sondern auf andere Art und Weise, ohne dass dabei ein neues Prinzip klar erkennbar zutage träte. Ein solches Prinzip wäre analog zur Logik bisheriger Berufsprofile und ihrer mehr oder weniger exklusiven Zuständigkeit für spezielle Berufsfelder zu (re)konstruieren – Berufsfelder im Sinne besonderer etablierter Handlungszusammenhänge, die auf der Geltung impliziter und expliziter Regeln des Handelns (Institutionen) beruhen, welche die Wiederholung ähnlichen Handelns wahrscheinlich machen und berufliche Handlungen sich kurzschliessen lassen, da sie der Erfüllung ein und derselben Aufgabe dienen. Oder aber es wird gänzlich auf solche berufsfeldbezogenen Bündelungen verzichtet und die Differenzierung Sozialer Arbeit primär nur an den Arbeitsfeldern festgemacht. Was auch in diesem Fall eine genaue Betrachtung wert wäre, das wären die genauen Aufgaben, Zuständigkeiten, Ziele, Zwecke, die die Regeln prägen, welche die Regelmässigkeiten individueller und kollektiver Praxis in jedem Arbeitsfeld tragen und ihm seine Besonderheit verleihen. Der Stand der Theorie Sozialer Arbeit scheint in dieser Hinsicht nicht weit fortgeschritten.

Betrachtet man die Arbeitsfelder Sozialer Arbeit aus einiger «Flughöhe» (Kapitel 1.3), werden sowohl die historischen «Stammlande» der Berufsprofile sichtbar als auch jene Tätigkeitsfelder, in denen sich die Berufsleute mit unterschiedlichen Profilen begegnen – ähnlich den eben besprochenen empirischen Ergebnissen. Was heisst hier indessen begegnen? Die Begegnung allein garantiert noch keine gemeinsame Identität. Gewiss kann dies heissen, dass Berufsleute aus Sozialarbeit, Sozialpädagogik und Soziokultureller Animation mit demselben Zweck dieselben Arbeiten im selben Geiste verrichten, es kann aber auch bedeuten, dass sie in heterogen zusammengesetzten Arbeitsteams arbeiten und dabei ihre Spezialitäten einbringen oder dass sie ihrer Einzelarbeit im betreffenden gemeinsamen Arbeitsfeld eine spezielle Färbung verleihen, sodass sie dasselbe und doch nicht dasselbe tun (und lassen). Zumindest in dieser Hinsicht wäre der Blick, der sich auf einander überlappende Berufsfelder richtet, zu schärfen.

Bis dahin sind die Erkenntnisse zu Aufgabe und Tätigkeit Sozialer Arbeit und ihrer «Teile» kommentiert, das heisst zum ersten und zweiten Aspekt, der für innere Abgrenzungen grundlegend ist. Im weiteren Verlauf der Interviews konnten nicht alle Voraussetzungen erforscht werden, die nötig und geeignet für Tätigkeiten sind, mit denen die jeweilige Aufgabe erfüllt wird. Der Gesprächsleitfaden beschränkte sich vielmehr auf beruflich erforderliche Kompetenzen, nämlich Methoden-, Fach- sowie Selbst- und Sozialkompetenzen. Die oben beschriebenen Mischverhältnisse finden hier ihre Entsprechung (Kapitel 5.6), denn zahlreichen Kompetenzen, die allen Berufsleuten aus Sozialarbeit, Sozialpädagogik und Soziokultureller Animation abgefordert werden, stehen viele nur von Fachkräften mit einem bestimmten Berufsprofil verlangte Kompetenzen gegenüber. Die Vorstellungen der Befragten aus Sozialer Arbeit und Bildung decken sich dabei lediglich teilweise.

Fast schon zwingend ist es angesichts all dessen, dass die Befragten schliesslich ein uneinheitliches Zukunftsbild Sozialer Arbeit (vgl. auch Sommerfeld 2003; Husi 2004) entwerfen (Kapitel 5.8). Die Sozialarbeit scheint darin einen festen Platz innezuhaben, ohne dass ihr grosse Entwicklungsoptionen zugeschrieben würden. Mehr traut man da schon – vor allem aus der Sicht der Interviewten aus der Praxis Sozialer Arbeit – der Sozialpädagogik zu. Was letztlich die Soziokulturelle Animation betrifft, gehen die Meinungen auseinander: Zweifel an ihrer Überlebensfähigkeit kontrastieren mit der Einschätzung eines grossen, zum Teil noch brachliegenden Potenzials. Mehr noch als mit den anderen beiden verknüpfen sich mit diesem Berufsprofil, dem jüngsten der Sozialen Arbeit wohlverstanden, Identitätsfragen (vgl. Wandeler 2010). Es erstaunt denn nicht, dass sich recht viele der Befragten offen dazu bekennen, über dieses Berufsprofil und Berufsfeld nur wenig zu wissen, und es vornehmlich, jedoch unzureichend mit Jugendarbeit in Verbindung bringen.

Als Gesamteindruck aus den Interviews bleibt, dass mehr noch als die Befragten aus der Bildung jene aus der Sozialen Arbeit selber Vorstellungen zum Berufsbild haben, die zwar die Gemeinsamkeiten für deutlich im Zunehmen begriffen halten, dennoch aber noch viel berufsprofilbezogene Differenzierung einräumen. Dies mag sich dem Umstand verdanken, dass gegen die Hälfte der Befragten aus der Bildung an Hochschulen mit generalistischer Ausrichtung arbeiten, während viele der Interviewten aus der Sozialen Arbeit aus dem Raum Luzern stammen und eine nach Berufsprofilen differenzierte berufliche Sozialisation hinter sich haben.

7.2 Bildung für Soziale Arbeit

Bei den betrachteten sechs Deutschschweizer Fachhochschulen – jene im Wallis wäre genauer gesagt eine Deutsch-/Westschweizer Schule – bestehen zwei grundlegende Auffälligkeiten (Kapitel 6.3 und Anhang). Sie beziehen sich auf die Studienrichtungen im Angebot sowie auf die Differenzierung des Studiums. In Bern, Zürich und der Nordwestschweiz wird nur eine Richtung angeboten, nämlich Soziale Arbeit. Dahingegen bereiten die Studien an den anderen drei Hochschulen auf spezifische Berufsfelder vor, und dies noch unterschiedlich untereinander. Lediglich im Wallis und in Luzern (ab Herbst 2012) nämlich werden alle drei – Sozialarbeit, Sozialpädagogik, Soziokultur – Studienrichtungen angeboten, während die Ostschweiz auf Soziokultur verzichtet. Diese erste Auffälligkeit wird bereits erkennbar, wenn man die Module im Pflichtbereich sichtet, wenngleich die Hochschulen mit differenzierter Ausbildung durchaus auch lange generalistische Teile in ihre Studiengänge einbauen. Die zweite Auffälligkeit fügt dieser gerade genannten Relativierung gleich eine weitere hinzu. Nicht nur die Hochschulen mit differenzierter, sondern auch jene mit generalistischer Ausbildung kennen Differenzierung. Bloss orientiert sich diese nicht an den drei bisher unterschiedenen Berufsfeldern. In Bern haben die Studierenden zwischen den Wahlpflichtmodulen «Methoden der Arbeit mit kleinen Systemen» und «Methoden der Arbeit mit grossen Systemen» zu wählen. In Zürich sind unter den folgenden acht Wahlpflichtmodulen «Kinder- und Jugendhilfe», «Dissozialität, Delinquenz und Kriminalität», «Existenzsicherung», «Soziale und berufliche Integration», «Gesundheit und Krankheit», «Schule und Soziale Arbeit», «Migration, Integration und Diversity Management», «Soziokultur und Gemeinwesenarbeit», zwei zu belegen. Und in der Nordwestschweiz sind es zwei der fünf Angebote «Behinderung und Beeinträchtigung», «Kindheit und Jugend», «Gesundheit und Krankheit», «Armut und Erwerbslosigkeit» sowie «Migration». Dass es sich hierbei um wichtige Themen Sozialer Arbeit handelt, steht ausser Frage. Es fragt sich allerdings, wie die Auswahl dieser Vertiefungsmöglichkeiten inhaltlich begründet werden kann und welcher theoretische Platz ihr in einer systematisch entwickelten Gesamtkonzeption Sozialer Arbeit zukommt, denn immerhin bricht der Blick in die Tiefe mit der Logik des Blicks über die gesamte Breite der Sozialen Arbeit, die der generalistischen Grundausrichtung dem eigenen Anspruch nach zugrunde liegt. Welche Module im Wahlpflichtbereich von den Studierenden tatsächlich gewählt werden, ist eine empirische Frage. Von den Anmeldezahlen her bekannt ist, dass die angebotenen Module den Studierenden offenbar als sehr unterschiedlich attraktiv erscheinen. Generalistisch ausgerichtete Ausbildungsstätten sehen sich überdies dadurch herausgefordert, dass im Laufe ihres Entwicklungsprozesses eines der Berufsprofile die anderen verdrängt, was dem

Subordinationstheorem entspricht (Kapitel 1.2) – so geschehen an der einen oder anderen Schweizer Fachhochschule. Als dominant erweist sich zuweilen die Sozialarbeit. Verdrängt werden kann nur, was da ist; blickt man auf die Zeit der 1990er-Jahre zurück, als die Fachhochschulausbildungen für Soziale Arbeit in der Schweiz überhaupt erst entstanden, zeigen sich lokale Besonderheiten: Nicht überall, sondern neben Luzern und dem Wallis nur in Zürich (Züfle 2004) bestanden damals deutschsprachige Höhere Fachschulen für Soziokulturelle Animation, konnte also ein entsprechendes Erbe in den neuen Hochschulen für Soziale Arbeit überhaupt angetreten werden. Ein weiteres Hauptproblem generalistisch orientierter Ausbildungen besteht darin, dass die Ausbildungszeit auf Bachelorstufe für eine umfassende Ausbildung in Sozialer Arbeit, die diesem Namen tatsächlich gerecht würde, nicht ausreicht (Kapitel 5.8). Dafür bedürfte es noch eines Masterstudiums. Der Regelabschluss aber wird weiterhin der Bachelorgrad sein.

Mit Schwierigkeiten, wenn auch nicht mit denselben, haben auch die auf unterschiedliche Berufsprofile differenziert ausgerichteten Ausbildungsstätten für Soziale Arbeit zu kämpfen. Gewiss ist hier die Wahrscheinlichkeit grösser, dass sozialarbeiterische, sozialpädagogische oder soziokulturell-animatorische Erbschaften gut gepflegt werden, allein deshalb, da es durch die schiere Präsenz ausgeschlossen ist, ausgeschlossen zu werden. Wenn die Befragten besonders aus der Sozialen Arbeit von den Ausbildungen erwarten, dass die Auszubildenden gute Kenntnisse gerade auch über die je anderen zwei Berufsprofile und -felder erwerben (Kapitel 5.8), um Schnittstellen im Sozialbereich selber kompetent bearbeiten zu können, dann kann dieser Erwartung gut entsprochen werden. Differenziert orientierte Hochschulen Sozialer Arbeit kennen jedoch einige andere Knacknüsse: Wie lässt sich die Zahl der Berufsprofile bzw. Berufsfelder überzeugend festlegen? Wenn eine Hochschule «nur» in Sozialarbeit und Sozialpädagogik ausbildet, bedeutet dies, dass Soziokulturelle Animation nicht bedeutsam oder mitgemeint ist? Die Auffassung vom einen erschliesst sich nur im Kontext des anderen (Relationalität; Kapitel 1.2). Ist es überhaupt gerechtfertigt, von Berufsprofilen und Berufsfeldern zu sprechen? Ist es für alle zwei oder drei im selben Ausmass angemessen? Und wenn man das Konvergenz- oder Subsumtionstheorem (Kapitel 1.2) favorisiert: Wie lässt sich das Verhältnis zwischen Berufsfeldern und Arbeitsfeldern theoretisch plausibel fassen? Die Hinweise aus den Interviews, vor allem jene der Befragten aus der Bildung, geben deutlich zu bedenken, dass sich die Arbeitsfelder immer weniger entlang berufsprofilbezogener Abgrenzungen entwickeln – eine Tatsache, die nicht ignoriert werden kann. Zu guter Letzt müssen sich auch die differenziert ausbildenden Hochschulen fragen, welcher Grad an beruflicher Kompetenz im Rahmen eines Bachelorstudiums überhaupt erreicht werden kann.

Wenn sich generalistisch orientierte Hochschulen Sozialer Arbeit auf der einen Seite und differenziert orientierte auf der anderen Seite also anderen hauptsächlichen Problem zu stellen haben, so lässt sich als Fazit gleichwohl ziehen: Die generalistisch orientierten Hochschulen Sozialer Arbeit bilden auch differenziert aus, und die differenziert orientierten Hochschulen Sozialer Arbeit bilden auch generalistisch aus.

Ob generalistisch oder differenziert, von den Hochschulen für Soziale Arbeit wird gesetzlich verlangt, sich nicht nur an der beruflichen Praxis, sondern auch an der Wissenschaft zu orientieren. Das trägt ihnen vor allem seitens eben dieser Praxis ab und an den Vorwurf ein, «zu theoretisch» auszubilden (Kapitel 5.8). Es gilt also das richtige Mass wissenschaftlicher Fundierung zu finden, und hierin unterscheiden sich die einzelnen Ausbildungen recht beträchtlich. Zwischen wissenschaftlicher, theoretisch und empirisch forschender Praxis einerseits und sozialarbeiterischer, sozialpädagogischer und soziokulturell-animatorischer Praxis andererseits einen grundsätzlichen Widerspruch zu sehen, wäre völlig verfehlt. Grundsätzliche Probleme ergeben sich, wenn zum einen berufliche Praxis nicht bemerkt, dass sie ohne wissenschaftlich fundierte, in Ausbildungen vermittelte Erkenntnisse sich unzureichend begründeter Praxis, «blinder Praxis» zu nähern droht, und wenn zum andern in Ausbildungen Übersetzungen von der Wissenschaft in die Soziale Arbeit misslingen und es an methodischer Reflexion genau dieser Übersetzung mangelt. Dieses Über*setzen* ist immer auch riskantes *Über*setzen.

Wissenschaftlichkeit soll also die Ausbildungen in Sozialer Arbeit auf Fachhochschulstufe speziell prägen, und zwar ohne zum Selbstzweck zu verkommen und die «Bodenhaftung» verloren gehen zu lassen. Aus Sicht der Hochschulen Sozialer Arbeit stellt sich indessen ein letztes Problem, auf das auch die Befragten zu sprechen kommen (Kapitel 5.8), nämlich die zunehmende Unterschichtung durch Berufsleute, die sich an Höheren Fachschulen ihre Berufseignung erworben haben und zu geringerem Lohn in der Sozialen Arbeit arbeiten. Es ist dies allerdings ein Problem, das letztlich nicht die Schulen lösen, sondern die Personalverantwortlichen in der Sozialen Arbeit selber nach ihren eigenen Gesichtspunkten angehen. Und in deren Entscheidungspraxis schiebt sich ohnehin Berufserfahrung vor Berufsabschluss.

Eine historisch-soziologische Reflexion der Bildung Sozialer Arbeit – sie kann hier nur angedeutet werden – macht sich zuvorderst einen Reim darauf, wie sich die Ausbildungen mit und seit der Gründung der Fachhochschulen und der «Bologna-Reform» verändert haben. Die Hochschulen Sozialer Arbeit stehen in einem Konkurrenzverhältnis zueinander und haben sich auf einem Bildungsmarkt zu behaupten. Dass Konkurrenz und nicht Kooperation das geeignete Steuerungsprinzip sei, um Ausbildungen auf ein praxisnahes, überzeugendes und standfestes inhaltliches Fundament zu stellen, lässt sich mit Fug bezweifeln. Sachfragen reagieren auf Machtmechanismen sensibel.

7.3 Wissenschaft der Sozialen Arbeit

Was schliesslich die Disziplin betrifft, die über die Praxis Sozialer Arbeit nachdenkt, wäre es an der Zeit, sich wenigstens auf einige begriffliche Grundlagen zu einigen. Pragmatische Überlegungen im Wissenschaftskontext lassen es ratsam erscheinen, die Kräfte unter einem Dach zu bündeln. Als Bezeichnung für dieses Dach eignet sich am meisten «Wissenschaft der Sozialen Arbeit» und Ähnliches (und gewiss nicht: «Soziale Arbeit» als Wissenschaft). Die vorliegende Schrift legt keine Theorie der Sozialen Arbeit vor und beabsichtigt dies auch nicht, wenngleich Ansatzpunkte (Kapitel 1) skizziert werden. Sie enthält jedoch eine grundlegende methodische Reflexion (Kapitel 1.2), von der ausgegangen werden kann. Im Anschluss an die überlieferte Dreiteilung der *Praxis* Sozialer Arbeit besteht eine Option für die *Theorie* Sozialer Arbeit darin, zumindest Sozialpädagogik und Sozialarbeitswissenschaft analog zu den sogenannten «Bindestrich»-Disziplinen anderer Wissenschaften aufzufassen (z.B. Ungleichheitssoziologie, Familiensoziologie usw. in der Soziologie). Im Fall der Soziokulturellen Animation besteht hierbei das Problem, dass die dafür erforderliche kritische Menge von Publikationen und Publizierenden unter den aktuellen Umständen kaum zu erreichen ist. Das Verhältnis von Theorie und *Empirie* wäre in der Forschung entsprechend zu gestalten. In Bezug auf den Stand empirischer Forschung zur Sozialen Arbeit sticht ins Auge, dass gerade die im vorliegenden Text im Zentrum stehende Frage nach der Differenzierung Sozialer Arbeit kaum mit empirisch erhärteten Aussagen beantwortet zu werden vermag. Wie bereits selbstkritisch gesagt, holt auch die hiesige Forschung «bloss» – aber immerhin – die Beobachtungen von Expertinnen und Experten ein, ohne «vor Ort» Erkundungen anzustellen.

Von der Wissenschaft der Sozialen Arbeit, die weder allein Sozialarbeitswissenschaft noch Sozialpädagogik im oben genannten – eingeschränkten – Sinne einer Teildisziplin sein will, möchte man unter anderem erwarten, dass sie Differenzierungen Sozialer Arbeit nach innen und aussen klärt. Das kann von generalistischer wie berufsprofilbezogen differenzierter Warte aus erfolgen. Zum einen interessiert, wie Soziale Arbeit verstanden als Lebensbereich (Feld, Funktionssystem usw.) in die anderen Lebensbereiche eingebettet ist und wie die Lebensbereiche wechselseitig aufeinander einwirken. Das setzt eine soziologisch gut begründete Vorstellung der institutionellen Differenzierung moderner Gesellschaft, der «funktionalen Differenzierung», wie Luhmann dies bezeichnet, voraus. Hier ist nebenbei gesagt auch von erheblicher Bedeutung, wie diese Differenzierung mit Differenzierungen anderer Art, hierarchischer (soziale Ungleichheit) und kultureller (kulturelle Vielfalt), zusammenspielt (vgl. z.B. Husi 2010, 114-119; 2012). Zum anderen interessiert die innere Differenzierung des Lebensbereichs Soziale Arbeit, und diese kann sich an erster Stelle zumindest an Berufsfeldern oder aber Arbeitsfeldern festmachen. Für beide theoretischen Optionen gibt es gute Gründe. Die berufsprofilbezogene Gliederung lässt sich auch auf Arbeitsfelder beziehen (Kapitel 1.3). Und die Arbeitsfelder lassen sich umgekehrt womöglich zu neuen Einheiten bündeln, die bis jetzt noch nicht wirklich bekannt, benannt und begründet, geschweige denn durchgesetzt sind (z.B. Heimgartner 2009, 14-21).

Die Hochschulen für Soziale Arbeit in der Schweiz sind bestrebt, ihre vier gesetzlich verankerten Leistungsaufträge intern miteinander zu verzahnen. Die grundlegende Ausrichtung der Bildungsangebote färbt darum auf die wissenschaftlichen Interessen ab. Infolgedessen liegt es nahe, dass sich generalistisch ausgerichtete Hochschulen um andere empirische und theoretische Fragen kümmern als differenziert ausgerichtete. Denn ihre Studienangebote, die ja letztlich kompetente Berufsleute hervorbringen sollen, weisen unterschiedliche Begründungslücken auf. Wenn es gelänge, die Lücken arbeitsteilig wissenschaftlich fundiert zu füllen, käme das stets zuletzt der Praxis Sozialer Arbeit und ihren Berufs- und Arbeitsfeldern zugute.

Die Forschung über Soziale Arbeit in der Schweiz ist allerdings noch vergleichsweise jung. Von einem hinreichenden Mass an Diskursivität, wie es aus Habermasscher Perspektive zu wünschen wäre, ist man noch weit entfernt. Die Vielfalt der Landessprachen wirkt zusätzlich erschwerend. Letztlich wünscht man sich indessen einen Diskurs, der nicht nur unter Wissenschaftlerinnen und Wissenschaftlern geführt wird, sondern Wissenschaft, Bildung und Soziale Arbeit übergreift (Kapitel 1.2). Die präsentierten Forschungsergebnisse lassen nämlich beträchtliche Differenzen zwischen den Befragten aus der Sozialen Arbeit und jenen aus der Bildung zutage treten. Noch sind geeignete Gefässe für einen umfassenden, kontinuierlichen Diskurs nicht institutionalisiert. Das Spiegelkabinett von Sozialer Arbeit, Bildung und Wissenschaft reflektiert derweil unablässig weiter.

8 Quellenverzeichnis

Arnold, Sandra; Bregger, Andrea & Näpflin, Cornelia (2011). *Zu jung und zu unerfahren für die Soziale Arbeit? Eine qualitative Befragung von Arbeitgebenden zum Berufseinstieg nach dem Studium der Sozialen Arbeit.* Luzern: Hochschule Luzern (Bachelor-Arbeit).

Baudenbacher, Eva & Stoll, Vera (2011). *Soziokulturelle Animatorinnen und Animatoren in alternativen Berufsfeldbereichen. Eine Abhandlung über das soziokulturelle Handeln in alternativen Berufsfeldbereichen.* Luzern: Hochschule Luzern (Bachelor-Arbeit).

Beck, Ulrich; Daheim, Michael & Brater, Hansjürgen (1980). *Soziologie der Arbeit und der Berufe. Grundlagen, Problemfelder, Forschungsergebnisse.* Reinbek b. Hamburg: Rowohlt.

Becker-Lenz, Roland & Müller, Silke (2009). *Der professionelle Habitus in der Sozialen Arbeit. Grundlagen eines Professionsideals.* Bern: Lang.

Benz Bartoletta, Petra u.a. (2010). Potential, Irritationen und Bezüge von Disziplin, Profession und Hochschule der Sozialen Arbeit in der Schweiz. In dies. (Hrsg.), *Soziale Arbeit in der Schweiz* (S. 273-282). Bern: Haupt.

Birgmeier, Bernd & Mührel, Eric (Hrsg.) (2009). *Die Sozialarbeitswissenschaft und ihre Theorie(n).* Wiesbaden: VS Verlag für Sozialwissenschaften.

Birgmeier, Bernd & Mührel, Eric (2009a). Die Sozialarbeitswissenschaft und ihre Theorie(n). In dies. (Hrsg.), *Die Sozialarbeitswissenschaft und ihre Theorie(n). Positionen, Kontroversen, Perspektiven* (S. 11-16). Wiesbaden: VS Verlag für Sozialwissenschaften.

Birgmeier, Bernd & Mührel, Eric (2011). *Wissenschaftliche Grundlagen der Sozialen Arbeit.* Schwalbach/ Ts.: Wochenschau.

Bolte, Karl Martin (1983). Subjektorientierte Soziologie – Plädoyer für eine Forschungsperspektive. In Karl Martin Bolte & Erhard Treutner (Hrsg.), *Subjektorientierte Arbeits- und Berufssoziologie* (S. 12-36). Frankfurt a.M./New York: Campus.

Bourdieu, Pierre (1987). *Sozialer Sinn. Kritik der theoretischen Vernunft.* Frankfurt a.M.: Suhrkamp.

Bourdieu, Pierre & Wacquant, Loïc J.D. (1996). *Reflexive Anthropologie.* Frankfurt a.M.: Suhrkamp.

Brater, Michael (1983). Die Aktualität der Berufsproblematik und die Frage nach der Berufskonstitution. In Karl Martin Bolte & Erhard Treutner (Hrsg.), *Subjektorientierte Arbeits- und Berufssoziologie* (S. 38-61). Frankfurt a.M./New York: Campus.

Buchka, Maximilian (2009). Sozialpädagogik und Heilpädagogik. Eine Betrachtung über verwandtschaftliche und nachbarschaftliche Theorie-Praxis-Bezugsverhältnisse. In Eric Mührel & Bernd Birgmeier (Hrsg.), *Theorien der Sozialpädagogik – ein Theorie-Dilemma?* (S. 33-43). Wiesbaden: VS Verlag für Sozialwissenschaften.

Buchkremer, Hansjosef (Hrsg.) (2009). *Handbuch Sozialpädagogik. Ein Leitfaden in der sozialen Arbeit.* Darmstadt: Wissenschaftliche Buchgesellschaft (3., vollst. überarb. Aufl.).

Chytil, Old ich; Gojová, Alice & Ned lniková, Dana (2011). In Hans-Uwe Otto & Hans Thiersch (Hrsg.), *Handbuch Soziale Arbeit. Grundlagen der Sozialarbeit und Sozialpädagogik* (S. 1334-1341). München: Ernst Reinhardt (4., völlig neu bearb. Aufl.).

Dewe, Bernd & Otto, Hans-Uwe (2011). Profession. In Hans-Uwe Otto & Hans Thiersch (Hrsg.), *Handbuch Soziale Arbeit. Grundlagen der Sozialarbeit und Sozialpädagogik* (S. 1131-1142). München: Ernst Reinhardt (4., völlig neu bearb. Aufl.).

Di Luzio, Gaia (2005). Professionalismus – eine Frage des Vertrauens. In Michaela Pfadenhauer (Hrsg.), *Professionelles Handeln* (S. 69-85). Wiesbaden: VS Verlag für Sozialwissenschaften.

Esping-Andersen, Gøsta (1990). *Three Worlds of Welfare Capitalism.* Cambridge: Polity Press.

Eugster, Reto (2000). *Die Genese des Klienten. Soziale Arbeit als System.* Bern/Stuttgart/Wien: Haupt.

Fehlmann, Maja u.a. (1987). *Handbuch Sozialwesen Schweiz.* Zürich: Pro Juventute.

Feth, Reiner (1998). Sozialarbeitswissenschaft. Eine Sozialwissenschaft neuer Prägung – Ansätze einer inhaltlichen Konturierung. In Armin Wöhrle (Hrsg.), *Profession und Wissenschaft Sozialer Arbeit. Positionen in einer Phase der generellen Neuverortung und Spezifika in den neuen Bundesländern* (S. 205-236). Pfaffenweiler: Centaurus.

Foucault, Michel (1991). *Die Ordnung des Diskurses.* Frankfurt a.M.: Fischer.

Freitas, Maria José (2007). Social Professional Education and Work in the Netherlands. In Franz Hamburger u.a. (Hrsg.), *Ausbildung für Soziale Berufe in Europa. Band 4* (S. 4-12). Frankfurt a.M.: ISS-Eigenverlag.

Füssenhäuser, Cornelia & Thiersch, Hans (2005). Theorien der Sozialen Arbeit. In Hans-Uwe Otto & Hans Thiersch (Hrsg.), *Handbuch Sozialarbeit/Sozialpädagogik* (S. 1876-1900). München: Ernst Reinhardt (3. Aufl.).

Füssenhäuser, Cornelia & Thiersch, Hans (2011). Theorie und Theoriegeschichte Sozialer Arbeit. In Hans-Uwe Otto & Hans Thiersch (Hrsg.), *Handbuch Soziale Arbeit. Grundlagen der Sozialarbeit und Sozialpädagogik* (S. 1632-1645). München: Ernst Reinhardt (4., völlig neu bearb. Aufl.).

Gabriel, Thomas & Grubenmann, Bettina (2011). Soziale Arbeit in der Schweiz. In Hans-Uwe Otto & Hans Thiersch (Hrsg.), *Handbuch Soziale Arbeit. Grundlagen der Sozialarbeit und Sozialpädagogik* (S. 1319-1326). München: Ernst Reinhardt (4., völlig neu bearb. Aufl.).

Galuske, Michael (2011). Methoden der Sozialen Arbeit. In Hans-Uwe Otto & Hans Thiersch (Hrsg.), *Handbuch Soziale Arbeit. Grundlagen der Sozialarbeit und Sozialpädagogik* (S. 931-945). München: Ernst Reinhardt (4., völlig neu bearb. Aufl.).

Gängler, Hans (1998). Vom Zufall zur Notwendigkeit? Materialien zur Wissenschaftsgeschichte der Sozialen Arbeit. In Armin Wöhrle (Hrsg.), *Profession und Wissenschaft Sozialer Arbeit. Positionen in einer Phase der generellen Neuverortung und Spezifika in den neuen Bundesländern* (S. 252-283). Pfaffenweiler: Centaurus.

Giddens, Anthony (1988): *Die Konstitution der Gesellschaft. Grundzüge einer Theorie der Strukturierung.* Frankfurt a.M.: Campus.

Giesecke, Hermann (1987). *Pädagogik als Beruf. Grundformen pädagogischen Handelns.* Weinheim/München: Juventa.

Habermas, Jürgen (1981). *Theorie des kommunikativen Handelns* (2 Bde.). Frankfurt a.M.: Suhrkamp.

Habermas, Jürgen (1983). *Moralbewusstsein und kommunikatives Handeln.* Frankfurt a.M.: Suhrkamp.

Habermas, Jürgen (1991). *Erläuterungen zur Diskursethik.* Frankfurt a.M.: Suhrkamp.

Hafen, Martin (2005). *Soziale Arbeit in der Schule zwischen Wunsch und Wirklichkeit.* Luzern: Interact.

Hafen, Martin (2005a). *Systemische Prävention. Grundlagen für eine Theorie präventiver Massnahmen.* Heidelberg: Carl Auer.

Hafen, Martin (2010). Die Soziokulturelle Animation aus systemtheoretischer Perspektive. In Bernard Wandeler (Hrsg.), *Soziokulturelle Animation. Professionelles Handeln zur Förderung von Zivilgesellschaft, Partizipation und Kohäsion* (S. 157-200). Luzern: Interact.

Hamburger, Franz (2008). *Einführung in die Sozialpädagogik.* Stuttgart: Kohlhammer (2., überarb. Aufl.).

Hangartner, Gabi (2010). Ein Handlungsmodell für die Soziokulturelle Animation zur Orientierung für die Arbeit in der Zwischenposition. In Bernard Wandeler (Hrsg.), *Soziokulturelle Animation. Professionelles Handeln zur Förderung von Zivilgesellschaft, Partizipation und Kohäsion* (S. 265-322). Luzern: Interact.

Heimgartner, Arno (2009). Über die Breite der Sozialen Arbeit in Österreich. In Joseph Scheipl; Peter Rossmann & Arno Heimgartner (Hrsg.), *Partizipation und Inklusion in der Sozialen Arbeit* (S. 11-27). Graz: Leykam.

Heiner, Maja (2007). *Soziale Arbeit als Beruf. Fälle – Felder – Fähigkeiten.* München: Ernst Reinhardt.

Husi, Gregor & Meier Kressig, Marcel (1995). *Alleineltern und Eineltern. Forschungsergebnisse zu den Lebenslagen «Alleinerziehender».* Zürich: Seismo.

Husi, Gregor & Meier Kressig, Marcel (1998). *Der Geist des Demokratismus. Modernisierung als Verwirklichung von Freiheit, Gleichheit und Sicherheit.* Münster: Westfälisches Dampfboot.

Husi, Gregor (2004). Wohin entwickelt sich die Gesellschaft? Welche Kompetenzen benötigt die künftige Soziale Arbeit? *SozialAktuell, 21* (36), S. 6-11.

Husi, Gregor (2010). Die Soziokulturelle Animation aus strukturierungstheoretischer Sicht. In Bernard Wandeler (Hrsg.), *Soziokulturelle Animation. Professionelles Handeln zur Förderung von Zivilgesellschaft, Partizipation und Kohäsion* (S. 97-155). Luzern: Interact.

Husi, Gregor (2012). Auf dem Weg zur Beteiligungsgesellschaft. In Mathias Lindenau & Marcel Meier Kressig (Hrsg.), *Zwischen Sicherheitserwartung und Risikoerfahrung. Vom Umgang mit einem gesellschaftlichen Paradoxon in der Sozialen Arbeit* (S. 75-119). Bielefeld: Transcript.

Klüsche, Wilhelm (Hrsg.) (1999). *Ein Stück weitergedacht … Beiträge zur Theorie- und Wissenschaftsentwicklung der Sozialen Arbeit.* Freiburg i.Br.: Lambertus.

Kühne, Klaus (1997). Soziale Arbeit in der Schweiz. In Ria Puhl & Udo Maas (Hrsg.), *Soziale Arbeit in Europa. Organisationsstrukturen, Arbeitsfelder und Methoden im Vergleich* (S. 177-196). Weinheim/ München: Juventa.

Kühne, Klaus (2008). Soziale Arbeit in der Schweiz. In Dieter Kreft & Ingrid Mielenz (Hrsg.), *Wörterbuch Soziale Arbeit. Aufgaben, Praxisfelder und Methoden der Sozialarbeit und Sozialpädagogik* (S. 795-802). Weinheim/München: Juventa (6., überarb. u. aktual. Aufl.).

Lorenz, Walter (2011). Soziale Arbeit in Europa. In Hans-Uwe Otto & Hans Thiersch (Hrsg.), *Handbuch Soziale Arbeit. Grundlagen der Sozialarbeit und Sozialpädagogik* (S. 1327-1333). München: Ernst Reinhardt (4., völlig neu bearb. Aufl.).

May, Michael (2010). *Aktuelle Theoriediskurse Sozialer Arbeit. Eine Einführung.* Wiesbaden: VS Verlag für Sozialwissenschaften (3. Aufl.).

Mayer, Horst O. (2004). Qualitative Befragung – Das Leitfadeninterview. In ders., *Interview und schriftliche Befragung* (S. 36-56). München: Oldenbourg (2., verbess. Aufl.).

Merten, Roland (1996). Zum systematischen Gehalt der aktuellen Debatte um eine autonome «Sozialarbeitswissenschaft». In Ria Puhl (Hrsg.), Sozialarbeitswissenschaft. *Neue Chancen für theoriegeleitete Soziale Arbeit* (S. 83-99). Weinheim/München: Juventa.

Meuser, Michael & Nagel, Ulrike (1991). ExpertInneninterviews – vielfach erprobt, wenig bedacht. In Detlef Garz & Klaus Kraimer (Hrsg.), *Qualitativ-empirische Sozialforschung. Konzepte, Methoden, Analysen* (S. 441-471). Opladen: Westdeutscher Verlag.

Mühlum, Albert; Bartholomeyczik, Sabine & Göpel, Eberhard (1997). *Sozialarbeitswissenschaft, Pflegewissenschaft, Gesundheitswissenschaft.* Freiburg i.Br.: Lambertus.

Mühlum, Albert (2001). *Sozialarbeit und Sozialpädagogik. Ein Vergleich.* Frankfurt a.M.: Eigenverlag des Deutschen Vereins für öffentliche und private Fürsorge (3., überarb. u. aktual. Aufl.).

Mührel, Eric & Birgmeier, Bernd (Hrsg.) (2009). *Theorien der Sozialpädagogik – ein Theorie-Dilemma?* Wiesbaden: VS Verlag für Sozialwissenschaften.

Müller, Emanuel (1999). Ein Handlungsmodell der soziokulturellen Animation. In Heinz Moser u.a., *Soziokulturelle Animation. Grundfragen, Grundlagen, Grundsätze* (S. 95-159). Luzern: Verlag für Soziales und Kulturelles.

Nadai, Eva u.a. (2005). *Fürsorgliche Verstrickung. Soziale Arbeit zwischen Profession und Freiwilligenarbeit.* Wiesbaden: VS Verlag für Sozialwissenschaften.

Neumann, Sascha & Sandermann, Philipp (2007). Uneinheitlich einheitlich. Über die Sozialpädagogik der sozialpädagogischen Theorie. *Schweizerische Zeitschrift für Soziale Arbeit, 3* (2), S. 9-26.

Niemeyer, Christian (2002). Sozialpädagogik, Sozialarbeit, Soziale Arbeit – «klassische» Aspekte der Theoriegeschichte. In Werner Thole (Hrsg.), *Grundriss Soziale Arbeit. Ein einführendes Handbuch* (S. 123-137). Opladen: Leske + Budrich.

Obrecht, Werner (2004). Soziale Systeme, Individuen, soziale Probleme und Soziale Arbeit. Zu den metatheoretischen, sozialwissenschaftlichen und handlungstheoretischen Grundlagen des «systemtheoretischen Paradigmas» der Sozialen Arbeit. In Albert Mühlum (Hrsg.), *Sozialarbeitswissenschaft. Wissenschaft der Sozialen Arbeit* (S. 270-294). Freiburg i.Br.: Lambertus.

Oelschlägel, Dieter (1992). Soziokulturelle Gemeinwesenarbeit. In Norbert Sievers & Bernd Wagner (Hrsg.), *Bestandsaufnahme Soziokultur. Beiträge, Analysen, Konzepte* (S. 407-415). Stuttgart/Berlin/ Köln: Kohlhammer.

Oerter, Rolf & Montada, Leo (Hrsg.) (2002). *Entwicklungspsychologie.* Weinheim/Basel/Berlin: Beltz (5., vollst. überarb. Aufl.).

Otto, Hans-Uwe & Thiersch, Hans (Hrsg.) (2005). *Handbuch Sozialarbeit/Sozialpädagogik.* München: Ernst Reinhardt (3. Aufl.).

Otto, Hans-Uwe & Thiersch, Hans (Hrsg.) (2011). *Handbuch Soziale Arbeit. Grundlagen der Sozialarbeit und Sozialpädagogik.* München: Ernst Reinhardt (4., völlig neu bearb. Aufl.).

Pfadenhauer, Michaela (2003). *Professionalität. Eine wissenssoziologische Rekonstruktion institutionalisierter Kompetenzdarstellungskompetenz.* Opladen: Leske + Budrich.

Pfadenhauer, Michaela (2005). Die Definition des Problems aus der Verwaltung der Lösung. Professionelles Handeln revisited. In dies. (Hrsg.), *Professionelles Handeln* (S. 9-22). Wiesbaden: VS Verlag für Sozialwissenschaften.

Pfadenhauer, Michaela & Sander, Tobias (2010). Professionssoziologie. In Georg Kneer & Markus Schroer (Hrsg.), *Handbuch Spezielle Soziologien* (S. 361-378). Wiesbaden: VS Verlag für Sozialwissenschaften.

Sahle, Rita (2004). Paradigmen der Sozialen Arbeit – Ein Vergleich. In Albert Mühlum (Hrsg.), *Sozialarbeitswissenschaft – Wissenschaft der Sozialen Arbeit* (S. 295-332). Freiburg i.Br.: Lambertus.

Sander, Günther (2002). Soziale Arbeit in Europa. Ausbildung und Internationalisierung des Studiums – Ein Überblick. In Werner Thole (Hrsg.), *Grundriss Soziale Arbeit. Ein einführendes Handbuch* (S. 857-869). Opladen: Leske + Budrich.

Scheipl, Josef (2011). Soziale Arbeit in Österreich. In Hans-Uwe Otto & Hans Thiersch (Hrsg.), *Handbuch Soziale Arbeit. Grundlagen der Sozialarbeit und Sozialpädagogik* (S. 1342-1348). München: Ernst Reinhardt (4., völlig neu bearb. Aufl.).

Schmocker, Beat (2011). *Soziale Arbeit und ihre Ethik in der Praxis. Eine Einführung mit Glossar zum Berufskodex Soziale Arbeit Schweiz.* Bern: AvenirSocial.

Sommerfeld, Peter (2003). *Zukunftsszenarien Soziale Arbeit. Überlegungen zur Lösung sozialer Probleme. Ein Essay zum zehnjährigen Jubiläum der Unternehmensberatung Viktor Schiess.* Aarau: Unternehmensberatung Viktor Schiess.

Spierts, Marcel (1998). *Balancieren und Stimulieren. Methodisches Handeln in der soziokulturellen Arbeit.* Luzern: Verlag für Soziales und Kulturelles.

Staub-Bernasconi, Silvia (2007). *Soziale Arbeit als Handlungswissenschaft. Systemtheoretische Grundlagen und professionelle Praxis – ein Lehrbuch.* Bern/Stuttgart/Wien: Haupt.

Staub-Bernasconi, Silvia (2009). Soziale Arbeit als Handlungswissenschaft.. In Bernd Birgmeier & Eric Mührel (Hrsg.), *Die Sozialarbeitswissenschaft und ihre Theorie(n). Positionen, Kontroversen, Perspektiven* (S. 133-146). Wiesbaden: VS Verlag für Sozialwissenschaften.

Thole, Werner (Hrsg.) (2002). *Grundriss Soziale Arbeit. Ein einführendes Handbuch.* Opladen: Leske + Budrich.

Thole, Werner (2002a). Soziale Arbeit als Profession und Disziplin. In Werner Thole (Hrsg.), *Grundriss Soziale Arbeit. Ein einführendes Handbuch* (S. 13-59). Opladen: Leske + Budrich.

Voisard, Michel (2005). *Soziokulturelle Animation beobachtet.* Heidelberg: Carl Auer.

Wandeler, Bernard (Hrsg.) (2010). *Soziokulturelle Animation. Professionelles Handeln zur Förderung von Zivilgesellschaft, Partizipation und Kohäsion.* Luzern: Interact.

Wehner, Nicole (2010). *Die habitualisierte Inszenierung von Professionalität. Eine biografische Studie im Berufsfeld der Sozialen Arbeit.* Berlin: Wissenschaftlicher Verlag Berlin.

Wendt, Wolf Rainer (2003). Fachsozialarbeit als notwendige professionelle Spezialisierung. *Blätter der Wohlfahrtspflege, 4,* S. 124-128.

Wettstein, Heinz (1999). Definitionen, Funktionen und Position. In Heinz Moser u.a., *Soziokulturelle Animation. Grundfragen, Grundlagen, Grundsätze* (S. 13-38). Luzern: Verlag für Soziales und Kulturelles.

Wettstein, Heinz (2010). Hinweise zu Geschichte, Definitionen, Funktionen ... In Bernard Wandeler (Hrsg.), *Soziokulturelle Animation. Professionelles Handeln zur Förderung von Zivilgesellschaft, Partizipation und Kohäsion* (S. 15-60). Luzern: Interact.

Willener, Alex (2010). Sozialräumliches Handeln. In Bernard Wandeler (Hrsg.), *Soziokulturelle Animation. Professionelles Handeln zur Förderung von Zivilgesellschaft, Partizipation und Kohäsion* (S. 349-382). Luzern: Interact.

Winkler, Michael (2006). *Kritik der Pädagogik. Der Sinn der Erziehung.* Stuttgart: Kohlhammer.

Wrentschur, Michael (2009). Soziale Partizipation durch Soziale Kulturarbeit. In Josef Scheipl; Peter Rossmann & Arno Heimgartner (Hrsg.), *Partizipation und Inklusion in der Sozialen Arbeit* (S. 168-187). Graz: Leykam.

Züfle, Manfred (Hrsg.) (2004). *Handeln – Zwischen – Räumen. Von Soziokultureller Animation und der Vergangenheit einer Schule.* Luzern: Interact.

9 Anhang: Sichtung der Websites der Fachhochschulen für Soziale Arbeit in der deutschen Schweiz

Die Websites folgender Fachhochschulen wurden gesichtet:

· Fachhochschule St. Gallen FHS
· Berner Fachhochschule BFH
· Fachhochschule Westschweiz-Wallis HES-SO
· Fachhochschule Nordwestschweiz FHNW
· Zürcher Hochschule für Angewandte Wissenschaften ZHAW
· Hochschule Luzern

9.1 Arbeitsfelder und Organisationen

Im Folgenden sind die Arbeitsfelder und Organisationen, welche auf den Websites der Fachhochschulen für Soziale Arbeit in der deutschen Schweiz aufgeführt sind und zum Teil einem der drei Berufsfelder zugeordnet sind, aufgelistet.

Arbeitsfelder der Sozialarbeit

· *FHS St. Gallen:* Sozialdienste der öffentlichen Hand – Gemeinden, Schulen, Spitäler etc.; kirchlich oder privat getragene Sozialdienste, Sozialdienste in Unternehmen; Beratungsstellen und Einrichtungen für Kinder, Jugendliche, Familien, Erwachsene, Betagte oder Menschen mit Behinderung; Institutionen und Projekte in spezifischen Problembereichen wie Sucht, Aids, Gewalt, Migration; Institutionen wie Jugendsekretariate und Projekte im Rahmen gesetzlicher Massnahmen und Jugendanwaltschaften, Bewährungshilfe

- *HES-SO Wallis:* Sozialdienste und Sozialzentren, Spitäler, Gefängnisse, Schulen, Pfarreien, Unternehmen, Vormundschaftsbehörden, Drogenberatungsstellen, Frauenhäuser, Kindesschutzgruppen

- *Hochschule Luzern:* Sozialdienst und Sozialplanung in der öffentlichen Verwaltung und in Betrieben, Beratungen für Menschen in verschiedenen Lebensphasen und Familiensituationen, Beratungen und Projekte im Rahmen gesetzlicher Massnahmen, Beratungen und Projekte in themenspezifischen Bereichen wie Sucht, Aids, Gewalt, Migration.

Arbeitsfelder der Soziokulturellen Animation

- *HES-SO Wallis:* Freizeitzentren, Quartiertreffpunkte, Sozialmedizinische Zentren, Tagesheime für betagte Personen, Gewerkschaften, Kulturzentren, Vereinigungen unterschiedlichster Art, in aufsuchender Arbeit auf der Strasse

- *Hochschule Luzern:* Kultur-, Quartier- und Jugendzentren, Beratung und Integrationsprojekte im Bereich Migration, Projekte im Bereich Regional - und Stadtentwicklung, kulturelle und soziale Veränderungen im internationalen Kontext.

Arbeitsfelder der Sozialpädagogik

- *FHS St. Gallen:* Kinder und Jugendheime, Freizeiteinrichtungen, Einrichtungen im Straf- und Massnahmenvollzug, Einrichtungen für Menschen mit psychischen, geistigen oder körperlichen Behinderungen, Rehabilitationszentren für Menschen mit einer Suchtproblematik, Einrichtungen für obdachlose Menschen, für Flüchtlinge und Asyl Suchende, familiäre und ausserfamiliäre Erziehungshilfe

- *HES-SO Wallis:* in Wohn- und Arbeitsstrukturen, also in Heimen, Tageszentren, Internaten, Werkstätten und Notunterkünften, bei den Menschen zu Hause, auf der Strasse

- *Hochschule Luzern:* Soziale Einrichtungen für Menschen mit geistigen, psychischen, körperlichen und sozialen Behinderungen und Verhaltensauffälligkeiten. Typische Arbeitgeber sind Heime, Kliniken, Werkstätten, Rehabilitationszentren, Frauen-, Kinder- und Jugendhäuser, sozialpädagogische Familienbegleitung, Strassenarbeit, usw.

**Weitere auf den Websites der Fachhochschulen angeführte, den einzelnen Berufs-
feldern jedoch nicht zugeordnete Arbeitsfelder und Organisationen**

· *HES-SO Wallis:* öffentliche und private Einrichtungen aus dem Bildungs-, So-
zial- und Gesundheitsbereich wie Schulen, Heime, Freizeit- und Kulturzentren,
Sozialpädagogische Institutionen, Kinder- und Jugendeinrichtungen, Empfangszentren für Flüchtlinge; öffentliche und private Beratungsstellen für betroffene
Menschen wie Kinder- und Jugenddienste, kommunale Sozialdienste, Beratungsstellen für Frauen/Männer, Beratungsstellen für Flüchtlinge, Beratungsstellen für Familien oder ältere Menschen, Quartier- bzw. Gemeinwesenarbeit;
Sozialdienste, Beratungsdienste (z.B. Suchtbereich, Bereich psychischer, geistiger, physischer Behinderungen), Therapieheim, Begleitetes Wohnen, Jugendschutzdienst, Sozialpädagogische Familienbegleitung, Heim (Kinder-, Jugend-,
Flüchtlingsheim), Wiedereingliederungszentren, Schulsozialarbeit, Gemeinwesenarbeit, Gefängnisse, Bewährungshilfe

· *Berner FH/Organisationen:* Allgemeine öffentliche Sozialdienste der Gemeinden
und Kantone (Sozialhilfe, Vormundschaft), ambulante Jugendhilfe wie Erzie-
hungsberatungsstellen, Jugendämter, Jugendrichter und Jugendtreffpunkte; ambulante und stationäre Institutionen für Behinderte, Beratungsstellen bspw. für
Arbeitslose, Ausländer und Ausländerinnen, Familien, Flüchtlinge, Frauen, Männer und Obdachlose; Schuldenberatung, Beschäftigungs- und Wiedereinglie-
derungsprogramme, Einrichtungen für Suchtgefährdete und Suchtkranke, Frauenhäuser, Gemeinschaft- und Quartierzentren, Freizeiteinrichtungen, kirchliche
Einrichtungen, Kliniken/Spitäler und psychiatrische Einrichtungen, Senioronein-
richtungen, Sozialdienste und Beratungsstellen in Betrieben, Straf- und Mass-
nahmenvollzugsanstalten, Kinder-, Jugend- und Erwachsenenarbeit, Streetwork

· *Berner FH/Arbeitsfelder:* Beratung, Betriebssozialarbeit, Bildung, Existenzsicherung, Forschung und Lehre, Freizeitgestaltung, Gemeinwesenarbeit, Gesundheitswesen, Heimerziehung, Migration, Prävention, Rehabilitation, Schulsozialarbeit, Sozialberatung, Sozialpädagogische und Soziokulturelle Arbeit

· *ZHAW:* öffentliche und betriebliche Sozialdienste (Gemeinden, Spitäler etc.),
Beratungsstellen für Kinder, Jugendliche, Familien, Erwachsene, Betagte und
Menschen mit Behinderung, Jugendanwaltschaften, Amtsvormundschaften, Be-
schäftigungs- und Integrationsprogramme, Arbeitsvermittlungsstellen, Wohn-
gruppen und Heime, Horte und Krippen, Schul- und Bildungswesen (z.B.
Schulsozialarbeit), Gemeinschafts-, Jugend- und Freizeitzentren, Sozialplanung
und Gemeinwesenarbeit, Asylwesen, Migration

· *FHNW*: öffentlich-rechtliche und private Organisationen des Erziehungs-, Bildungs-, Sozial-, Gesundheits- und Justizwesens, beispielsweise Sozialhilfe, Angebote für sozial auffällige Kinder und Jugendliche, Gemeinwesenarbeit, Jugendarbeit, Schulsozialarbeit, sozialpädagogische Familienbegleitung, Straf- und Massnahmenvollzug, Bewährungshilfe, Angebote für Menschen mit Entwicklungsbeeinträchtigungen und Behinderungen, psychosoziale Beratung, betriebliche Sozialarbeit, Drogen- und Suchthilfe

9.2 Hochschulen für Soziale Arbeit mit differenzierter Ausbildung

Fachhochschule St. Gallen –
differenzierte Ausbildung (Sozialarbeit & Sozialpädagogik)
Alle unten angeführten Texte sind folgender Website sowie mit dieser Seite verlinkter Websites bzw. Dokumente entnommen: http://www.fhsg.ch/fhs.nsf/de/bsc-soziale-arbeit-auf-einen-blick (Stand: Dezember 2011).

a) Differenzierungsgrad und deren Begründung

Der Bereich Soziale Arbeit der Fachhochschule St. Gallen bietet den Studiengang Soziale Arbeit mit den beiden Studienrichtungen Sozialarbeit und Sozialpädagogik an. Der Entscheid für ein differenziertes Studium wird durch die Tatsache begründet, dass die schweizerische Praxis auf die Felder Sozialarbeit und Sozialpädagogik ausgerichtet ist und dies entsprechend nach feldspezifischen Kompetenzen verlangt.

Im Verlauf des Grundstudiums entscheiden sich die Studierenden für eine Studienrichtung: Sozialarbeit oder Sozialpädagogik. Während im Grundstudium die Grundlagen der Sozialen Arbeit vermittelt werden, befassen sich die Studierenden im Hauptstudium vermehrt mit den spezifischen Anforderungen der Arbeitsfelder Sozialarbeit oder Sozialpädagogik. Vier Pflichtmodule im Hauptstudium im Umfang von 24 ECTS sind studienrichtungsspezifisch.

Ab dem Herbstsemester 2012 müssen die Studierenden zudem zusätzlich noch eine Vertiefungsrichtung wählen. Zur Auswahl stehen: 1) Professionelle Herausforderungen angesichts gefährdeter / verletzter Integrität von Individuen, 2) Professionelle Herausforderungen bei der Gestaltung von Gruppenprozessen, Organisationen und Sozialen Räumen oder 3) Professionelle Herausforderungen im Zusammenhang mit gesellschaftlichen Transformationen.

Die Studierenden der Fachhochschule St. Gallen schliessen das Studium mit dem Titel «Bachelor of Science FHO in Sozialer Arbeit mit Studienrichtung Sozialarbeit bzw. Sozialpädagogik» ab.

b) Unterschiede der Studienrichtungen

Beschreibung	**Sozialarbeit** hat dabei zum Ziel, für die betroffenen Menschen existenzielle Bedürfnisse wie Wohnen und Einkommen zu sichern sowie weitere Unterstützung anzubieten. Sie ergreift Massnahmen gegen soziale Ausgrenzung und schafft Angebote zur Integration in den jeweiligen sozialen Raum. Mit Einzelnen und Gruppen werden Veränderungen angestrebt, damit sie sich in ihrer Umwelt besser zurechtfinden und nach Möglichkeit ein selbständiges Leben führen können. In der Sozialarbeit steht die ambulante Dienstleistung und damit meist die Beratung im Zentrum. Sie kommt in verschiedenen Arbeitsfeldern zum Einsatz, wie in Sozialdiensten, im Vormundschaftswesen, Rehabilitation und Suchthilfe, Schulen, Beratungsstellen für Erwachsene, Kinder und Jugendliche, in oder im Strafvollzug. **Sozialpädagogik** wird aktiv, wenn Menschen ihren Alltag vorübergehend oder dauerhaft aus eigener Kraft nicht in vollem Umfang bewältigen können. Dies ist der Fall, wenn Kinder und Jugendliche besonderen Schutz oder erzieherische Begleitung brauchen. Ebenso wenn Menschen mit Behinderung Assistenz benötigen oder für einen Stadtteil ein angemessenes Begegnungs- und Freizeitangebot geschaffen werden muss. Sozialpädagoginnen und Sozialpädagogen arbeiten in sogenannten stationären Wohneinrichtungen, «ambulant» oder im ambulanten Kontext. Dabei unterstützt Sozialpädagogik betroffene Menschen bei der Gestaltung ihres Lebensalltags.
Berufsbilder	**Sozialarbeitende** · sichern existenzielle Bedürfnisse. Sie unterstützen sozial Benachteiligte in Finanzfragen, bei der Suche nach Arbeit oder Wohnraum, bei der Gestaltung sozialer Netze und vermitteln Dienstleistungen anderer Fachstellen. · beraten und begleiten Menschen in schwierigen Lebenssituationen, die z.B. von Armut, Behinderung, Krankheit, Sucht oder Misshandlung betroffen sind. · erarbeiten Massnahmen gegen Ausgrenzung und schaffen in der Öffentlichkeit Verständnis für die Situation sozial benachteiligter Menschen. · schaffen Angebote, damit sich benachteiligte Menschen in ihrem Umfeld integrieren können. **Sozialpädagoginnen und Sozialpädagogen** · schaffen angemessene Begegnungs- und Freizeitangebote. · bieten Erziehungsangebote für Kinder und Jugendliche an und unterstützen Eltern in der Erziehung. · fördern die Rehabilitation und Integration von Menschen aller Altersstufen.

Primäre Arbeitsfelder der Studienabgängerinnen und -abgänger der letzten Jahre	**Sozialarbeit** · Staatliche, kommunale Sozialhilfe · Vormundschaftswesen · Rehabilitation und Suchthilfe · Jugendanwaltschaft · Beratungsstelle für Erwachsene und Familien · Beratungsstelle für Kinder und Jugendliche · Jugendsekretariat · Sozialdienst in Spitälern und Kliniken **Sozialpädagogik** · Kinder- und Jugendheim · Einrichtung für Menschen mit psychischen, geistigen und körperlichen Beeinträchtigungen · Familiäre und ausserfamiliäre Erziehungshilfe · Einrichtung im Straf- und Massnahmenvollzug · Jugend- und Freizeiteinrichtungen
Spezifische Module in den beiden Studienrichtungen	Vier Pflichtmodule im Hauptstudium im Umfang von 24 ECTS sind studienrichtungsspezifisch. **Modul A3: Theorien Sozialer Arbeit: Das Verhältnis von Disziplin, Profession und Ethik** **Sozialarbeit** Das Modul vertieft Grundfragen der Profession mit Blick auf aktuelle Diskursstränge. Das Verhältnis von theoretischen Aussagen und Handlungsanforderungen, die Verbindung von Theorie- und Methodenentwicklung unter Einbezug ethischer Positionen stehen im Mittelpunkt des Moduls. Die Studierenden lernen, zur Begründung ihrer professionellen Entscheidungen Fach-, Methoden- und Wertewissen miteinander zu verbinden. **Sozialpädagogik** Das Modul widmet sich der Vertiefung von Grundfragen der Profession mit Blick auf aktuelle Diskursstränge. Das Verhältnis von theoretischen Aussagen und Handlungsanforderungen, die Verbindung von Theorie- und Methodenentwicklung unter Einbezug ethischer Positionen stehen im Mittelpunkt des Moduls. Die Studierenden lernen, zur Begründung ihrer professionellen Entscheidungen Fach-, Methoden- und Wertewissen miteinander zu verbinden. **Modul B3: Entwicklungsprozesse von Individuen in ihren sozialen Bezügen** **Sozialarbeit** Thema des Moduls sind Handlungsansätze für die Arbeit mit Menschen in ihren sozialen Bezügen. Um diese zu verstehen und mit ihnen arbeiten zu können, lernen die Studierenden verschiedene Zugänge und Methoden für die Beschreibung von Problemen und Situationen von Menschen und Gruppen kennen. Sie erwerben Deutungs-, Erklärungs- und Handlungskompetenzen, die es ermöglichen mit Einzelnen und Gruppen professionell zu arbeiten. Die Studierenden üben sich darin, Veränderungs-, Unterstützungs-, Beratungs- und Begleitprozesse mit spezifischen sozialarbeiterischen Methoden zu gestalten.

Sozialpädagogik

Das Modul behandelt Entwicklungs- und Veränderungskonzepte sowie Methoden für die Arbeit mit Menschen in ihren sozialen Bezügen. Die Studierenden lernen verschiedene Zugänge und Methoden für die Beschreibung und das Verständnis von Menschen in ihren sozialen Bezügen kennen. Sie erwerben Deutungs-, Erklärungs- und Handlungskompetenzen und üben sich darin Entwicklungs-, Unterstützungs-, Beratungs- und Begleitprozesse mit spezifisch sozialpädagogischen Methoden angepasst an unterschiedliche Adressatinnen und Adressaten zu gestalten.

Modul D2: Sozialstaat und Sozialwirtschaft

Sozialarbeit

Das Modul befasst sich mit der Wohlfahrtsproduktion im Spannungsfeld von Gemeinschaft, Staat und Markt. Ausgehend von verschiedenen sozialpolitischen Feldern werden exemplarisch die Aufgaben und Funktionen des Sozialstaats in diesem Spannungsfeld analysiert. Insbesondere werden die Grundlagen der Sozialversicherungen einbezogen.

Sozialpädagogik

Das Modul befasst sich mit der Wohlfahrtsproduktion im Spannungsfeld von Gemeinschaft, Staat und Markt. Ausgehend von verschiedenen sozialpolitischen Feldern werden exemplarisch die Aufgaben und Funktionen des Sozialstaats in diesem Spannungsfeld analysiert. Insbesondere wird die Ressourcenerschliessung in den relevanten sozialpädagogischen Handlungsfeldern behandelt.

Modul D3: Sozialraumarbeit (nur für Sozialarbeit)

Orientiert am St.Galler Modell zur Gestaltung des Sozialraums vermittelt das Modul Zugänge zu relevanten Referenzdisziplinen (Stadtsoziologie, Sozialgeografie, Ökonomie) und breite methodische Kompetenzen für die Sozialraumarbeit.

Modul D3: Bildung und Erziehung in sozialräumlicher Perspektive (nur für Sozialpädagogik)

Das Modul bietet eine vertiefte Auseinandersetzung mit theoretischen, konzeptionellen und methodischen Zugängen sozialpädagogischen Handelns. Der Blick richtet sich dabei auf Bildung und Erziehung in sozialpädagogischen Settings. Konzeptionelle Grundlagen zum Sozialraum dienen dabei als Orientierungsrahmen für die Auseinandersetzung mit der vielschichtigen Thematik.

Kompetenzen	Ein Kompetenzprofil ist auf der Homepage der Fachhochschule St.Gallen nicht zu finden.

Fachhochschule Wallis –

differenzierte Ausbildung (Soziale Arbeit, Soziokulturelle Animation &

Sozialpädagogik)

Alle unten angeführten Texte sind folgender Website sowie mit dieser Seite verlinkter Websites bzw. Dokumente entnommen: http://sozialarbeit.hevs.ch/Aktuel-
les.2151238.1238.htm (Stand: Dezember 2011).

a) Differenzierungsgrad und deren Begründung

Im Grundstudium eignen sich die Studierenden Lerninhalte und Kompetenzen zu
Grundlagen der Sozialen Arbeit an und absolvieren eine erste Praxisausbildungs-
periode. Im Aufbaustudium liegt der Schwerpunkt auf den von den Studierenden
gewählten berufsspezifischen Vertiefungsrichtungen:

· Sozialarbeit
· Sozialpädagogik
· Soziokulturelle Animation

Während des vierten Semesters der Bachelorausbildung setzen sich die Studierenden mit Ansätzen, Methoden, Praxisfeldern, aktuellen Tendenzen und Zu-
kunftsperspektiven der jeweiligen Vertiefungsrichtung auseinander. Jede berufsspezifische Vertiefung beinhaltet Module im Umfang von 25 ECTS. Mindestens
eine der zwei Praxisausbildungsperioden muss in der gewählten berufsspezifischen Vertiefung absolviert werden.

Als Begründung für das Anbieten einer differenzierten Ausbildung wird eine Befragung der Berufsfelder angeführt, welche ergeben hat, dass ein Bachelor in
Sozialer Arbeit mit drei berufsspezifischen Vertiefungen - Soziokulturelle Animation, Sozialpädagogik, Sozialarbeit - gewünscht wird.

Das Studium wird mit dem eurokompatiblen Diplom «Bachelor of Arts in Sozialer
Arbeit» abgeschlossen.

b) Unterschiede der Vertiefungsrichtungen

Beschreibung	**Sozialarbeit**
	Die Sozialarbeit beabsichtigt die Anpassung von Einzelpersonen, Familien oder Gruppen an das soziale Umfeld, in dem sie leben, sowie die Veränderung des sozialen Umfelds an die Bedürfnisse der randständigen und bedürftigen Menschen. Ziel dieser Arbeit ist die Wahrung der Würde und die Entwicklung der Selbstverantwortung bei den Individuen, indem ihre Fähigkeiten, ihre zwischenmenschlichen Beziehungen und die Ressourcen der Gemeinschaft aktiviert werden.
	Sozialarbeitende sind entweder von den Klienten selber oder von den Behörden beauftragt. Sie arbeiten selbständig und verantwortungsbewusst bei der Lösung von sozialen Problemen mit, die die betroffenen Personen nicht selbst lösen können. Die Sozialarbeit steht an der Schnittstelle zwischen den Menschen und ihrem Umfeld. Die Prinzipien der Menschenrechte und der sozialen Gerechtigkeit sind grundlegende Elemente in diesem Beruf.
	Der Einsatz der Sozialarbeitenden betrifft in den meisten Fällen die Beziehungen zwischen Individuen oder Angehörigen kleiner Gruppen. Sozialarbeitende üben ihre Tätigkeit in vielfältigen Institutionen wie in Sozialdiensten und Sozialzentren, Spitälern, Gefängnissen, in Schulen, Pfarreien und Unternehmen aus. Sie arbeiten auch in zahlreichen spezialisierten Institutionen wie beispielsweise in der Vormundschaftsbehörde, in Drogenberatungsstellen, Frauenhäusern, Kindesschutzgruppen usw. Ihre Aufgabe ist die soziale Begleitung von Einzelpersonen, Familien oder Gruppen in der Absicht, diesen Personen über den Zugang zu den Ressourcen der Gemeinschaft die Autonomie zu ermöglichen. Diese Hilfestellung ist eine Art «Ermutigung zur individuellen Bewusstwerdung und Reflexion über sich selbst und das eigene Umfeld» im Hinblick auf ein gesteigertes individuelles und soziales Wohlbefinden und auf die Wahrnehmung seiner selbst als «Person».
	«Dazu beitragen, dass sich die in einer schwierigen Situation befindende Person wieder als Akteur erkennt» ist eines der Hauptziele des Sozialarbeiters und der Sozialarbeiterin. Deshalb wird der Konfrontation mit den Veränderungen in der Arbeitswelt ganz besondere Bedeutung beigemessen.
	Der/die Sozialarbeitende muss fähig sein, die Arbeit allein aber auch mit anderen im Team auszuüben. Oft ist die Zusammenarbeit mit Professionellen anderer Berufsgruppen und mit Laien von grosser Bedeutung. Die Sozialarbeit betrifft in den meisten Fällen Einzelpersonen und deren Familie, was jedoch Interventionen bei Gruppen nicht ausschliesst. Darüber hinaus beteiligen sich Sozialarbeitende an Informations-, Bildungs- und Entwicklungsmassnahmen, sie sensibilisieren beispielsweise in Schulen, in Vereinen und politischen Gremien, um die kollektiven und strukturellen Ursachen hinter individuellen Problemen sichtbar zu machen.

Sozialpädagogik

Unter Sozialpädagogik ist folgendes zu verstehen: «Das professionelle Handeln einer Fachperson, welche nach Abschluss einer spezifischen Ausbildung die persönliche Entwicklung, die soziale Reife und Autonomie von Personen (...) in schwierigen Situationen, sowie Personen mit einer Behinderung und Personen mit abweichendem Verhalten oder Risikogruppen unterstützt und fördert, indem pädagogische und soziale Methoden und Techniken eingesetzt werden.»

Ein grundlegendes Ziel der Sozialpädagogik ist die Hilfestellung bei der Integration und die Verhinderung der Marginalisierung und der sozialen Ausgrenzung. Die Sozialpädagoginnen und -pädagogen stehen in Interaktion mit Individuen und Gruppen, um ihnen in schwierigen Situationen zu helfen und sie darin zu unterstützen, ihre eigenen Ressourcen in einer im ständigen Wandel begriffenen Gemeinschaft einzusetzen.

Sozialpädagoginnen und -pädagogen sind generell im direkten Umfeld der LeistungsempfängerInnen tätig, zum Beispiel in Wohn- und Arbeitsstrukturen, also in Heimen, Tageszentren, Internaten, Werkstätten, Notunterkünften und auch bei den Menschen zu Hause sowie auf der Strasse. Ihre Tätigkeit ist stark von der Konfrontation mit dem täglichen Umfeld der Menschen und der Kontinuität, die die erzieherische Arbeit erfordert, geprägt. Sie müssen also wichtige Momente des täglichen Lebens in den Internaten, Externaten oder auch im offenen Milieu planen, organisieren und dazu nutzen, dass sie den betroffenen Menschen Gelegenheit geben, Erfahrungen zu sammeln und zu lernen, ihr eigenes Leben zu meistern. Die Erkenntnisse aus diesen Alltagserfahrungen sollen den Individuen und Gruppen dabei helfen, die nötigen Ressourcen zu mobilisieren und ihre Grenzen zu erkennen.

Durch die Verschiedenartigkeit der Probleme und Zusammenhänge sind Sozialpädagoginnen und Sozialpädagogen in den unterschiedlichsten Institutionen und bei Menschengruppen aller Altersschichten tätig. Ihr Ziel ist es, bei den von ihnen betreuten Menschen Lernprozesse aller Art zu entwickeln, die die Autonomie und Wiedereingliederung fördern. Als Ausgangspunkt ihrer Arbeit dienen die schon vorhandenen Ressourcen der LeistungsempfängerInnen, aber auch die des institutionellen und rechtlichen Kontexts und gegebenenfalls die Bedingungen ihres Mandats, die ihnen von den jeweiligen Instanzen auferlegt werden.

Sozialpädagoginnen und -pädagogen sind oft im Team tätig und arbeiten regelmässig mit anderen Fachpersonen, sowie Berufsleuten und Institutionen zusammen.

Soziokulturelle Animation

Für den Europarat ist Soziokulturelle Animation eine soziale Handlung, die während der verschiedenen Aktivitäten des täglichen Lebens ausgeübt wird und bei der die sozialen, kulturellen, ökonomischen und politischen Bedingungen der betroffenen Bevölkerungsgruppen berücksichtigt werden. Zweck dieser Handlung ist die Organisation und Mobilisierung von Gruppen oder Gemeinschaften im Hinblick auf eine soziale Veränderung.

Soziokulturelle Animatorinnen und Animatoren arbeiten hauptsächlich in Gruppen, sei es in Freizeitzentren, Quartiertreffpunkten, sozialmedizinischen Zentren, Tagesheimen für betagte Personen, Gewerkschaften, Kulturzentren, Vereinigungen unterschiedlichster Art oder in aufsuchender Arbeit auf der Strasse. Ihre Vermittlungsfunktion zwischen verschiedenen Gruppen und ihre unterstützende Rolle bei der sozialen Einbindung und der Entwicklung demokratischer Lebensformen geben ihrer Arbeit ein spezifische Note: Sie fördern die Bewusstwerdung kollektiver Identitäten; sie erlauben Interessengemeinschaften, ihre Rolle besser wahrzunehmen und Handlungspläne zu entwickeln; sie erkämpfen vermehrte Möglichkeiten der Meinungsäusserung und Handlungsfähigkeit von Minoritäten; immer mit dem Ziel, in freiwilliger und demokratischer Mitarbeit eine gerechte Teilhabe und Teilnahme zu schaffen.

Die Soziokulturelle Animation hat sowohl bezüglich ihres Zwecks als auch ihrer Aktionen und Handlungen eine hohe demokratische Ethik: Sie verteidigt alle Ausdrucksformen menschlichen Lebens, die das soziale Netz stärken und die gegenseitige Bereicherung zwischen verschiedenen Kulturen fördern.

Die Soziokulturellen Animatorinnen und Animatoren arbeiten im Auftrag öffentlicher Einrichtungen, einer Privatinstitution oder einer Vereinigung in einem häufig multidisziplinären Team an äusserst unterschiedlichen Einsatzorten. Dort erfüllen sie drei wesentliche Aufgaben:

· Promotion und Förderung der Bewusstwerdung: Menschen zum Handeln befähigen;
· Organisation: verwalten, leiten, kommunizieren;
· Verhandlung und Vermittlung zwischen Akteuren im soziopolitischen Kontext.

Arbeitsfelder der Sozialen Arbeit	Es wird angeführt, dass die Studierenden des Studiengangs Soziale Arbeit nach Beendigung ihres Studiums die Möglichkeit haben, in verschiedenen Handlungsfeldern der Sozialen Arbeit eine Arbeitsstelle zu finden:

· öffentliche und private Einrichtungen aus dem Bildungs-, Sozial- und Gesundheitsbereich wie Schulen, Heime, Freizeit- und Kulturzentren, Sozialpädagogische Institutionen, Kinder- und Jugendeinrichtungen, Empfangszentren für Flüchtlinge, usw.
· öffentliche und private Beratungsstellen für betroffene Menschen wie Kinder- und Jugenddienste, kommunale Sozialdienste, Beratungsstellen für Frauen/Männer, Beratungsstellen für Flüchtlinge, Beratungsstellen für Familien oder ältere Menschen, Quartier- bzw. Gemeinwesenarbeit, usw.

Es wird weiter angeführt, dass Professionelle der Sozialen Arbeit demnach in unterschiedlichen Bereichen tätig sind, in welchen sie mit folgenden Problemkreisen konfrontiert werden: Armut/Existenzsicherung, Gesundheit, Behinderung, Migration, Gewalt, Bildung, Diskriminierung, usw.

Weiter werden folgende Arbeitsfelder genannt:

· Professionelle der Sozialen Arbeit können im Kinder-, Jugend-, Erwachsenenbereich sowie mit älteren Menschen arbeiten.
· Sie können mit Individuen, mit Familien, mit Gruppen, im Gemeinwesen oder auch im Sozialraum handeln.
· Sie können stationär wie ambulant in Institutionen arbeiten, von denen hier nur einige aufgelistet sind: Sozialdienst, Beratungsdienste (z.B. Suchtbereich, Bereich psychischer, geistiger, physischer Behinderungen), Therapieheim, Begleitetes Wohnen, Jugendschutzdienst, Sozialpädagogische Familienbegleitung, Heim (Kinder-, Jugend-, Flüchtlingsheim), Wiedereingliederungszentren, Schulsozialarbeit, Gemeinwesenarbeit, Gefängnisse, Bewährungshilfe, usw.

Spezifische Module für die berufsspezifischen Vertiefungen	Jede berufsspezifische Vertiefung beinhaltet Module im Umfang von 25 ECTS. **Soziale Arbeit** *Interventionsmethoden, -techniken und -instrumente der Sozialarbeit* · Individualisierte soziale Aktion: Gespräche, professionelle Dokumente, finanzielle Hilfestellungen, Verwaltungs- und Buchführungstechniken, Umgang mit Sozialversicherungen und rechtlichen Instrumenten, Wiedereingliederungsverträge, institutionelle Platzierung, Intervention mit Mandat etc. · Kollektive soziale Aktion: Information und Prävention, Teilnahme an einer kollektiven Aktion, Projektarbeit, usw. *Spezifische Arbeitsfelder der Sozialarbeit* · Diskriminierungsprozess von körperlich, geistig, sozial und/oder wirtschaftlich gefährdeten Personen (junge Erwachsene, Personen mit psychischen Störungen, Frauen, Familien, usw.) *Profession, Organisation der Institutionen der Sozialarbeit, Zusammenarbeit* · Interventionsfelder und ihre Merkmale: von der Verwaltungs- zur Verbandsarbeit · Professionelle Positionierung der Sozialarbeiter · Historische, politische, ökonomische und rechtliche Dimensionen der Sozialpolitik, der Sozialversicherungssysteme und der Sozialhilfe · Management- und Qualitätssysteme · Institutionelle Netzwerke und Zusammenarbeit · Problemfelder der sozialen Arbeit und der Umgang damit

Sozialpädagogik

Entwicklungsstörungen:

Die häufigsten Störungen der biologischen, psychologischen und sozialen Entwicklung, die eine oder mehrere Interventionen in einer spezialisierten Institution erforderlich machen (Persönlichkeits-, Beziehungs-, Lernstörungen etc.).

Behinderung

· Behinderung als Konstrukt
· Theoretische Modelle, berufliche Handlungskonzepte
· Rechtlicher Rahmen (Erwachsenenschutz, IV, BehiG, etc.)
· Evaluation der Bedürfnisse, Planung, Durchführung und Evaluation von
· Interventionen im Behindertenbereich
· ICF/Funktionale Gesundheit
· ...

Soziale und schulische Integration

· Rechtlicher Rahmen
· Beziehung zur Organisation und zu sozialen Veränderungen
· Prävention, Wiedereingliederung und Integration
· Differenzierte Ansätze entsprechend den betroffenen Personen und dem jeweiligen Kontext
· ...

Psychische Störungen

· Lebensqualität und Marginalisierungsprozesse
· Hilfs- und Unterstützungsnetzwerke
· Rechtliche Erwägungen
· Spezifische Merkmale der Intervention
· Unterschiedliche Dienstleistungen
· ...

Aktuelle Herausforderungen der Sozialpädagogik

· Themen gemäss Aktualität, entsprechend der Region
· Spezifische Themen nach Wahl : Missbrauch und Misshandlung, Sucht, Abhängigkeit, Migration, usw.

Soziokulturelle Animation

Professionalität: Zweck und Funktion

· Geschichte der soziokulturellen Animation
· Professionelle Interventionsfelder: Kontexte und Werte: Sozialisierung und Freizeit; Kulturelle Animation; Institutionelle Animation; Volks- und Erwachsenenbildung; Nachhaltige Entwicklung und Humanökologie; Spezifische Menschengruppen und entsprechende Methoden (von der Kindheit bis zum betagten Menschen)
· ...

Projektarbeit, Teamführung und Materialverwaltung

· Finanzielle und administrative Verwaltung
· Projektmethode
· Mittelbeschaffung
· Kommunikationstechniken
· Sozialmarketing
· Medienarbeit – Multimedia – Internet
· Spezifische juristische Kenntnisse (Vereinsrecht – Genehmigungen – Patente – Veranstaltungsrecht Haftpflicht bei Minderjährigen)
· ...

Öffentlicher Raum und Bürgerrechte

· Bedarfsanalyse und aufkeimende Erwartungen
· Bürgerrecht und lokale Demokratie, «Mediaktion»
· Soziologie und Stadtplanung
· Soziale Bewegungen und soziale Beziehung
· ...

Aktuelle Herausforderungen der Animation

· Aufkommende Praktiken und Ausbildung (Co-Konstruktion)
· Laufende lokale und internationale Projekte
· ...

Kompetenzen	Die «Kompetenzprofile der Berufspraxis» (ausgehend von einer Auswahl von Berufsvertretern und deren Analyse ihrer Tätigkeit zu einem gegebenen Zeitpunkt) und das «Kompetenzprofil für die Bachelor-Ausbildung» (ausgehend von der Erfahrung der Dozierenden und ihrer Auffassung von der Sozialen Arbeit) wurden unter dem Gesichtspunkt der Konvergenz erstellt, sollen aber trotzdem eine Auseinandersetzung ermöglichen. Sie unterscheiden sich jedoch durch ihren Erarbeitungsprozess, ihre Inhalte und die jeweilige Zweckbestimmung. Ersteres liefert eine vollständige Definition aller Kompetenzen, die in jedem der drei traditionellen Berufe (drei verschiedene Kompetenzprofile) vorzufinden sind. Das letztere umfasst Kompetenzen, die für alle drei berufsspezifischen Vertiefungen gelten. · Kompetenzprofil für alle drei berufsspezifischen Vertiefungen: http://sozialarbeit.hevs.ch/Studiengang_Soziale_Arbeit.2151286.511X1286.htm (Stand: Dezember 2011) · Profil für die Soziokulturelle Animation (franz.): http://www.anim.ch/referentiel/lecture/index.html (Stand: Dezember 2011) · Profil für die Sozialarbeit (franz.): http://www.socialinfo.ch/textes/20011128_competences.pdf (Stand: Dezember 2011) · Profil für Sozialpädagogik (franz.): http://www.avenirsocial.ch/cm_data/referentielcompEducateursSpecialisesCH_2001.pdf (Stand: Dezember 2011)

Hochschule Luzern –

differenzierte Ausbildung (Sozialarbeit und Soziokulturelle Animation;

ab Herbst 2012: Sozialpädagogik)

Alle unten angeführten Texte sind folgender Website sowie mit dieser Seite verlinkter Websites und Dokumente entnommen: http://www.hslu.ch/sozialearbeit/s-
ausbildung/s-bachelor-sozialarbeit.htm (Stand: Dezember 2011).

a) Differenzierungsgrad und deren Begründung

Kerninhalt der ersten Studienphase ist der systematische Aufbau des Basiswis-
sens, verbunden mit dem Einüben professionellen Handelns. Entlang von acht
Pflichtmodulen fördert das Grundstudium die interdisziplinäre und vernetzte Be-
trachtungsweise der Berufspraxis. Im Hauptstudium werden je nach Studienrichtung unterschiedliche Pflichtmodule belegt. Es werden folgende Studienrichtungen unterschieden:

· Sozialarbeit
· Soziokulturelle Animation
· Sozialpädagogik (ab Herbst 2012)

Die Studierenden schliessen das Studium mit dem Titel «Bachelor of Science
Hochschule Luzern/FHZ in Social Work» ab.

b) Angaben zur Sozialen Arbeit generell

Beschreibung	Sozialarbeit
	Als Sozialarbeiterin oder Sozialarbeiter unterstützen Sie Menschen darin, das Leben zu bewältigen und selber zu gestalten. In Krisensituationen wie z. B. Arbeitsplatzverlust, Krankheit, Armut, Trennung und Scheidung vermitteln Sie persönliche und materielle Hilfe. Mit sozialarbeiterischer Beratung können Sie dazu beitragen, dass Ihren Klienten und Klientinnen der Umgang mit den alltäglichen Herausforderungen der Lebensumwelt gelingt. Sozialarbeit in den verschiedenen Arbeitsfeldern und Institutionen agiert im Spannungsfeld zwischen den Polen Freiwilligkeit und gesetzliche Massnahmen.

Ihr Aufgabenbereich umfasst professionelle Unterstützung, Betreuung und Sozialberatung in unterschiedlichen Berufsbereichen: von öffentlichen Sozialdiensten über Beratungsstellen bis hin zu betrieblicher Sozialberatung, Schulen oder der Projektleitung bei Integrationsprogrammen oder gesundheitlich-präventiven Fragestellungen. Sie arbeiten in einem anspruchsvollen und komplexen Aufgabenfeld mit unterschiedlichen Klientinnen und Klienten: Jugendlichen, Familien, älteren Menschen, Erwerbslosen, Migrantinnen und Migranten, Behinderten oder Suchtkranken.

Sozialpädagogik

Als Sozialpädagogin oder Sozialpädagoge unterstützen Sie Menschen jeden Alters bei ihren täglichen Aufgaben. Sie begleiten unter anderem das Aufwachsen von Kindern und Jugendlichen, die Entwicklung von Einzelpersonen und Familien sowie Lernprozesse in Gruppen. Dabei orientieren Sie sich an den Menschen, berücksichtigen ihre Kompetenzen und die Aufgaben, die sie zu bewältigen haben. Gleichzeitig beziehen Sie ihr gesamtes Lebensumfeld mit ein. Ziel ist es, eine möglichst selbstständige und selbstverantwortliche Lebensführung zu ermöglichen sowie den sozialen Zusammenhalt zu stärken.

Typische Handlungsfelder und Fachgebiete der Sozialpädagogik sind: Arbeit in sozial- und sonderpädagogischen Institutionen, Wohnbetreuung, psychiatrische Versorgung, interkulturelle Pädagogik, Suchtarbeit, Werkstätten und Arbeitsintegrationsprojekte, Kinder- und Jugendhilfe, Frauen- und Männerarbeit, Kindes- und Erwachsenenschutz, Familienbegleitung und Erziehungsberatung, ambulante Betreuung, Altenarbeit, Präventionsarbeit, Arbeit mit sozialen Randgruppen, Schul- und Bildungsbereich sowie Strassenarbeit.

Soziokulturelle Animation

Als Soziokultureller Animator oder Soziokulturelle Animatorin ermutigen und motivieren Sie verschiedene Menschen oder Gruppen von Menschen zur aktiven Gestaltung von Lebensräumen. Sie unterstützen dabei Menschen in den gesellschaftlichen Teilbereichen Bildung, Soziales, Politik und Kultur. Häufig baut die Soziokulturelle Animation Brücken zwischen Generationen, Alteingesessenen und neu Zugewanderten, zwischen Männern und Frauen, verschiedenen Kulturen und bildet Netzwerke zwischen Quartieren, Gemeinden und Institutionen.

Ihr Aufgabenbereich orientiert sich an der komplexen Prozessgestaltung mit Methoden des Projektmanagements: in Quartier- und Kulturtreffpunkten, im Bereich Schul- und Jugendkultur oder in Senioren- oder Flüchtlingszentren. Die grossen kommunikativen und kooperativen Ansprüche dieser Aufgaben verlangen interkulturelle Kompetenz, Medienkompetenz und die Fähigkeit zur interdisziplinären Zusammenarbeit. Neue Akzente für dieses junge Berufsfeld setzen internationale und transnationale Herausforderungen in NGO oder Migrationsprojekten.

Spezifische Module in den Studienrichtungen	Neben dem Pflichtmodul «Migration und Integration» gibt es vier weitere, die studienrichtungsspezifisch sind. Diese weisen einen Umfang von 24 ECTS-Punkte auf.

Sozialarbeit

Beratung und Intervention
Die Beratung ist eine wesentliche Interventionsform und zugleich Methode der professionellen Sozialarbeit. Als Schlüsselkompetenz soll sozialarbeiterische Beratung Ratsuchende – das heisst Einzelpersonen, Familien, Lebensgemeinschaften, kurz: kleine soziale Systeme – in die Lage versetzen, Lösungsmöglichkeiten für die von ihnen oder Dritten als problematisch erlebten Situationen zu finden. Ziel einer Beratung ist es, den gelingenden Umgang mit alltäglichen Herausforderungen der Lebensumwelt möglich zu machen. Das Spezifische der sozialarbeiterischen Beratung liegt in der Erschliessung interner Ressourcen des Klientensystems sowie derjenigen materiellen und immateriellen Ressourcen, auf welchen Ansprüche bestehen. Sozialarbeiterische Beratung beruht auf den Fähigkeiten und Fertigkeiten, methodische Zugänge, sozialrechtliche Rahmenbedingungen und weitere externe Ressourcen für die Beteiligten zu erschliessen. Sie gibt Sachinformationen, vermittelt konkrete Hilfen (zum Beispiel bezüglich Arbeit, Finanzen oder Wohnsituation) und regt kritisches Denken an, das heisst den Dialog über mögliche Veränderungen der Lebensgestaltung. Damit stärkt sie die Selbstregulationskräfte der Ratsuchenden durch Orientierungs- und Entscheidungshilfen .

Projektmethodik
Soziale Organisationen sehen sich immer wieder vor neue Herausforderungen gestellt. Unter beständigem Konkurrenz- und Innovationsdruck haben sie den Auftrag, komplexe Aufgaben unter Berücksichtigung der Kriterien der Effizienz und Nachhaltigkeit zu bewältigen. Neue Interventionsstrategien kommen zum Einsatz, welche eine Lösung vielschichtiger Probleme versprechen. Als eine solche Strategie darf die Umsetzung innovativer Vorhaben in Form von Projekten gelten. Die Studierenden lernen in diesem Modul die Grundlagen des Projektmanagements kennen und erproben Prozesse und Verfahren an eigenen Projekten.

Sozialarbeit und Recht
Im gesetzlichen Kontext erfolgt Sozialarbeit im Spannungsfeld von Hilfe und Schutz einerseits sowie Zwang und Kontrolle andererseits. Gestalten sich Lebenssituationen derart belastend, dass gesetzliche Massnahmen nötig werden, sind die betroffenen sozialen Systeme oft krisen- und konfliktanfällig. In diesem Modul werden Ihnen hilfreiche Beratungskonzepte im Umgang mit unfreiwilligen Klientinnen und Klienten, Techniken zur Kooperation mit Auftraggebenden sowie Methoden und theoretische Grundlagen zu Krise und Konflikt vermittelt und anhand von Praxisbeispielen geübt. Sie lernen die gesetzlichen Grundlagen des Kindesrechts und des Vormundschaftsrechts sowie die rechtlichen und psychosozialen Aspekte von Scheidung, Trennung und Besuchsrechtsregelung kennen.

Sozialarbeit und Soziale Sicherheit
Anhand praxisbezogener Fallbeispiele führen Fachpersonen die Modulteilnehmenden durch das Labyrinth der sozialen Sicherheit. Dazu gehören etwa die sozialen und rechtlichen Probleme bei Arbeit und Wohnen, bei der sozialen Absicherung und der Schuldensanierung. Ziel des Moduls ist es, die komplexen sozialen und sozialrechtlichen Fragestellungen zu erkennen, vernetzt zu behandeln und nachhaltige Lösungen zu entwickeln, welche in der Praxis der Sozialarbeit zum professionellen Handeln befähigen. Die Studierenden eignen sich im Modulteil «Schuldenberatung» die Hintergründe von Verschuldungsprozessen an und lernen die notwendigen Instrumente kennen, um Menschen mit Schulden kompetent zu beraten.

Soziokulturelle Animation

Interventionen in der Soziokulturellen Animation
Professionelles Handeln stützt sich auf Erfahrungen aus der Praxis sowie auf wissenschaftliche Theorien und Modelle. Professionell Tätige streben daher ein methodisches Vorgehen an. Relevante Themen, Fragen und Problemstellungen aus der Praxis werden wahrgenommen, reflektiert, begründet und planvoll, zielgerichtet sowie mit adäquaten Massnahmen und Mitteln angegangen. Modelle, Methoden, Techniken und Instrumente werden für soziokulturelle Interventionen ausgewählt. Sie müssen stets zielgruppenspezifisch angepasst oder neu konzipiert werden. Das Zusammenspiel von Theorie und Praxis wird ausgelotet anhand von Handlungsmodellen, Interventionspositionen und Handlungsansätzen der Soziokulturellen Animation, von exemplarischen Situationen aus der Praxis und teilweise von konkreten Übungsfeldern in der Praxis.

Projektmethodik
Im Zentrum dieses Moduls stehen folgende Fragen: Wie gewinnen Sie Kinder, Jugendliche und Erwachsene für die aktive Beteiligung an Ihrem Praktikumsprojekt? Wie finden Sie die passende Balance zwischen Offenheit und Planung? Welche Planungsinstrumente helfen Ihnen dabei, klare Projektziele zu formulieren und zu erreichen? Wie kann die Soziokulturelle Animation den hohen Anspruch an Partizipation im Alltag umsetzen? Die Dozierenden schlagen Antworten vor, führen konkrete Instrumente ein und leiten Übungen an, mit denen Sie das Gelernte am eigenen Projekt vertiefen können. In Lerngruppen erarbeiten Sie Wissen zu Querschnitt-Themen der Projektmethodik wie Diversity Management oder Nachhaltigkeit

Partizipation und Gemeinwesen
Eine nachhaltige Gemeinwesenentwicklung muss die Anliegen der Gesellschaft, der Umwelt und der Wirtschaft gleichberechtigt berücksichtigen. Sie orientiert sich an den Interessen der lokalen Bevölkerung. So wird heute vermehrt versucht, die Bevölkerung an Planungsprozessen und an politischen, sozialen und kulturellen Entwicklungen zu beteiligen. Mit den traditionellen politischen Partizipationsformen stossen diese Vorhaben oft an Grenzen. Gefragt sind zunehmend andere Möglichkeiten und Kanäle, um die aktive Teilnahme der Bevölkerung zu realisieren. In diesem Modul lernen Sie die Grundlagen kennen, wie Konzepte und Methoden der Soziokulturellen Animation zielgerichtet zur Initiierung, Unterstützung und kritischen Begleitung von partizipativen Handlungsprozessen im Gemeinwesen eingesetzt werden können.

Kultur und kulturelle Vermittlung
In diesem Modul orientieren Sie sich an Leitfragen wie: Wer definiert Kultur? Welche Bedeutung haben kulturelle Ausdrucksformen? Wie können Zugänge zu Kunst und Kultur für breite Kreise erschlossen werden? Warum ist Kulturarbeit Teil der gesellschaftlichen Entwicklung? Wie entwickelt sich Kultur in einer ländlichen oder urbanen Region und welche Formen kommen darin zum Ausdruck? Begegnungen mit Kulturschaffenden, Besuche von Kulturinstitutionen sowie eine Vertiefungsarbeit in einer ausgewählten Sparte (wie Musik, Film, Theater, Tanz, Bildende Kunst, Hörspiel, Comic oder Performance) geben Ihnen vielfältige Einblicke in Kunstkonzeptionen. Die Auslegungen zum Verständnis von Kunst und Kultur werden beispielsweise im Hinblick auf die Unterschiede zwischen Stadt und Land durchleuchtet.

Sozialpädagogik

(erst ab Herbst 2012 / Module in Bearbeitung)

Arbeitsfelder	**Sozialarbeit**

Sozialarbeit

Sozialdienst und Sozialplanung in der öffentlichen Verwaltung und in Betrieben, Beratungen für Menschen in verschiedenen Lebensphasen und Familiensituationen, Beratungen und Projekte im Rahmen gesetzlicher Massnahmen, Beratungen und Projekte in themenspezifischen Bereichen wie Sucht, Aids, Gewalt, Migration.

Sozialpädagogik

Soziale Einrichtungen für Menschen mit geistigen, psychischen, körperlichen und sozialen Behinderungen und Verhaltensauffälligkeiten. Typische Arbeitgeber sind Heime, Kliniken, Werkstätten, Rehabilitationszentren, Frauen-, Kinder- und Jugendhäuser, sozialpädagogische Familienbegleitung, Strassenarbeit, usw.

	Soziokulturelle Animation Kultur-, Quartier- und Jugendzentren, Beratung und Integrationsprojekte im Bereich Migration, Projekte im Bereich Regional - und Stadtentwicklung, kulturelle und soziale Veränderungen im internationalen Kontext.
Kompetenzprofil	Auf der Homepage der Hochschule Luzern findet sich ein Werkstattheft zum Thema «Kompetenzprofil». (siehe: http://www.hslu.ch/wsh_kompetenz_korr2010.pdf, Stand Februar 2011). Das Kompetenzprofil (Entwicklungsstand Ende 2006) zeigt die Kompetenzen in den vier Kompetenzfeldern «Selbst-», «Sozial-», «Methoden-» und «Fachkompetenz» für den Bachelor-Studiengang Soziale Arbeit.

9.3 Hochschulen für Soziale Arbeit mit generalistischer Ausbildung

Fachhochschule Bern –

generalistische Ausbildung

Alle unten angeführten Texte sind folgender Website sowie mit dieser Seite verlinkter Websites bzw. Dokumente entnommen: http://www.sozialearbeit.bfh.ch/de/bachelor/soziale_arbeit.html (Stand: Dezember 2011).

a) Differenzierungsgrad und deren Begründung

Der Bachelor in Sozialer Arbeit ist generalistisch angelegt: Gelehrt werden Inhalte aus Sozialarbeit, Sozialpädagogik und Soziokultureller Animation. Das Bachelordiplom der Fachhochschule Bern befähigt somit zur Berufsausübung in allen Feldern der Sozialen Arbeit. Sozialarbeit, Sozialpädagogik und Soziokulturelle Animation.

Wer das Bachelorstudium an der Berner Fachhochschule erfolgreich absolviert, ist berechtigt, den Titel «Bachelor of Science BFH in Sozialer Arbeit (BSc BFH)» zu tragen.

b) Angaben zur Sozialen Arbeit generell

Beschreibung Sozialer Arbeit	Soziale Arbeit entstand ursprünglich aus dem sogenannten «Armenwesen» und aus der Kinder- und Jugendfürsorge des 19. Jahrhunderts. Heute beschäftigt sie sich mit individuell und gesellschaftlich relevanten sozialen Problemen wie beispielsweise Armut, unfreiwilliger Migration, Sucht, Kriminalität oder Generationenkonflikten. Sie erklärt, wie sich Lebensschwierigkeiten auf individueller Ebene und in der Gesellschaft äussern und wie sie bewältigt werden. Ihre Interventionen haben zum Ziel, soziale Integration und Teilhabe, aber auch Autonomie und Selbstverantwortung zu fördern. Soziale Arbeit bedient sich dabei unterschiedlicher Methoden und Techniken wie zum Beispiel Beratung, Sachhilfe, Netzwerkarbeit, Projektplanung, Öffentlichkeitsarbeit. Fachleute der Sozialen Arbeit arbeiten in aller Regel im Rahmen von Organisationen des Sozialwesens, die von der öffentlichen Hand getragen bzw. finanziert werden. Als Disziplin befasst sich Soziale Arbeit mit der wissenschaftlichen Begründung ihres Handelns.
Beispiele für Arbeitsfelder der Sozialen Arbeit	· Beratung · Betriebssozialarbeit · Bildung · Existenzsicherung · Forschung und Lehre · Freizeitgestaltung · Gemeinwesenarbeit («Sozialer Raum») · Gesundheitswesen · Heimerziehung · Migration · Prävention · Rehabilitation · Schulsozialarbeit · Sozialberatung · Sozialpädagogische und Soziokulturelle Arbeit · Streetwork

Beispiele für Organisationen der Sozialen Arbeit	· Allgemeine öffentliche Sozialdienste der Gemeinden und Kantone (Sozialhilfe, Vormundschaft) · Ambulante Jugendhilfe: Erziehungsberatungsstellen, Jugendämter, Jugendgerichte, Jugendtreffpunkte · Ambulante und stationäre Institutionen für Behinderte · Beratungsstellen, beispielsweise für Arbeitslose, Ausländerinnen und Ausländer, Familien, Flüchtlinge, Frauen, Männer, Obdachlose; Schuldenberatung · Beschäftigungs- und Wiedereingliederungsprogramme · Einrichtungen für Suchtgefährdete und Suchtkranke · Frauenhäuser · Gemeinschafts- und Quartierzentren, Freizeiteinrichtungen · Kirchliche Einrichtungen · Kliniken/Spitäler und psychiatrische Einrichtungen · Senioreneinrichtungen · Sozialdienste und Beratungsstellen in Betrieben · Straf- und Massnahmenvollzugsanstalten · Bewährungshilfe
Aufgaben der Sozialen Arbeit	**1) Unmittelbare Arbeit mit Klientinnen und Klienten** *Aufnahme und Planung* · Klärung der Zuständigkeit · Informationsvermittlung · Ressourcen- und Problemanalyse · Erstellung von Gutachten · Zielformulierung · Arbeitsvereinbarung *Intervention* · Finanzielle Beratung und Unterstützung, evtl. Sicherung der materiellen Grundversorgung · Einbezug des familiären Umfeldes/der Bezugspersonen · Beantragung/Durchführung von Massnahmen · Koordination und Kooperation mit anderen Organisationen und deren Fachleuten · Dokumentation der Interventionen (Aktenführung, Rechenschaftsberichte) · Standortbestimmung/Zwischenevaluation *Abschluss und Nachsorge* · Ergebniskontrolle und Schlussevaluation · Angebote der Nachbetreuung · evtl. Überweisung an andere Stellen

2) Gruppen- und Teamarbeit

Hier kann es sich um Gruppen gleichermassen Betroffener handeln (Alleinerziehende, Arbeitslose, Bürgerinnen und Bürger eines Quartiers, Freiwillige, Eltern), aber auch um Arbeitsteams einer Organisation.

· Definition der Ziele und Anliegen einer Gruppe oder eines Teams und Suche nach Wegen zu deren Realisierung
· Steuerung des Prozesses (erfordert Kenntnisse über Gesetzmässigkeiten einer Gruppe und die Beherrschung der entsprechenden Techniken)
· Soziokulturelle Animation: Erlebnis- und Freizeitpädagogik, sozialpädagogische Gemeinwesenarbeit, soziale Kultur- und Bildungsarbeit

3) Gemeinwesenarbeit: Quartiermanagement und Sozialplanung

· Sozialraumanalysen in Quartieren, Gemeinden, Regionen
· Bedürfnis- und Bedarfsermittlung (z.B. durch Zukunftswerkstätten und Planspiele)
· Beteiligung von Bürgerinnen und Bürgern (Mitwirkung)
· Projektarbeit: Planung, Projektierung und Durchführung sowie Evaluation von Projekten
· Netzwerkarbeit und Unterstützungsmanagement

4) Managementaufgaben

· Zusammenarbeit mit der Trägerschaft und deren Repräsentanten
· Finanzplanung, Mittelbeschaffung
· Kooperation und Koordination mit anderen Organisationen – Personalführung
· Personalrekrutierung, -entwicklung und -qualifikation
· Entwicklung von Arbeitsprozessen und von Organisationsstrukturen
· Mitarbeit in Supervision, Intervision und Fallbesprechungen
· Anleitung von Studierenden der Sozialen Arbeit im Rahmen der Praxisausbildung

5) Aufgaben im Bereich der Öffentlichkeit

Sozialinformation und Öffentlichkeitsarbeit

· Sozialinformation (Information an potenzielle Benutzerinnen und Benutzer)
· Öffentlichkeitsarbeit (Information von Behörden, Vereinen, Medien und Fachleuten anderer Disziplinen über Zielsetzung und Angebot der Stelle)
· Publikationen

Sozialpolitische Aktivitäten

· Mitarbeit in Projekten bzw. Vertretung der Institution in Gremien
· Verfassen von Stellungnahmen zu sozialen Problemen oder von fachlichen Beiträgen zu aktuellen sozialpolitischen Problemen
· Mitarbeit bei öffentlichen Veranstaltungen zu sozialen Problemen

Modulangebot	Die Module sind in zehn Modulgruppen zusammengefasst: · Theorien der Sozialen Arbeit · Methoden und Techniken der Sozialen Arbeit · Sozialwesen · Sozialwissenschaftliche Bezüge · Rechtliche Bezüge · Psychologische und pädagogische Bezüge · Werte und Normen · Wissenschaft und Forschung · Praxisausbildung · Themenzentrierte und interdisziplinäre Veranstaltungen Die Modulgruppe «Methoden und Techniken der Sozialen Arbeit» weist zudem drei Untergruppen auf: *a) Basiskompetenzen (Pflicht)* · Planung/Administration · Gesprächsführung · Projektarbeit *b) Methoden der Arbeit mit kleinen Systemen (Wahlpflicht):* · Einzelberatung · Familienberatung · Gruppen- und Teamarbeit · Case Management · Sozialpädagogische Familienbegleitung *c) Methoden der Arbeit mit grossen Systemen (Wahlpflicht):* · Öffentlichkeitsarbeit · Animation · Soziale Netzwerkarbeit · Sozialplanung und Quartiermanagement · Lösungsmodelle Sozialer Konflikte Mit Ausnahme der Basiskompetenzen besteht das Angebot bei den beiden anderen Untergruppen aus je fünf Wahlpflichtseminaren, von denen je drei besucht werden müssen (insgesamt 12 ECTS). Dadurch wird eine inhaltliche Schwerpunktbildung ermöglicht, die aber bewusst nicht typisiert und insbesondere nicht auf traditionelle Berufsfelder (Sozialarbeit, Sozialpädagogik, Soziokulturelle Animation usw.) bezogen wird.

Abschluss- kompetenzen	Zum Zeitpunkt ihrer Diplomierung haben die Studierenden mindes- tens die folgenden Kompetenzen erworben: · Sie können komplexe soziale Problemlagen erfassen und nach wissenschaftlich begründeten Kriterien interpretieren. · Sie sind in der Lage, ihre Tätigkeit zur Prävention und Lösung sozialer Probleme nach anerkannten fachspezifischen Entwick-lungen, Methoden und Techniken zu planen, selbstständig oder innerhalb einer · Gruppe auszuüben und zu evaluieren. · Sie verstehen Zusammenhänge, Strukturen und Interaktionen von Organisationen und besitzen die notwendigen organisato-rischen und administrativen Fähigkeiten, um in Organisationen selbstständig und selbstverantwortlich zu handeln. · Sie sind in der Lage, in anwendungsorientierten Forschungspro-jekten mitzuarbeiten und selbst kleinere Projekte durchzuführen. · Sie denken und handeln ganzheitlich und Modul übergreifend. · Sie besitzen zudem die erforderlichen berufsrelevanten sozialen und personalen Kompetenzen, insbesondere Kommunikations- und Entscheidungsfähigkeit, Kritikfähigkeit und Bereitschaft zur Wahrnehmung von Führungsaufgaben und sonstiger Verantwor-tung.

Zürcher Hochschule für Angewandte Wissenschaften ZHAW – generalistische Ausbildung

Alle unten angeführten Texte sind folgender Website sowie mit dieser Seite ver-linkter Websites bzw. Dokumente entnommen: http://www.sozialearbeit.zhaw.ch (Stand: Dezember 2011).

a) Differenzierungsgrad und deren Begründung

Der Bachelor in Sozialer Arbeit ist eine generalistische Ausbildung und integriert die Fachrichtungen Sozialarbeit, Sozialpädagogik und Soziokulturelle Animation. Das Studium vermittelt auf der Grundlage systematischer Fachkenntnisse beruf-liche Kompetenzen für alle Arbeitsfelder der Sozialen Arbeit. Der Studiengang ist modular aufgebaut und erlaubt individuelle Studienverläufe. Durch die Wahl von Vertiefungsrichtungen (z.B. Kinder- und Jugendhilfe), Seminaren sowie der Praxisausbildung und des Themas der Bachelorarbeit setzen die Studierenden eigene Schwerpunkte für spezifische Arbeitsfelder.

b) Angaben zur Sozialen Arbeit generell

Beschreibung der Sozialen Arbeit	Menschen gehören sozialen Systemen an – Familien, Organisationen und einem Gemeinwesen. Doch nicht immer gewährleisten diese sozialen Systeme eine hinreichende Integration ihrer Mitglieder und nicht allen gelingt die gewünschte Integration. Hier können soziale Probleme entstehen, mit deren Bearbeitung sich die Soziale Arbeit befasst. Sie unterstützt Menschen dabei, ihr Leben selbständig zu gestalten, und befähigt sie, sich in Lebens- und Arbeitsgemeinschaften zu integrieren. Soziale Arbeit verhindert, lindert und löst soziale Probleme.
Berufsbild	Professionelle der Sozialen Arbeit · beraten und begleiten Menschen in schwierigen Lebenssituationen, die beispielsweise durch Armut, Behinderung, Krankheit, Sucht oder Misshandlung geprägt sind. · unterstützen Menschen in Finanzfragen, bei der Suche nach Arbeit und Wohnraum oder bei der Gestaltung sozialer Netzwerke. · schaffen Arbeits- und Freizeitangebote, die das Zusammenleben stärken und die Lebensqualität fördern. · erarbeiten Massnahmen gegen Ausgrenzung und schaffen in der Öffentlichkeit Verständnis für die Situation sozial benachteiligter Menschen. · vertreten die Interessen Einzelner oder von Gruppen, wenn sich diese kein Gehör verschaffen können.
Beispiele für Arbeitsfelder	· Öffentliche und betriebliche Sozialdienste (Gemeinden, Spitäler etc.) · Beratungsstellen für Kinder, Jugendliche, Familien, Erwachsene, Betagte und Menschen mit Behinderung · Jugendanwaltschaften · Amtsvormundschaften · Beschäftigungs- und Integrationsprogramme · Arbeitsvermittlungsstellen · Wohngruppen und Heime · Horte und Krippen · Schul- und Bildungswesen (z.B. Schulsozialarbeit) · Gemeinschafts-, Jugend- und Freizeitzentren · Sozialplanung und Gemeinwesenarbeit · Asylwesen, Migration
Modulangebote	Die ZHAW kennt Pflicht- und Wahlpflichtmodule. Die Studierenden wählen zwei fachspezifische Vertiefungen aus insgesamt acht Bereichen. Es sind dies: · Kinder- und Jugendhilfe · Dissozialität, Delinquenz und Kriminalität – Soziale Arbeit im Straf- und Massnahmenvollzug · Existenzsicherung, berufliche und soziale Integration · Gesundheit und Krankheit · Schule und Soziale Arbeit · Soziale Arbeit mit Menschen mit Behinderung · Migration, Integration, Diversity Management · Soziokultur und Gemeinwesenarbeit

	Diese zwei Vertiefungen werden mit je 7 ECTS ausgewiesen, gesamthaft also 14 ECTS. Zudem besuchen die Studierenden sieben Seminare, die sie aus über 40 Angeboten auswählen können. Diese Angebote sind zu ausgewählten Themenbereichen, spezifischen Handlungsfelder, methodischen Zugängen sowie zu internationalen und interdisziplinären Themenstellungen. Diese Seminare werden mit je zwei ECTS ausgewiesen. Zusammen ergibt dies also 28 ECTS im Wahlpflichtbereich.
Kompetenzprofil	Im Rahmen des Studiums erwerben sie folgende Kenntnisse und Kompetenzen: · Erkennen und Analysieren von sozialen Problemsituationen · Planen, Realisieren und Evaluieren von klienten- und fallbezogenen Interventionen · Präventive und kurative Bearbeitung von sozialen Problemen und ihren Folgen für Klienten und Klientinnen der Sozialen Arbeit · Entwicklung berufsrelevanter Sozial- und Selbstkompetenzen (Kommunikations-, Entscheidungs- und Kritikfähigkeit, Übernahme von Verantwortung) · Fähigkeit, die im Rahmen ihrer Tätigkeit anfallenden administrativen und organisatorischen Arbeiten zu erledigen.

Fachhochschule Nordwestschweiz –

generalistische Ausbildung

Alle unten angeführten Texte sind folgender Website sowie mit dieser Seite verlinkter Websites entnommen: http://www.fhnw.ch/sozialearbeit/bachelor-und-master/bachelorstudium/bachelor-studium (Stand: Dezember 2011).

a) Differenzierungsgrad und deren Begründung

Die Fachhochschule Nordwestschweiz FHNW bietet ein Bachelor-Studium in Sozialer Arbeit an, das in einer wissenschaftlich fundierten, praxisnahen Ausbildung zu einer generalistischen Berufsbefähigung führt. Sie qualifiziert die Studierenden für die professionelle Tätigkeit in den Berufsfeldern Sozialpädagogik und Sozialarbeit und für die Bearbeitung sozialer Probleme und gesellschaftlicher Herausforderungen. Um im generalistischen Studium eine individuelle Profilbildung zu unterstützen, werden Vertiefungsrichtungen und weitere spezielle Module angeboten.

Der Abschluss, den die Studierenden nach erfolgreichem Abschluss des Studiums an der FHNW erhalten, heisst «Bachelor of Arts FHNW in Sozialer Arbeit».

b) Angaben zur Sozialen Arbeit generell

Beschreibung der Profession	Soziale Arbeit befasst sich mit einzelnen Menschen, mit Familien und Gruppen in Problemsituationen und erschwerten Lebenslagen, mit Organisationen und komplexen sozialen Systemen sowie politischen, rechtlichen und ökonomischen Bedingungen. Professionelle der Sozialen Arbeit wirken im Spannungsfeld von Individuum und Gesellschaft und intervenieren mit gezielten Massnahmen, wenn die eigenständige Lebensbewältigung und die soziale Integration bedroht, eingeschränkt oder verunmöglicht sind. Soziale Arbeit ist eine komplexe professionelle Tätigkeit, die grosses fachliches Wissen voraussetzt und hohe Anforderungen an die Handlungskompetenz und Persönlichkeit der Professionellen stellt. Professionelles Handeln bedeutet, theoretisches Erklärungswissen mit Fallverstehen und der Kompetenz zur Bewältigung von berufspraktischen Aufgaben zu verbinden.
Praxisbereiche der Sozialen Arbeit	Die Soziale Arbeit umfasst unterschiedliche Angebote und Praxisbereiche in öffentlich-rechtlichen und privaten Organisationen des Erziehungs-, Bildungs-, Sozial-, Gesundheits- und Justizwesens (beispielsweise Sozialhilfe, Angebote für sozial auffällige Kinder und Jugendliche, Gemeinwesenarbeit, Jugendarbeit, Schulsozialarbeit, sozialpädagogische Familienbegleitung, Straf- und Massnahmenvollzug, Bewährungshilfe, Angebote für Menschen mit Entwicklungsbeeinträchtigungen und Behinderungen, psychosoziale Beratung, betriebliche Sozialarbeit, Drogen- und Suchthilfe). Die Tätigkeit in den einzelnen Praxisbereichen erfordert sowohl generelle als auch berufsfeldspezifische Kompetenzen.
Modulangebote	Die Pflichtmodule umfassen: · Soziale Arbeit als Wissenschaft und Profession · Sozialpolitik, soziale Sicherung und Rechtsgrundlagen · Sozialisation, Entwicklung und Bildung · Lebenslagen, soziale Probleme und Unterstutzungssysteme I und II · Grundlagen des professionellen Handelns · Praxisausbildung I und II · Wissens- und Kompetenzintegration I und II · Kooperative Prozessgestaltung · Wissenschaftstheorie und sozialwissenschaftliche Forschungsmethoden · Grundlagen der professionellen Kooperation · Studentisches Portfolio Jede/r Studierende muss zudem eine Vertiefungsrichtung auswählen. Die Vertiefungsrichtungen stellen den Bereich der Wahlpflichtmodule dar. Sie umfassen je zwei inhaltliche Module à 6 ECTS-Punkte, die für die jeweilige Vertiefungsrichtung verpflichtend sind, und einem Modul à 6 ECTS-Punkte mit dem Schwerpunkt «Gestaltung von professionellen Prozessen». Folgende Vertiefungsrichtungen stehen zur Auswahl:

· Behinderung und Beeinträchtigung
· Kindheit und Jugend
· Gesundheit und Krankheit
· Armut und Erwerbslosigkeit
· Migration

Es werden folgende Module zur Gestaltung von professionellen Prozessen angeboten:

· Gestaltung von sozialräumlichen Prozessen
· Gestaltung von professionellem Handeln in organisationalen Kontexten
· Gestaltung von Beratungsprozessen
· Gestaltung von Evaluations- und Forschungsprozessen
· Gestaltung von multiprofessioneller und interinstitutioneller Zusammenarbeit

Abb. 31: Kompetenzprofil FHNW

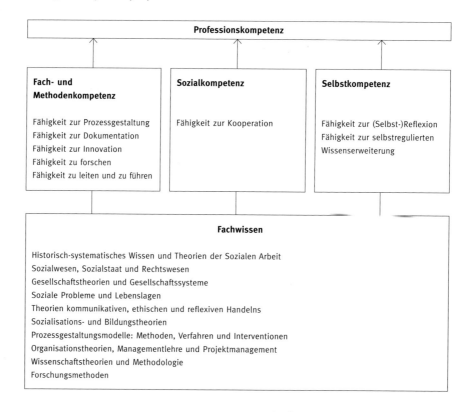

Professionskompetenz

Fach- und Methodenkompetenz

Fähigkeit zur Prozessgestaltung
Fähigkeit zur Dokumentation
Fähigkeit zur Innovation
Fähigkeit zu forschen
Fähigkeit zu leiten und zu führen

Sozialkompetenz

Fähigkeit zur Kooperation

Selbstkompetenz

Fähigkeit zur (Selbst-)Reflexion
Fähigkeit zur selbstregulierten Wissenserweiterung

Fachwissen

Historisch-systematisches Wissen und Theorien der Sozialen Arbeit
Sozialwesen, Sozialstaat und Rechtswesen
Gesellschaftstheorien und Gesellschaftssysteme
Soziale Probleme und Lebenslagen
Theorien kommunikativen, ethischen und reflexiven Handelns
Sozialisations- und Bildungstheorien
Prozessgestaltungsmodelle: Methoden, Verfahren und Interventionen
Organisationstheorien, Managementlehre und Projektmanagement
Wissenschaftstheorien und Methodologie
Forschungsmethoden

AutorIn

Gregor Husi (geb. 1962), Dr. rer. soc., Soziologe, seit 1999 Professor an der Hochschule Luzern im Departement Soziale Arbeit. Themenschwerpunkte: Gesellschaftstheorie, Theorien der Sozialen Arbeit, soziologische und philosophische Wertfragen.

Simone Villiger (geb. 1978), lic. phil. I, Politikwissenschaftlerin, seit 2009 wissenschaftliche Mitarbeiterin an der Hochschule Luzern im Departement Soziale Arbeit. Themenschwerpunkt: Soziale Ungleichheit und Gesundheit.